EUN-JEUNG LEE

Korea und der Konfuzianismus

VITTORIO KLOSTERMANN · FRANKFURT AM MAIN

© Vittorio Klostermann GmbH · Frankfurt am Main · 2022
Alle Rechte vorbehalten, insbesondere die des Nachdrucks und der Übersetzung.
Ohne Genehmigung des Verlages ist es nicht gestattet, dieses Werk oder Teile
in einem photomechanischen oder sonstigen Reproduktionsverfahren oderunter Verwendung
elektronischer Systeme zu verarbeiten, zu vervielfältigen und zu verbreiten.
Druck und Bindung: docupoint GmbH, Barleben
ISBN 978-3-465-02785-0

Inhaltsverzeichnis

Vorwort 7

Politisches Denken in der Antike Ostasiens 13

Etablierung des Konfuzianismus in Korea 35

Bedeutung und Rolle ritueller Iteration in den konfuzianischen
Privatakademien (Sŏwŏn) in Korea im 16. Jahrhundert 67

Wege zur Erleuchtung in der konfuzianischen Philosophie Koreas
– am Beispiel von Yulgok Yi I 81

Zwischen Himmel und Universum. Selektion von westlichem Wissen
im Korea des 18. Jahrhunderts 97

Eine besondere interkulturelle Begegnung in der politischen
Ideengeschichte: Chŏng Yag-yong und Matteo Ricci 119

Wiedergeburt von Konfuzius?
Renaissance des Konfuzianismus in Ostasien 139

Glossar 165

Literaturverzeichnis 177

Nachweise 192

Vorwort

Aufgrund der geographischen Nähe zu China hat Korea bereits im Altertum die chinesische Zivilisation stark rezipiert und implementiert. Die Befunde archäologischer Ausgrabungen zeigen, dass zwischen den Königtümern auf der koreanischen Halbinsel und China enge Verbindungen bestanden. Politische Kommunikation zwischen ihnen fand mit Hilfe von schriftlichen Dokumenten statt, die in Chinesisch verfasst wurden. So wurde das chinesische Schriftsystem auf der koreanischen Halbinsel als Hauptkommunikationsmittel der Herrschenden verwendet, obwohl sich die koreanische Sprache deutlich von der chinesischen Sprache unterscheidet. Im Zuge der Implementierung des chinesischen Schriftsystems wurden nicht nur der Konfuzianismus, sondern auch andere Denkschulen der chinesischen Antike, wie der Daoismus und Legalismus, von den politischen Mächten auf der koreanischen Halbinsel aufgenommen. Hinzu kam, dass zwischen dem 3. und 5. Jahrhundert der Buddhismus über China nach Korea kam.

Im Jahre 1392, als die neue Dynastie Chosŏn gegründet wurde, spielte der Buddhismus politisch sowie gesellschaftlich eine wichtige Rolle. Der Gründer von Chosŏn und seine Weggefährten bekämpften den Buddhismus als Ursache für die Schwächung des Landes und förderten den Neokonfuzianismus als Staatsideologie. Sie wollten mittels einer ständigen Selbstkultivierung bzw. des Studiums der neokonfuzianischen Lehre einen Staat auf Grundlage hoher moralischer Standards aufbauen. Deshalb bekämpften sie auch den Schamanismus als Aberglauben. Aber weder der Buddhismus noch der Schamanismus konnte auf der koreanischen Halbinsel vernichtet werden. Im alltäglichen Leben der Koreaner während der Chosŏn-Dynastie, die bis 1910 dauerte, existierten die Elemente des Konfuzianismus, Buddhismus und Schamanismus nebeneinander. Sie sind bis heute nicht verschwunden. Zudem hat sich seit dem Ende des 19. Jahrhunderts das Christentum sehr schnell und stark verbreitet, so dass sich heute beinahe die Hälfte der Bürger Südkoreas als Christen bezeichnet.

Dennoch stellen wir immer wieder fest, dass, wenn es um Korea geht, allein der Konfuzianismus als Erklärung mobilisiert wird, nicht nur im Westen, sondern auch in Korea selbst. Manche behaupten sogar, koreanische Kultur sei gleichbedeutend mit konfuzianischer Kultur. Warum? Die Antwort liegt in der politischen Instrumentalisierung des Konfuzianismus, wie im siebten Kapitel dieses Buches zu sehen sein wird.

Die politische Instrumentalisierung des Konfuzianismus hat in Ostasien eine sehr lange Geschichte. Bereits im ersten Jahrhundert vor Christus, als der Kaiser der Han-Dynastie in China den Kanon der konfuzianischen Lehre zur Grundlage der Staatsprüfungen für die Auswahl der Staatsdiener machte, wurde der Konfuzianismus für politische Zwecke instrumentalisiert. Selbst die Lehre von Konfuzius und Menzius selbst wurde je nach politischem Machtinteresse unterschiedlich interpretiert. Auch als die konfuzianischen Klassiker durch die Jesuitenmissionare ins Lateinische übersetzt wurden, wurde der Konfuzianismus eingesetzt, um politische Ziele zu erreichen.

Es wäre allerdings ein fataler Fehler, zu glauben, dass diese Art der politischen Instrumentalisierung auf den besonderen Eigenschaften des Konfuzianismus selbst beruhen würde. Denn die Philosophen des antiken China wie Konfuzius, Menzius oder Xunzi hatten versucht, das ursprüngliche Prinzip, das die Natur und die Welt bestimmt, zu verstehen. Auch ihre Schüler und deren Nachkommen in Ostasien bemühten sich durch einen unermüdlichen Prozess des Studierens und der Reflektion, dieses Prinzip zu erkennen. Wie ein konfuzianischer Gelehrter in Korea diesen Prozess darstellt, wird im vierten Kapitel erklärt.

Der Begriff „Konfuzianismus" ist im Grunde ein rein westlicher Begriff. Er beruht auf der lateinischen Transkription der chinesischen Bezeichnung „Kong fuzi" (Lehrer Kong) – Konfuzius. In der üblichen chinesischen Bezeichnung „rú" („die Sanftmütigen") bzw. „rujia" („die Schule der Sanftmütigen") für die von Konfuzius initiierte Strömung fällt, verglichen mit dem Ausdruck „Christentum" (oder noch deutlicher: „christianisme"), der Person des Konfuzius keine auch nur annähernd so zentrale Rolle zu, wie sie Christus für seine Lehre zugeschrieben wird. „Rujia" bezieht sich eigentlich nur auf die vorrangig philosophisch-intellektuelle, also friedliche Tätigkeit ihrer Anhänger, erklärte Heiner Roetz in seinem Buch *Konfuzius*.

In der traditionellen Gesellschaft Koreas während der Chosŏn-Dynastie war die Zahl derjenigen, die die in chinesischer Schrift verfassten Klassiker und Werke der konfuzianischen Lehre lesen konnten, sehr beschränkt. Ihre Anzahl ist vielleicht vergleichbar mit der nur kleinen Gruppe in Europa, welche die in Latein verfasste Bibel lesen konnte. Aber während in Europa das alltägliche Leben der gemeinen Bevölkerung und der Herrschenden eines Landes von demselben christlichen Glauben geprägt war, spielten im 14. Jahrhundert in Korea der Buddhismus und der Schamanismus nach wie vor eine wichtige Rolle. Die konfuzianischen Texte waren in erster Linie den Gelehrten bzw. denjenigen vorbehalten, die sich auf die Staatsprüfung vorbereiten wollten. Auch wenn der Gründer der Chosŏn-Dynastie den Neokonfuzianismus zur Staatsideologie erklärte, sollte es mehr als 150 Jahre dauern, bis Ethik und Moral der neokonfuzianischen Lehre das alltägliche Leben im ganzen Lande entscheidend geprägt hatten. Der Prozess der Etablierung des Neokonfuzianismus mittels der staatlichen sowie privaten Bildungseinrichtungen in Chosŏn wird im zweiten Kapitel dieses Buches behandelt. Das dritte Kapitel untersucht den Prozess des Wandels der Sitten und Gebräuche im Alltag der Bevölkerung entsprechend den neokonfuzianischen Riten.

Im 17. Jahrhundert hatte es die neokonfuzianische Lehre dank der Verbreitung konfuzianischer Privatakademien tatsächlich geschafft, das Leben der Koreaner bis in die kleinsten Dörfer hinein zu prägen. Gerade in dieser Zeit wurden Bücher über die Wissenschaft und Technik des Westens sowie über die christliche Lehre, welche die europäischen Jesuitenmissionare in Chinesisch verfassten, in Korea eingeführt. Die Zahl derjenigen, die bereit waren, sich mit dem Wissen aus dem Westen auseinanderzusetzen, war nicht groß. Noch kleiner war die Zahl der Gelehrten, die sich ernsthaft mit der christlichen Lehre beschäftigten. 1784 konvertierten einige Intellektuelle, die Matteo Riccis Buch über die wahre Lehre des Christentums gelesen hatten, selbst zum Christentum. Im fünften und sechsten Kapitel des vorliegenden Buches wird der Frage nachgegangen, wie die koreanischen Gelehrten mit dem Wissen aus dem Westen umgingen und wie sie es im Rahmen ihres eigenen Wissenssystems aufnahmen. Im 19. Jahrhundert schließlich wurde der Konfuzianismus als Erbe der alten Zeit und zugleich als Hindernis für die Modernisierung des Landes abgelehnt bzw. kritisiert. Es galt, die konfuzianische Tradition zu überwinden, um aus Korea einen reichen und starken Staat zu machen. Nachdem Korea 1910 seine Souveränität verloren hatte und von Japan annektiert worden war, wurde der Konfuzianismus für den Niedergang des Landes verantwortlich gemacht, während die westliche Zivilisation Symbol für die Moderne wurde. Die junge Generation Koreas lehnte den Konfuzianismus ab, ebenso wie die jungen Intellektuellen Chinas, die 1919 nach der Zerstörung des „Konfuzius-Ladens" riefen. Junge koreanische Intellektuelle gingen ins Ausland, um westliche Wissenschaft und Kultur zu studieren. Damit verlor der Konfuzianismus seine zentrale Stellung in der Bildung der Koreaner. Bis heute gehört die konfuzianische Lehre nicht zum Lehrplan des koreanischen Bildungssystems, weder in Nord- noch in Südkorea.

Heute, im Korea des 21. Jahrhunderts, ist es eine Herausforderung, mehr als nur einige wenige Personen zu finden, die spontan von sich sagen würden, dass sie ihr Leben der konfuzianischen Lehre entsprechend gestalten. Das Straßenbild der südkoreanischen Städte ist dominiert von Kreuzen christlicher Kirchen und nicht von Schreinen für Konfuzius. Es ist ein seltsames Phänomen, dass der Konfuzianismus dennoch immer wieder als Erklärung herangezogen wird, wenn es um Korea geht – ob es sich nun um Wirtschaftswachstum bzw. -krise oder um Diktatur bzw. Demokratisierung handelt. Im Jahre 2020 hieß es sogar, dass die konfuzianische Kultur Koreas Grundlage für die erfolgreiche Bekämpfung von COVID-19 sei. Einen empirischen Beleg dafür kann zwar kaum jemand vorlegen; es ist aber offenbar sehr verführerisch, immer dann, wenn es um Korea geht, Konfuzius wiederaufstehen zu lassen.

Zumal die Tradition Koreas, ebenso wie die der anderen Länder Ostasiens, nicht allein auf dem Konfuzianismus beruht, auch wenn dieser eine wichtige Rolle spielt, um die Tradition Ostasiens zu verstehen. Im antiken Ostasien, in welchem die Wurzel der ostasiatischen Zivilisation zu finden ist, hatten sich zahlreiche Denkströmungen entwickelt. Neben dem Konfuzianismus wirkten u.a. Daoismus und Legalismus zusammen. Aus Indien kam der Buddhismus hinzu. Diese verschiedenen Denkströmungen haben alle auf ihre Weise die Kulturtradition der Länder Ostasiens geprägt, auch diejenige Koreas. Die vielfältigen Denkströmungen der ostasiatischen Antike werden im ersten Kapitel diskutiert.

Die folgenden sieben Kapitel wurden in unterschiedlichen Kontexten verfasst, aber sie hatten ein gemeinsames Ziel – die erläuternde Darstellung der Vielfalt des Konfuzianismus in Korea. Die in diesem Buch unternommene historische Betrachtung soll dazu dienen, diese Besonderheit zu erfassen. Während der Fertigstellung dieses Buches konnte ich mit vielen Kollegen und Freunden Diskussionen führen. Ihre Fragen und Kritiken haben viel zur Verfeinerung der Argumentation beigetragen. Mein besonderer Dank gilt Heiner Roetz, Vladimir Glomb, Martin Gehlmann und Axel Rüdiger.

Im August 2021
Eun-Jeung Lee

Politisches Denken
in der Antike Ostasiens

Die chinesische Zivilisation entwickelte sich vor vier- bis fünftausend Jahren im Gebiet um den Gelben Fluss. Schon in jener Zeit bildeten sich Staatsformen heraus, deren Struktur und Macht weit komplexer waren als die von Stammesgesellschaften. Die benachbarten Gebiete wie Korea, Japan und Vietnam begannen bereits im 1. Jahrhundert v. Chr., auf direktem oder indirektem Weg Elemente der chinesischen Zivilisation und staatlichen Ordnung zu rezipieren. Indem diese Königreiche eine Art tributärer Beziehungen mit den chinesischen Dynastien eingingen, konnte sich in Ostasien ein chinesischer Kulturkreis etablieren. Auf diese Weise bildete das politische Denken des antiken China zugleich die Grundlage des politischen Denkens in Ostasien.

Das antike politische Denken hat sich in China zwischen dem 5. und dem 3. Jahrhundert v. Chr. entwickelt, also in einer Epoche, die in der chinesischen Geschichte als die „Frühling-Herbst-Periode" und auch als „Zeit der Streitenden Reiche" (771–221 v. Chr.) bezeichnet wird. Sie war in der chinesischen Geschichte eine der philosophisch produktivsten Perioden. Die Auseinandersetzungen um die Gestaltung der Ordnung von Gesellschaft und Politik erreichten damals einen Höhepunkt. Man nennt diese Epoche nicht ohne Grund die „Zeit der Hundert Schulen." Sie zeichnet sich im Sinne von Jaspers' Achsenzeit aus durch „Verlust der Substantialität und der Geschlossenheit des Lebens durch Reflexion und Transzendenz, [...] Überwindung des Mythos durch die Vernunft, Innewerden der Person und des Einzelnen, Infragestellung alles zuvor Selbstverständlichen, Durchdenken der sich widersprechenden Alternativen, Vergeistigung, Geschichtsbewusstsein usw.", so Heiner Roetz.[1]

---

[1] Roetz 1992, S. 48.

Ausgelöst wurden diese Debatten durch den Zusammenbruch der alten Ordnung. Um das zu verstehen, ist es unvermeidlich, sich mit einigen Gegebenheiten des chinesischen Altertums zu befassen. Die Quellenlage über die ersten Dynastien Chinas, also die Shang- und die Westliche Zhou-Dynastie (1600–1045 v. Chr. beziehungsweise 1045–256 v. Chr.), hat sich mittlerweile so weit verbessert, dass man das historische und kulturelle Umfeld jener Zeit einigermaßen sicher rekonstruieren kann.[2]

Sozio-politischer Kontext der chinesischen Antike

Den Sippenstämmen der Zhou aus dem westlichen Tal des Gelben Flusses war es vor dem 11. Jahrhundert v. Chr. gelungen, die Shang (ca. 1600–1045 v. Chr.) und andere kleinere Stämme zu unterwerfen und damit den größten Teil des Einzugsgebietes des Gelben Flusses zu beherrschen. Zur Legitimierung ihres Aufstiegs bedienten sich die neuen Herrscher der Religion, nämlich des Gedankens vom Mandat des Himmels (*tian ming*) und des Ahnenkultes.[3]

Der Gedanke vom himmlischen Mandat, insbesondere die eng damit verbundene Vorstellung von der Fundierung gesellschaftlicher Ordnung und politischer Herrschaft in der herrschaftlichen Tugend, sollte ein zentrales Element im politischen Denken Chinas werden. Entstanden war diese Vorstellung aus dem Kult der Ehrerbietung gegenüber den Naturgewalten, wobei die Natur als Macht betrachtet wurde. Man glaubte, dass sie Glück oder Unglück über die Menschheit bringen könnte, ähnlich einer mysteriösen, gewaltsamen und Ehrfurcht gebietenden Persönlichkeit, die über die individuellen oder gemeinsamen Schicksale der Menschen bestimmt.

Personifizierte Naturgewalten wurden Götter (*shen*) genannt. Die menschliche Gemeinschaft brachte den Göttern Opfer, um ihren Schutz zu erlangen. Unter diesen Göttern galt der Herr des Himmels (*tian*) als der mächtigste; er beherrschte die Welt, sowohl die der Menschen als auch die der Götter. Diese absolute Autorität des mächtigsten Gottes stellte man sich als auf den Herrscher übertragen vor. Der Herrscher wurde damit zum Himmelssohn (*tianzi*), das heißt zum Träger des Mandats des Himmels.[4]

---

[2] Loewe, Shaughnessy 1999; Opitz 2000.
[3] Gernet 1979.
[4] Tucker 1998.

Um die Usurpation des Mandats des mächtigsten Himmelsgottes, welches die Herrscher der Shang-Dynastie innegehabt hatten, durch die Zhou-Herrscher zu rechtfertigen, wurde deren Tugend als zentrales politisches Merkmal eingeführt. Demnach sollte der Mandatsinhaber mit einer nur ihm eigenen Tugend (*de*) ausgestattet sein, welche Offenheit und Gehorsam gegenüber dem Willen des Himmels sowie die Bereitschaft, sich dessen Normen im persönlichen und politischen Verhalten zu unterwerfen, enthalten sollte. Gesellschaftliche Ordnung und Unordnung galten nunmehr als weitgehend zentriert in der Person des Herrschers, speziell in seiner Tugend. Dies ist der Grund, warum die in den klassischen Texten *Shujing* und *Shijing* enthaltenen Reflexionen über die Ordnung der Gesellschaft weniger um die Beschaffenheit von Gesetzen oder um die Struktur von politischen Institutionen und Verfassungen kreisten, als um jenen Begriff, der die Tüchtigkeit des Herrschers bezeichnete, nämlich *de*.[5]

Aus der Sicht dieser neuen Ideologie der Zhou (ca. 1100–256 v. Chr.) war die Shang-Dynastie untergegangen, weil ihre Herrscher den Weg des Himmels und den Pfad der Tugend verlassen, also die Tugend verloren und sich damit als Werkzeug des Himmels disqualifiziert hatten. Deshalb war das Mandat des Himmels den Shang-Herrschern entzogen und dem Herrscher von Zhou anvertraut worden. Hier wurde also Geschichte als dynastischer Wechsel infolge himmlischer Eingriffe konstruiert, um die durch Unachtsamkeit oder Ungehorsam der Herrscher verfallene Ordnung der Welt durch eine neue Dynastie wiederherzustellen. Dies kann dahingehend interpretiert werden, dass Herrscher und Herrenhäuser die Instrumente zur Sicherung einer übergreifenden kosmischen Ordnung waren. Auch wenn die Dynastien wechselten, blieb die Ordnung selbst bestehen.[6] So wurde die Autorität der Zhou-Herrschaft durch die Einführung der Dimension der Tugend ideologisch gerechtfertigt und gesichert. Nur der Herrscher von Zhou durfte aufgrund seiner Stellung als Himmelssohn dem Himmelsgott opfern, während seine Gefolgsleute ihm als dem Vertreter des Himmelsgottes gegenüber ehrfürchtig, treu und gehorsam bleiben mussten. Es ist hier deutlich erkennbar, welch eminent politische Bedeutung den Gottheiten im chinesischen Altertum zukam.

---

[5] Opitz 2000, S. 28.
[6] Opitz 2000, S. 30.

In der Frühlings- und Herbst-Periode oder auch *Chunqiu*-Zeit (771–476 v. Chr.) vollzog sich dann ein Prozess der Umwandlung des Himmels von einer anthropomorphen in eine natürliche Macht, die bald mehr oder minder stark mit anderen hinter ihr stehenden oder mit ihr zusammenwirkenden Kräften assoziiert wurde. Ein ähnlicher Prozess war fast zeitgleich im antiken Griechenland mit der Ablösung der homerischen Götterwelt durch die Spekulationen der ionischen Naturphilosophen und der griechischen Philosophie vollzogen worden.

Es waren insbesondere die über Jahrhunderte andauernden Kriege, Bürgerkriege und sozialen Umbrüche der *Chunqiu*-Zeit, die den Glauben an den Himmel als eine sittliche, das irdische Geschehen überwachende Macht erschütterten. Dies ging mit dem Zusammenbruch des Herrschaftssystems der Zhou einher. Der König von Zhou besaß als Obereigentümer zwar im Prinzip die absolute Verfügungsgewalt über den Boden und die Bevölkerung des Reiches, konnte diese jedoch praktisch kaum ausüben, da angesichts der in jener Zeit bestehenden Naturalwirtschaft und der kaum vorhandenen Verkehrswege eine funktionierende zentralstaatliche Verwaltung nicht geschaffen werden konnte. Deshalb wurde nach der Eroberung des Gebietes um den Gelben Fluss das Land bis auf die wenigen königlichen Domänen den Vertretern der Sippenaristokratie, nämlich engen Verwandten, Vertrauten und Verbündeten des Königs, als Lehen gegeben. Zugleich wurden ihnen auch die zum Ackerbau nötigen Arbeitskräfte, das heißt die Stämme der beherrschten Shang, zugeteilt. Aus dem vom Anspruch her zentralstaatlichen Königtum war so eine feudale Standesgesellschaft entstanden.

Betrachtet man den Feudalismus als ein Regierungssystem, in dem der Herrscher seinen Vasallen für Teile seines Herrschaftsgebietes gewisse Souveränitätsrechte überträgt,[7] scheint der Feudalismus der Zhou dem Feudalismus im europäischen Mittelalter sehr ähnlich zu sein. Allerdings unterscheiden sich beide Systeme in einem Punkt wesentlich. Im europäischen Feudalismus gab es bei den Herrschenden kein Bewusstsein einer gemeinsamen Herkunft.[8] Hingegen wurde das Feudalsystem der Zhou mithilfe der aus dem Ahnenkult der Sippenstämme hervorgehenden religiösen Macht der

---

[7] Creel 1964, S. 163.
[8] Ebd., S. 164.

Vorfahren ideologisch abgesichert. An der Spitze dieser Herrschaftshierarchie stand deshalb der König, gefolgt von den mit ihm nah oder entfernt verwandten Ahnenkultgruppen, die sich je nach ihrer sippenhierarchischen Ordnung in große oder kleine Gruppen unterteilten. In jeder Ahnengruppe wurde die Autorität des Oberhauptes von allen Sippenmitgliedern hoch geachtet, denn nur ihr Oberhaupt durfte den Ahnen die vorgeschriebenen Ritualopfer darbringen. Alle anderen Verwandten mussten ihm dabei folgen. Das Oberhaupt einer Ahnenkultgruppe war normalerweise der älteste Sohn der Hauptfrau des vorherigen Oberhauptes. Die Erbfolge ergab sich also aus der Primogenitur. Der König, der Himmelssohn, galt als Haupt der großen Ahnenkultgruppe, während die Fürsten der Lehnsstaaten sich als Oberhäupter untergeordneter Ahnenkultgruppen betrachteten und als solche von ihren größeren oder kleineren Würdenträgern, also Unterlehensbesitzern verehrt wurden, die wiederum selbst Oberhäupter kleinerer Ahnenkultgruppen waren. Auf diese Weise war die herrschende Klasse von Zhou durch den Ahnenkult und ihre gemeinsame Ahnenschaft mit dem König sowie untereinander verwandtschaftlich-patriarchalisch verbunden. Der König besaß in diesem System naturgemäß die höchste Stellung. Die regelmäßig stattfindenden Ahnenrituale bestätigten seine Autorität und die Treueverpflichtungen aller Oberhäupter untergeordneter Gruppen ihm gegenüber.

So gründete sich die Zhou-Herrschaft auf die Blutsverwandtschaft der Sippenmitglieder. Damit wurde das Prinzip der Verwandtentreue mit der Loyalität zum Staat gleichgesetzt. Die gebotene Ehrerbietung der Söhne gegenüber ihren Vätern und der Jüngeren gegenüber den Älteren innerhalb der Familien (*xiao* und *ti*) erklärte sich analog zum Gehorsam der Untertanen gegenüber dem König. Die Ehrerbietung des Sohnes gegenüber dem Vater wurde zur Haupttugend eines Adligen. Ebenso hatten Verwandte einander als Verwandte zu behandeln, also nicht wie Fremde oder Feinde. Gleiches galt für die Beziehungen zwischen Eheleuten und Brüdern.[9] Die Verhaltensregeln (*li*) für all diese Beziehungen stammten aus noch älterer Zeit, also aus der der Sippengemeinschaften. Mit der Gründung des Königreichs von Zhou sollten diese Regeln nicht mehr nur zur Regulierung der Gesellschaft, sondern

---

[9] *Shujing*, 39 Zicai.

auch zur Rechtfertigung und Konsolidierung der Herrschaft der Zhou dienen. Deshalb galten die *li*-Normen als Wurzel des Staates.[10]

An vielen Stellen der genannten Schriften wird klar erkennbar, dass *li* ursprünglich nur für die Aristokratie galt. Das gemeine Volk (*min*) hatte sich nicht danach zu richten, für dieses wurden Strafen und Gesetze als Herrschaftsmittel eingesetzt.[11] Das Straf- und Gesetzsystem war sehr detailliert und umfassend ausgearbeitet. Im *Shujing* werden fünf Hauptstrafen – tätowieren, Nase abschneiden, Füße abhacken, Kastration und Hinrichtung – sowie dreitausend Vergehen, die eine Bestrafung erforderten, aufgelistet.[12] Der Zweck dieses Systems lag in der Disziplinierung des Volkes, das hauptsächlich aus Bauern bestand. Deren Arbeit bildete die ökonomische Grundlage der Herrschaft von Zhou. Da in jener Zeit die Bevölkerungszahl gering, Boden aber relativ reichlich vorhanden war, mussten die Bauern zur Arbeit gezwungen und an das ihnen bestimmte Land gebunden werden.[13] Die Meinungen über das System der Zuteilung von landwirtschaftlichen Flächen gehen unter Sinologen auseinander. So wird die Existenz eines urkommunistisch erscheinenden Brunnenfeldsystems, wie es im *Mengzi* dargestellt wird[14], oft bezweifelt. Jedoch sind die Existenz von Allmenden und die Rechte des Königs als höchstem Eigentümer von Grund und Boden nicht umstritten.[15] Die Bauern selbst verfügten über kein eigenes Land; vielmehr bekamen sie von aristokratischen Grundherren oder aus den Gemeinschaftsfeldern einer Ahnenkultgruppe Land zur Bewirtschaftung zugeteilt und mussten dafür Arbeitsrente ableisten.

Die ökonomische und politische Ordnung von Zhou begann in der *Chunqiu*-Periode und der „Zeit der Streitenden Reiche", der *Zhanguo*-Zeit (770–221 v. Chr.), zu zerfallen. Die Zhou hatten es nicht vermocht, das System des patriarchalischen Feudalismus so zu gestalten, dass ein Erstarken bzw. der Expansionsdrang der peripheren Fürstenstaaten verunmöglicht oder zumindest verhindert wurde. Denn im Feudalsystem von Zhou hatte jeder

---

[10] *Chunqiu*, Duke Xiang XXV, Duke Zhao XXVI.
[11] Gassmann 2000.
[12] *Shujing*, 27 Taishishang.
[13] *Shujing*, 55 Luxing.
[14] *Mengzi* 3A.3.
[15] *Shujing*, 37 Kanggao.

Lehnsherr zur Sicherung seiner Stellung zwei Bedingungen zu erfüllen, nämlich zum einen sein Territorium zu verteidigen und möglichst zu erweitern, zum anderen die ihm zur Verfügung stehenden Arbeitskräfte effektiv einzusetzen. Folglich gerieten kleinere und größere Lehnsstaaten in Konflikte, und zwar zunächst in ihren Grenzregionen mit umherwandernden Nomadenvölkern, schließlich aber auch untereinander. Zudem entwickelten sich einige Lehnsstaaten dank günstiger geographischer und ökonomischer Bedingungen besser und wurden selbst zu Hegemonialfürstentümern. Einige von ihnen übertrafen im Laufe der Zeit die königliche Domäne an ökonomischer und militärischer Stärke. Der König wurde allmählich zur Marionette, dem nur noch nominelle Funktionen als Himmelssohn verblieben. Unvermeidlich musste dies die Beziehungen zwischen König und Vasallen und die patriarchalisch-sippenherrschaftliche Ideologie des Vater-Sohn-Verhältnisses von Grund auf erschüttern.

Zum Ende der Zhou führten die einzelnen Lehnsgebiete Vernichtungsfeldzüge gegeneinander, in deren Verlauf sich die mächtigeren Fürstentümer die kleineren und schwächeren Herrschaftsgebiete einverleibten. Der größte Teil der Erbaristokraten ging dabei unter, während sich einige wenige zu mächtigen Herrschern entwickelten. Die im Verlauf dieser Auseinandersetzungen unabhängiger und reicher gewordenen Bauern und Händler erwarben u.a. Grundeigentum und entwickelten sich gegenüber der sich auflösenden Erbaristokratie zu einer neuen Machtgruppe.[16]

Angesichts der Schwächung der Herrschaft war man immer weniger in der Lage, das gemeine Volk zu kontrollieren. Dieses versuchte zu fliehen oder sich gegen die Herrschenden aufzulehnen. In diesen Wirren nahmen Zweifel am „Himmel", der den Herrschenden den Herrschaftsauftrag gegeben haben sollte, zu. Die Vorstellung vom himmlischen Auftrag, mit der sich die politische Herrschaft von Zhou legitimierte, beruhte auf dem Vertrauen, dass der Himmel die Welt nicht in Chaos versinken lassen, sondern irgendwann eingreifen und sein Mandat auf andere Herrscher übertragen würde. In der *Chunqiu*- und *Zhanguo*-Zeit hatte die Krise der gesellschaftlichen Ordnung einen Punkt erreicht, an dem es zu einer Vertrauenskrise gegenüber der

---

[16] Lee 2008, S. 26.

kosmischen Ordnung kam.[17] Die Existenz des Himmels selbst, des göttlichen Bereichs, wurde angesichts des allgemeinen Chaos und allumfassenden Leids in Zweifel gezogen.

Die überkommene Sittlichkeit der alten Gesellschaft von Zhou war damit insgesamt in eine Krise geraten. Die Bewältigung dieser Krise, die die Welt zu zerreißen schien, war eine Herausforderung, an der sich die chinesische Philosophie entzündete. Es findet sich kaum ein Text aus dieser Zeit, in dem nicht die Motive des Chaos, des Verfalls, der Sorge, der Furcht und der Rettung anklingen.

Das waren die Vokabeln, in denen sich die Stimmung der Zeit niederschlug und die die Motivation der damaligen Denker erkennbar werden lässt. Das *dao*, der wahre Weg, sei verloren gegangen, und dafür sei eine Bewegung in die Welt gekommen, die weithin als bedrohlich empfunden wurde. Die Flut, in der alles versinkt, wurde zu einer typischen Metapher jener Zeit.[18]

Die Ruhelosigkeit, die auf dem Verlust an Beheimatung in vertrauten Verhältnissen beruhte, fand im wandernden Philosophen einen sinnfälligen Ausdruck. Wie ihre griechischen Zeitgenossen durchreisten sie das Land, disputierten mit Ihresgleichen, zogen von Hof zu Hof und trugen den Herrschern ihre Ansichten und Ordnungsvorstellungen vor. Unter diesen Wanderern befanden sich Denker wie Konfuzius (551–479 v. Chr.), Menzius (ca. 370–290 v. Chr.), Xunzi (ca. 298–220 v. Chr.), Han Feizi (ca. 280–233 v. Chr.), Mo Di (ca. 479–381 v. Chr.), Laozi (6. Jahrhundert v. Chr.?) und Zhuangzi (ca. 366–290 v. Chr.).[19] Auch die Denkrichtungen des Konfuzianismus, Daoismus, Legismus, auf die wir uns im Folgenden konzentrieren, entwickelten sich in jener Zeit.

Bedingungen der kognitiven Wende

Im Zuge der politischen Umwälzungen zum Ende von Zhou, also zwischen dem 5. und dem 3. Jahrhundert v. Chr., kam es auch zu so etwas wie einer grundlegenden kognitiven Wende. Die Bedingungen hierfür waren günstig.[20]

---

[17] Opitz 2000, S. 72.
[18] Roetz 1992, S. 67–69.
[19] Die biographischen Daten der Philosophen der Alten Zeiten Chinas sind nicht exakt überliefert.
[20] Liu Ze-hua 1987.

Das Denken war weitestgehend frei. Für die Philosophen dieser Zeit konnten alle Dinge ihrer Welt zum Gegenstand ihrer Betrachtungen werden. Auch über Gott, dessen Existenz einige Philosophen leugneten, konnte man sich auslassen. Aber nicht nur über Gott, sondern vor allem auch über Fragen von Macht und Herrschaft wurde diskutiert. Diese Philosophen genossen keinen materiellen Wohlstand, manche waren sogar sehr arm, aber in ihrem Denken genossen sie große Freiheiten. Es war ihnen freigestellt, Fürsten und Regenten, Staat und Gesellschaft ihrer kritischen Analyse zu unterwerfen. Die Offenheit des Denkens und der Erkenntnis prägte diese Zeit. Auch die Fürsten selbst boten den Philosophen häufig die Bühnen, auf denen sie ihre Ideen frei entfalten konnten.

Jeder Philosoph (es gab keine Frauen unter ihnen) war frei in der Wahl des Gebietes und des Gegenstandes seines Denkens und konnte diese methodisch nach eigenem Ermessen erschließen. In diesen Freiräumen konnten die sog. Hundert Denkschulen entstehen, gerade auch weil die Beziehung zwischen Lehrer und Schüler nichts Verbindliches darstellte. So gründete etwa Mo Di, der zunächst konfuzianische Lehrer hatte, seine eigene Denktradition. Han Feizi war Schüler von Xunzi, einem Konfuzianer, und wurde später ein bedeutender Legist. Untereinander war das Verhältnis zwischen den Denkschulen allerdings nicht unbedingt von Respekt getragen. Es konnte passieren, dass man andere Schulen, statt sie mit geistigen Waffen zu bekämpfen, öffentlich verächtlich machte oder sie gar, so im Falle der Legisten in ihren Auseinandersetzungen mit den Konfuzianern, zu beseitigen suchte. Insgesamt wurde die Pluralität des Denkens allerdings gewahrt, und nicht einmal ein Despot wie Kaiser Shi Huang Di (250–210 v. Chr.) konnte sie zerstören.

In dem Maße, in dem die Hundert Schulen um politische sowie gesellschaftliche Resonanz konkurrierten, reiften und vertieften sich ihre Lehren. Um ihre bedrohte Legitimität zu sichern, sahen sich die Herrscher gezwungen, einige ihrer Ideen aufzugreifen und Reformen durchzuführen. Dafür benötigten sie das Wissen und die Weisheit der Denker. Dies führte wiederum zu einem Wettbewerb der politischen Ideen.

Mensch und Natur
Der Kern der kognitiven Wende im 5. –3. Jahrhundert vor unserer Zeitrechnung liegt darin, dass man damals damit begann, die Beziehungen zwischen Mensch und Himmel ebenso wie die zwischen Mensch und Natur vom Menschen her zu denken. Von den Philosophen des antiken China sind nur wenige Äußerungen über Gott überliefert. Dies bedeutet gewiss nicht, dass sie die Existenz eines Gottes geleugnet hätten. Laozi betrachtete *dao* als höchste Existenz, die alles bestimmt. In *Lunyu* 3.12. steht, man habe bei der Durchführung der Rituale für den Himmelsgott so getan, als ob dieser tatsächlich existierte.[21] Das lässt sich so interpretieren, dass Konfuzianer zumindest die Existenz eines Gottes nicht leugneten. Im politischen Denken der Konfuzianer steht jedoch der Mensch, nicht Gott, im Mittelpunkt. So sagt Menzius, dass der Wille des Volkes der Wille des Himmels sei. Dies zeigt zugleich, dass der Konfuzianismus als eine humanistische Lehre zu sehen ist.

Das Menschenbild im politischen Denken des antiken China ist allerdings nicht einheitlich. Die Unterschiede lassen sich sowohl in der Behandlung des Verhältnisses zwischen Mensch und Natur als auch zwischen den Menschen feststellen. So wird der Mensch meist als ein von seiner Natur her vom Tier unterschiedenes Wesen dargestellt, allerdings mit voneinander abweichenden Begründungen. Für Mo Di zum Beispiel ist der Mensch von der Arbeit, das Tier hingegen von der Natur abhängig. „Tiere […] und Insekten […] müssen nicht Landwirtschaft betreiben, auch ihre Weibchen müssen nicht weben, sie erhalten von der Natur ihr Vermögen zum Essen und Anziehen. Bei den Menschen ist es aber anders. Sie können nur durch ihre Arbeit überleben, wer nicht arbeitet, kann nicht überleben."[22] Demgegenüber betont etwa Xunzi, dass der Mensch von Natur aus vorrangig ein soziales Wesen sei. Er vergleicht den Menschen mit Ochsen und Pferden und sagt: „Der Mensch ist nicht so stark wie Ochsen, kann auch nicht so schnell laufen wie Pferde. Was ist aber dann der Grund dafür, dass Ochsen und Pferde von Menschen benutzt werden? Die Menschen können Kollektive bilden, aber die Ochsen und Pferde sind nicht in der Lage, dies zu tun."[23] Konfuzius wiederum sagt, die

---

[21] *Lunyu* 1923, 3.12.
[22] *Mozi* 32.
[23] *Xunzi* 9.

Menschen verfügten anders als die Tiere über das Bewusstsein von Riten und Moral. „Heutzutage wird die kindliche Pietät als Pflege der Eltern betrachtet. Allerdings kann man auch Hunde und Pferde pflegen. Wie könnte man zwischen der Pflege der Hunde und Pferde und der Pflege der Eltern unterscheiden, wenn das Bewusstsein der kindlichen Pietät nicht vorhanden wäre."[24] Er lehrt, dass der Respekt bzw. die Hochachtung der Eltern den Kern der Riten bildet. Auch wenn die antiken Philosophen von den Unterschieden zwischen Mensch und Tier sprechen, betrachten sie den Menschen nicht als ein von der Natur unabhängiges Wesen. Sie alle teilen die Auffassung, dass der Mensch ein Produkt der Natur ist. Die Natur gibt die Lebensbedingungen für die Menschen vor. Als solche ist sie die Quelle des Lebens. Die Reichweite menschlicher Tätigkeit wird durch die Natur eingeschränkt. Ihre Kräfte übersteigen die Kraft der Menschen bei weitem. Auf dieser Erkenntnis beruht dann auch die Auffassung, dass man nur scheitern könne, wenn man gegen die Gewalt der Natur agiert. Deshalb müsse der Mensch die Ordnung der Natur, d.h. die Naturgesetze, verstehen und dieser Ordnung der Erde und der Jahreszeiten folgen.[25]

Die Idee, der Ordnung der Natur zu folgen, kann daher als wichtigste Grundregel im Denksystem der chinesischen Antike gelten. Demnach kann der Mensch nur dann die Natur nutzen und die Natur für ihn nur dann existieren, wenn er in Harmonie mit ihr lebt. Daraus ergibt sich eine Handlungsmaxime für den Menschen, nämlich das *dao* des Himmels zu verstehen und mit ihm eins zu werden. Dies führt letztlich zu einem Zustand des Gleichgewichts, einem gerechten und ausgeglichenen Zustand, ähnlich dem von Sonne und Mond, der für alle gleich ist, ohne Bevorzugung von irgendetwas oder irgendjemandem.[26]

In der Bestimmung der menschlichen Natur und der menschlichen Werte unterscheiden sich allerdings die Ansichten der antiken Philosophen in wesentlichen Punkten voneinander. Dies hängt mit der Reflexion über das Verhältnis zwischen Natur und Mensch sowie zwischen dem einzelnen Menschen

---

[24] *Lunyu* 2.7.
[25] *Mengzi* 4A: 7, *Guanzi* 66, *Zhuangzi* 23.8.
[26] Heiner Roetz betont jedoch, dass diese Art zu Denken nicht bedeute, dass „China chose another and more considered way than the West with regard to a responsible use of the natural resources". Roetz 2013, S. 29.

als Individuum und der Gemeinschaft zusammen. Die Konfuzianer, deren Einfluss auf das Menschenbild im politischen Denken des antiken China größer als jener anderer Denkschulen war, gingen davon aus, dass die menschlichen Eigenschaften von Natur aus gut bzw. böse seien. Ungeachtet dieser gegensätzlichen Bestimmung der Natur der Menschen kamen beide Seiten dennoch zum gleichen Ergebnis, nämlich dass „aus jedem Menschen ein Yao oder Shun werden" könne.[27] Diese sind die legendären ersten Könige aus der mythischen Vergangenheit Chinas, die als Kulturheroen *shengren* den perfekten, idealen Menschen verkörpert haben sollen. Um dies zu erreichen, muss der Mensch nach Menzius auf der Basis von Moral und Sitte (*ren* und *li*) seine gute Natur konsequent herausbilden. Eine Gesellschaft, in der alle Menschen dieses höchste Ziel erreicht haben, entspricht dem Idealstaat im konfuzianischen Denken. Der Glaube, dass jeder durch seine vom Himmel verliehene Natur zum idealen Menschen werden könne, bildet zugleich die Grundlage der Idee von der menschlichen Würde, die von niemandem genommen werden kann.[28] Menzius überträgt damit die Würde der moralischen Natur auf den Menschen selbst. Deshalb bezeichnet er die Fürsten seiner Zeit, die die Menschen nicht wie ihresgleichen, sondern wie Tiere behandeln, als Mörder.[29] Darin ist ein Anknüpfungspunkt zur Idee individueller Menschenrechte enthalten.[30]

Im Hinblick auf die Beziehungen zwischen den Menschen treten die Unterschiede der Denkrichtungen noch deutlicher in Erscheinung. Die Legisten glauben, dass die menschliche Natur auf purem Selbstinteresse beruhe und das Wesentliche der zwischenmenschlichen Beziehungen daher lediglich durch Kalkül (*ji*) bestimmt sei.[31] Hingegen meinen die Daoisten, je weniger soziale Beziehungen bestehen, in desto größerer Nähe zur Natur stehe der Mensch. Sie betrachten jede Art von sozialen Beziehungen als Störung oder gar Zerstörung der Einheit der anarchischen Uridylle der Natur. Das ideale Leben bedeutet für sie, im Wald von *dao* frei zu schweben, ohne jedes Ziel, ohne jede Beziehung und ohne Sorgen. Hingegen verbinden die Konfuzianer

---

[27] *Mengzi* 6A:7, 6B:2.
[28] *Mengzi* 6A:17.
[29] *Mengzi* 1A:4.
[30] Roetz 2017.
[31] *Hanfeizi* 1994, S. 32.

die Menschen auf der Basis von Moral und Sitte miteinander. Die ethische Grundlage der menschlichen Beziehungen beruht bei ihnen auf der Goldenen Regel, der zufolge man anderen nicht antut, wovon man nicht will, dass es einem selbst angetan wird.[32] Von diesem Grundprinzip ausgehend lehrte Konfuzius, man solle der Menschlichkeit (*ren*) und Gerechtigkeit (*yi*) folgend seine Mitmenschen lieben und sie den Sitten und Riten (*li*) entsprechend behandeln. Was dem *li* nicht entspreche, solle man weder sehen noch hören, noch solle man darüber reden und danach handeln.[33]

Das konfuzianische Denken stand im strikten Gegensatz zum daoistischen Gedanken vom Ausstieg aus dieser Welt. Im *Lunyu* findet sich eine Passage, in der sich Konfuzius gegen die daoistische Kritik wendet. Jie Nie, offensichtlich ein Daoist, sagte zu Zilu, einem Schüler von Konfuzius: „Eine einzige Flut überschwemmt die Welt; durch wen ließe sich das ändern! Wäre es nicht besser für dich, nicht einem Literaten zu folgen, der die Menschen flieht, sondern denjenigen zu folgen, die der Welt entfliehen?" Als Konfuzius davon erfuhr, seufzte er: „Ich kann mich doch nicht mit Tieren zusammentun! Mit wem sollte ich leben, außer diesen Menschen. Hätte die Welt das *Dao*, dann müsste ich nicht dabei mittun, sie zu ändern!"[34] Konfuzius bekennt sich hier zur sozialen Verantwortung jedes einzelnen für die Verbesserung der Welt. Dafür ist die Förderung von Moral und Sitte des Individuums, d.h. die Selbstkultivierung, Basis und Ausgangspunkt zugleich.

Herrschaft und Ordnung

Die Bestimmung der Beziehung zwischen den Menschen ist eng verbunden mit der Bestimmung von Herrschaft und Ordnung. Für den Daoismus bedeutet jegliche Art von staatlicher Institution eine Einschränkung der Ordnung der Natur. Im entwickelten Staat sehen die Daoisten lediglich ein blutiges Repressionsinstrument und eine widernatürliche Erscheinungsform. Zhuangzi geht so weit, den Staat als Räuberbande zu bezeichnen. Sein Anführer, der sich selbst als „Fürst" bezeichnet, habe außerdem Moral und

---

[32] Roetz 2013a, S. 222.
[33] *Lunyu* 1923, 12.1.
[34] *Lunyu* 1923, 18.6.

Intelligenz als Mittel zum Zweck gestohlen.[35] Der Lösungsvorschlag der Daoisten, der auf die chaotischen Verhältnisse ihrer Zeit antwortet, gründet sich daher anstatt auf das Handeln auf das zweckfreie Geschehenlassen, auf ein ambitionsloses Leben des Nichttuns (*wuwei*). Solch ein Lebensentwurf ist freilich nicht in einer Gesellschaft realisierbar, in der eine auf der Basis der fürstlichen Macht institutionalisierte Ordnung existiert. Folglich richtet sich das Plädoyer von Laozi auf die Rückkehr in die Natur und die Desorganisation der Gesellschaft; diese solle wieder in weniger komplexe, überschaubare und autarke Gemeinschaften zurückentwickelt werden.[36] Das Ideal der Daoisten bedeutet also die Wiederherstellung einer verlorenen Einheit, die ohne institutionelle Zwänge existieren konnte.

Die Wiederherstellung des Idealstaates steht auch im Mittelpunkt des konfuzianischen politischen Denkens. Ausgangspunkt ist hier die frühere Existenz einer idealen Ordnung, in der der perfekte, ideale Mensch *shengren* in den Personen von Yao und Shun, vergleichbar den Philosophenkönigen im Sinne Platons, herrschten. Konfuzius weiß natürlich, dass in der wirklichen Welt ein *shengren* kaum anzutreffen ist. Allerdings ist er der Auffassung, dass unter der Voraussetzung, dass alle Menschen den *shengren* nacheifern und dadurch zu edlen Menschen (*junzi*) werden, wenn auch kein Idealstaat, so doch ein vorbildlich geführtes Herrschaftssystem geschaffen werden könne. Hauptthema seines politischen Denkens ist daher die Herrschaft der Edlen, und deshalb steht die Bildung der Edlen im Mittelpunkt seiner pädagogischen Arbeit. In seiner sozialethischen Lehre lassen sich politische und philosophische Ideen nicht trennen, vielmehr dienen sie gemeinsam der Herausbildung eines neuen Menschentypus, eben des neu konzipierten Edlen als des Trägers der Herrschaft. Angesichts des politischen und gesellschaftlichen Chaos seiner Zeit fordert Konfuzius die im Entstehen begriffene Schicht der Literaten (*shi*) auf, sich so weit zu bilden, dass sie als neue edle Menschen politische Verantwortung übernehmen können. Das setzt wiederum voraus, dass die Rekrutierung der politischen Amtsträger auf der Grundlage ihrer persönlichen Fähigkeiten erfolgt und nicht mehr, wie das bis dahin der Fall war, auf der Basis von Geburt und Stand. Im Hinblick auf die gesellschaftlichen und politischen

---

[35] *Zhuangzi* 10.
[36] *Laozi* 80.

Verhältnisse, in denen das niedergehende Feudalsystem noch weiterlebte, war das eine sehr radikale Forderung.

Die Bildung staatlicher Herrschaft ist allerdings kein Selbstzweck. Für den Konfuzianismus liegt ihr Zweck vor allem in der Erfüllung der Aufgaben für das Gemeinwesen. Konfuzius zufolge erhält die Herrschaft dadurch, dass sie für ein materiell abgesichertes, friedvolles und kultiviertes Zusammenleben der Menschen in einer hierarchischen Gesellschaft sorgt, ihre Legitimität. Politische Macht existiert nicht um der Macht willen. Sie hat mit der Sicherstellung des öffentlichen Wohlstandes eine soziale Funktion zu erfüllen, und zugleich ist sie der natürlichen moralischen Zweckbestimmung des Menschen untergeordnet. Die Qualität einer so verstandenen Herrschaft wird folgerichtig an zwei Maßstäben, einem utilitaristischen und einem moralischen, gemessen.

Es ist aber letztlich das Volk, das darüber ein Urteil fällt, ob die Herrschaft legitim ist oder nicht. Dies ist auch der Kern der „Idee vom Volk als Basis" (*minben sixiang*). Das Volk, nicht der Herrscher, ist die direkte Repräsentanz des Himmels. Dieser sieht und hört durch das Volk.[37] So lehrt Menzius: „Das Volk ist das Höchste, dann folgt das Land. Der Fürst ist das Unbedeutendste."[38] Ihm zufolge verliert ein Herrscher, der seine Aufgabe nicht erfüllt und sein Volk durch die Zerstörung seiner Lebensgrundlagen in die Kriminalität treibt, den Anspruch auf Gefolgschaft.[39] Der Mord an einem Tyrannen, der sich vom Volk abgewandt und sich damit seiner Herrscherwürde als unwürdig erwiesen hat, wird von Menzius als „Hinrichtung eines isolierten Kerls" gerechtfertigt.[40] Ähnlich charakterisiert Xunzi die Beziehung zwischen Herrscher und Volk: Der Herrscher sei das Boot und das Volk das Wasser, auf dem das Boot fährt. Das Volk, also das Wasser, könne das Boot tragen, aber auch zum Kentern bringen.[41]

Insofern setzt die Akzeptanz gesellschaftlicher Ungleichheit durch das Volk stets voraus, dass die Regierenden ihrer Funktion für das Ganze gerecht werden. Eine solche Regierung, so heißt es im *Lunyu*, kann auf die Loyalität

---

[37] *Mengzi* 5A:5.
[38] *Mengzi* 7B:14.
[39] *Mengzi* 1A:7, 1B:2.
[40] *Mengzi* 1B:8.
[41] *Xunzi* 9.

der Regierten bauen und zieht das Volk aus nah und fern an: „Wenn die Regierenden die Etikette (*li*) wertschätzen, wird niemand im Volk es wagen, sich nicht ehrerbietig zu zeigen. Wenn die Regierenden die Gerechtigkeit (*yi*) wertschätzen, wird niemand im Volk es wagen, sich nicht ihrem Beispiel zu fügen. Wenn die Regierenden die Vertrauenswürdigkeit (*xin*) wertschätzen, wird niemand im Volk es wagen, sich nicht als verlässlich zu erweisen. Wo es solche Verhältnisse gibt, dorthin würden die Leute mit ihren Kindern auf dem Rücken aus allen vier Himmelsrichtungen zusammenströmen."[42] Um die staatliche Gemeinschaft aufrechtzuerhalten, sei es zwar unvermeidlich, dass das Regieren bis zu einem gewissen Grad Zwangscharakter habe, jedoch zeichne sich die beste Form des Regierens dadurch aus, dass sich die Mitglieder dieser Gemeinschaft, das heißt das Volk, freiwillig daran beteiligten. Dies sei nicht dadurch zu erreichen, dass man die Menschen über ihre Formung durch die Institutionen zu sozialen Wesen bildet, sondern nur durch eine „humane Politik" (*ren zheng*).

Menschlichkeit (*ren*) ist ein zentraler Begriff im Konfuzianismus. Die Menschlichkeit zielt, indem das Ich und das Andere nicht als Gegensatz, sondern das Andere als Fortsetzung des Ichs verstanden wird, auf die Herstellung der Voraussetzungen des Zusammenlebens in einer politischen Gemeinschaft, um sich auf diesem Weg der Lebensordnung eines idealstaatlichen Zustands anzunähern. Sich zur Menschlichkeit zu bilden ist ein lebenslanger Prozess, in dem sich jeder Einzelne selbst vervollkommnen muss. Dies beginnt damit, dass man den Willen hat, dem *Dao* zu folgen. Ob man die Menschlichkeit erlangt oder nicht, hängt von der Entscheidung des Einzelnen ab, sein Tun auf dieses Ziel hin auszurichten.[43] Für Konfuzius bleibt die Menschlichkeit allerdings nicht auf die individuelle Ebene beschränkt. Sie ist auch die Grundtugend, die die Regierenden unbedingt besitzen sollten. Insofern enthält sie auch eine soziale Bedeutung.

Die Legisten lehnen hingegen die „humane Politik" ab. Für Shenzi (395–315 v. Chr.) ist Herrschaft, die nicht auf klaren Entscheidungskriterien beruht, gleichbedeutend mit politischer Beliebigkeit. Bestrafung und Belohnung hingen dann nur vom subjektiven Urteil des Herrschers ab. Nach dem Legismus,

---

[42] *Lunyu* 13.4.
[43] *Lunyu* 15.28.

der das berechnende Selbstinteresse für die Natur des Menschen hält, kann auf dieser Basis kein Staat bestehen. So verlangt Shenzi, dass ein Herrscher die für alle gleichen Gesetze nicht beeinflussen dürfe und sein Selbst bei Regierung und Gesetzgebung auszuschalten habe.[44] Der Legismus vertritt also ein strikt technisches Modell der Politik, das auf institutionalisierten Regeln beruht. „Nur das Gesetz (*fa*) ist die einzige Regelung", und „dem Gesetz folgend politische Entscheidungen zu treffen, ist das Grundprinzip der Herrschaft."[45]

Für den Legismus bedeutet das Gesetz eine allgemein gültige Regelung sozialer Beziehungen.[46] Erst auf dieser Grundlage kann das berechnende Selbstinteresse aller Beteiligten wirksam werden. Aus der Sicht der Legisten darf niemand über bzw. außerhalb des Gesetzes stehen. „Gesetz wird vom Herrscher und Beherrschten zusammen aufgestellt", und „nur wenn alle, sowohl der Herrscher als auch die Beherrschten, oben und unten, Edle und Gemeine, dem Gesetz folgen, kann von einer guten Herrschaft die Rede sein." Der Herrscher, so Guanzi, muss „auf der Grundlage des Gesetzes seine Befehle geben".[47] Er kann auch selbst Gesetze und Ordnungen einführen, aber ohne diese kann er nicht über das Land herrschen. Das Gesetz ist die Herrschaftsmethode der Legisten. Daher sagt Han Feizi, die klügste Regierung stütze sich auf Regeln und Gesetze statt auf Menschen.[48]

Entsprechend liegt die Antwort der Legisten auf das Chaos ihrer Zeit in der Verwirklichung einer Politik, die an die Stelle des Individuums und seiner Selbstkultivierung und Eigenverantwortung das institutionell geregelte öffentliche Wohl, an die Stelle persönlicher Bindungen die reine Verpflichtung auf das Gesetz und an die Stelle der Tradition das Notwendige und Praktikable setzt. Nicht zuletzt wegen der politischen Rolle der Legisten während der kurzen Herrschaft der Qin-Dynastie (221–207 v. Chr.) wird ihnen nachgesagt, dass sie den Aufbau eines zentralen Verwaltungsstaates befürwortet hätten. Dabei wird übersehen, dass die Legisten vorrangig die Herrschaft nach dem Gesetz betonen, wobei alle, auch der Herrscher, dem Gesetz zu folgen

---

[44] *Shenzi* 6.
[45] *Shenzi* 7.
[46] *Guanzi* 3.
[47] *Guanzi* 52.
[48] *Hanfeizi* 1994, S. 55.

haben.⁴⁹ Damit beinhaltet ihr Ansatz einen Mechanismus, der dem Wandel des Herrschers zum Despoten vorbeugen soll. Sie gehen davon aus, dass sich in einem politischen System, in dem das Gesetz fest institutionalisiert ist, die Rolle des Herrschers lediglich auf die Überwachung der reibungslosen Anwendung des Gesetzes beschränkt. Im idealen Herrschaftssystem der Legisten muss der Herrscher überhaupt keine aktive Rolle mehr spielen.

Politische Instrumentalisierung der Ideen
Im Mittelpunkt des politischen Denkens im antiken China stand die Suche nach einem Ausweg aus den krisenhaften, wenn nicht chaotischen Verhältnissen der Zeit. Aus der Vielzahl der damals entstehenden Gedankengebäude und philosophischen Schulen wurden hier drei Hauptrichtungen, nämlich der Daoismus, der Konfuzianismus und der Legismus, vorgestellt. Der Daoismus lehnt staatliche Herrschaft und jeglichen institutionellen Zwang ab und betrachtet die Wiederherstellung des Naturzustandes als Ideal. Der Konfuzianismus stellt den in die Vergangenheit projizierten, auf einer Verantwortungsethik beruhenden utopischen Idealstaat als Vorbild für die Gegenwart dar und plädiert für dessen Wiederherstellung. Der Legismus schließlich glaubt, durch die Einrichtung eines sich auf Gesetze gründenden Herrschaftssystems, das dem Selbstinteresse des Individuums Raum gibt, die ideale Form der Herrschaft gefunden zu haben. Ungeachtet dieser Unterschiede sind sich Daoismus, Konfuzianismus und Legismus darin einig, dass die gesellschaftliche Ordnung auch ohne aktives herrschaftliches Eingreifen aufrechterhalten werden könnte, wenn denn ihre jeweilige ideale Form staatlicher Herrschaft verwirklicht wäre.

Die Vorstellungen der Legisten haben im Prozess der Einigung Chinas durch die Qin-Dynastie eine entscheidende Rolle gespielt. Shi Huang Di, der Gründer dieser Dynastie, nutzte die Herrschaftslehre von Han Feizi, um einen zentralistisch organisierten Verwaltungsstaat aufzubauen. Gleichzeitig geriet der Konfuzianismus in Gefahr, ausgelöscht zu werden, denn Shi Huang Di verbot nicht nur dessen Studium, sondern auch den Privatbesitz von alten Büchern. Im Jahr 213 v. Chr. gab er den Befehl, alle im Besitz von

---

⁴⁹ *Shenzi* 6.

Privatpersonen befindlichen Bücher, mit Ausnahme von technischen Werken über Agrarwirtschaft, Medizin und Astronomie, zu verbrennen. Er ließ zudem die kritikfreudigen Konfuzianer verfolgen und 212 v. Chr. über 460 unbotmäßige Gelehrte lebendig begraben. Aufgrund ihrer kurzen Dauer gelang es der Qin-Dynastie trotz dieser brutalen Verfolgung aber nicht, die konfuzianische Lehre vollkommen vergessen zu machen. Außerdem hielten gerade die Grausamkeiten dieses Tyrannen in der Gesellschaft die Sehnsucht nach der alten Zeit und damit auch die Erinnerung an die konfuzianische Lehre wach.[50]

Der kurzlebigen Qin- folgte die Han-Dynastie (206 v. Chr.–220 n. Chr.). Sie bedeutete für die Konfuzianer wie auch für die Bevölkerung eine Erlösung von der Angstherrschaft. Allerdings blieb das von den Legisten entworfene und entwickelte politische System weitgehend erhalten. Im Grunde übernahm die Han-Dynastie die gesamten staatlichen Einrichtungen von Qin fast unverändert.[51] Der neue Herrscher hörte jedoch auf, die Konfuzianer zu bekämpfen und versuchte stattdessen einen *modus vivendi* mit ihnen zu finden.

Im Laufe der Zeit kam es zu einer Renaissance des Konfuzianismus, die unter Kaiser Wudi (140–87 v. Chr.) einen Höhepunkt erreichte. Wudi ordnete die systematische Wiederherstellung des zerstörten konfuzianischen Schrifttums an: Jeder Winkel des Landes wurde nach Resten alter Schriften durchsucht. Auch nur im Gedächtnis aufbewahrte und von einer Schülergeneration zur nächsten vererbte Texte wurden aufgezeichnet. Es wurde verglichen, gesichtet, ergänzt, erklärt. Von 136 v. Chr. an stellten große staatliche Gelehrtenausschüsse die klassischen Werke neu zusammen. Im Jahr 124 v. Chr. wurde die sog. Große Akademie errichtet, deren Aufgabe es war, die in diesen Texten enthaltenen Lehren zu erläutern und zu verbreiten. Nur den in dieser Akademie ausgebildeten Männern sollten die hohen Ämter im Staate anvertraut werden. Damit legte Wudi die Grundlage des Examenssystems für die Beamtenauswahl.[52] Indem über konfuzianische, literarische und moralische Bildung zu verfügen zur Voraussetzung für den Zugang zu Staatsämtern erhoben wurde, gelangte der Konfuzianismus als Bewahrer der traditionellen Kultur und als staatstragende Philosophie zu neuer Geltung. Von da an galt

---

[50] Creel 1949, S. 246.
[51] Franke 1925, S. 184.
[52] Creel 1949, S. 264; Franke 1925, S. 186.

der Konfuzianismus offiziell als Staatsphilosophie und wurde zu einer zentralen Institution des chinesischen Reichs. Doch dieser Konfuzianismus, der nun als herrschendes Dogma des Reiches triumphierte, war nicht mehr die Philosophie von Konfuzius und Menzius. Er hatte sich weit von deren ursprünglichen Lehren entfernt und viele fremde Ideen aufgenommen, darunter nicht nur Elemente aus dem Legalismus, sondern auch aus der Yin-Yang-Kosmologie des Daoismus und anderer Naturreligionen. Offizielle Förderung bedeutete auch offizielle Kontrolle. Der Konfuzianismus wurde zu dieser Zeit in eine große synkretistische Lehre verwandelt, in der vielerlei Elemente miteinander vermischt wurden. Populärem Aberglauben ebenso wie Staatsanbetung wurden unter dem Deckmantel konfuzianischer und vorkonfuzianischer Klassiker eine respektable und autoritative Erscheinung gegeben. So mahnt Roetz, Konfuzianismus sei spätestens seit der Han-Zeit ein nur mit Vorsicht zu gebrauchender Begriff geworden.[53] Während in der frühen konfuzianischen Lehre der einzelne Mensch als das wichtigste Element des Staates im Mittelpunkt stand, rückte im neuen Konfuzianismus als Staatsideologie der Herrscher ins Zentrum. Zugleich wurde auch die vertikale und hierarchisch-autoritäre Dimension der sittlichen Beziehungen hervorgehoben: also die zwischen Herrscher und Untertanen, zwischen Vater und Sohn, zwischen Mann und Frau, zwischen Alten und Jungen und zwischen Freunden.

Mit der Anerkennung des Konfuzianismus als Staatsideologie stieg die Zahl derjenigen, die die konfuzianischen Texte studierten, dramatisch an, da dies nun der beste Weg war, um zu Reichtum und Ruhm zu gelangen.[54] Aus Sicht der Regierung war damit eine wunderbare Methode gefunden worden, um die konfuzianischen Gelehrten von der Gesellschaftskritik, durch die sich ihre Lehre bis dahin ausgezeichnet hatte, abzubringen und sie mit harmlosen Studien zu beschäftigen. Ein bedeutender Teil der Intelligenz wurde dadurch vom Staat absorbiert und neutralisiert. Zudem trugen die Institutionalisierung des staatlichen Examenssystems und die damit verbundene Aufhebung feudaler Geburtsprivilegien zur Stabilität des chinesischen Reichs bei.

---

[53] Roetz 1995, S. 44.
[54] Ebd.

Dennoch ging der ursprüngliche kritische Impuls des Konfuzianismus niemals ganz verloren.[55] Obwohl der Staat seine Version des Konfuzianismus gründlich institutionalisiert hatte, gab es immer genügend Gelehrte, die die ursprüngliche Lehre von Konfuzius verstanden hatten und diese Tradition fortführten. So kennt die Geschichte zahlreiche Fälle aufrechter Beamter, Dichter und Denker, die wegen ihrer moralischen, kritischen Haltung dem Herrscher gegenüber in Ungnade fielen und verbannt oder gar hingerichtet wurden, dafür aber bis heute verehrt werden. Dies wiederum lässt sich durch einen Verweis auf das staatliche Prüfungssystem erklären. Denn gerade aufgrund dieses Systems genoss der konfuzianische Beamte ein gesellschaftliches Prestige, das er allein seiner Bildung verdankte und das somit auch von seiner Einstellung gegenüber dem Kaiser und von seiner Stellung innerhalb der staatlichen Hierarchien unabhängig war. In diesem Sinne war er kein bloßer Fachmann und mehr als ein weisungsgebundener Funktionär. Ein Verlust des Amtes, gar des Lebens, zerstörte keineswegs seine Würde und sein Ansehen. „Wenn ein Monarch nicht die alleinige Quelle von Prestige ist, kann er seine Bürokratie nicht dadurch versklaven, dass er mit Prestigeverweigerung droht."[56] Der konfuzianische Beamte war deshalb niemals ein Höfling oder eine Kreatur des Herrschers. Er besaß eine kulturell sanktionierte Rückzugsposition, auf der ihn der Arm des Herrschers letzten Endes nicht erreichen konnte. Der zu Unrecht bestrafte, in mahnendem Protest freiwillig aus dem Leben geschiedene Beamte: dies waren und sind die anti-despotischen Kulturheroen des konfuzianischen China – und ganz Ostasiens.

---

[55] Roetz 1984, S. 431.
[56] Ebd.

Etablierung des Konfuzianismus in Korea

Die Bewohner der koreanischen Halbinsel pflegten bereits im Altertum Kontakt mit China. Das nördliche Gebiet der koreanischen Halbinsel und die Mandschurei gehörten historisch betrachtet zum Lebensraum mehrerer ethnischer Gruppen wie Koreaner, Mandschuren, Han-Chinesen usw. Es gab sowohl Machtkämpfe als auch kulturellen Austausch zwischen ihnen. Dadurch verbreitete sich die chinesische Zivilisation auch auf dem Gebiet des heutigen Korea.

Mit der chinesischen Schrift wurden auch Bücher eingeführt, darunter auch das *Lunyu*, welches über einen längeren Zeitraum hinweg geschrieben worden sein soll. Das bedeutet, dass die Bewohner der koreanischen Halbinsel schon lange vor dem Aufstieg des Konfuzianismus als Staatsideologie im 14. Jahrhundert mit dieser Lehre in Kontakt gekommen waren. In diesem Kapitel wird der Frage nachgegangen, wie sich das chinesische Schriftsystem in Ostasien als gemeinsames Schriftensystem durchsetzte und wie der Konfuzianismus bereits vor seinem endgültigen Aufstieg zur Staatsideologie während der Chosŏn-Dynastie das Wissen und die Ausbildung koreanischer Gelehrter beeinflusste.

Einführung der chinesischen Schrift

Es gibt keine konkreten Aufzeichnungen darüber, wann genau die Kultur der chinesischen Schriftzeichen auf der koreanischen Halbinsel eingeführt wurde. Nishijima Sadao, der die These vertritt, dass die Verwendung von chinesischen Schriftzeichen einen ganzen Kulturkreis in Ostasien bestimme, ist der Auffassung, dass die Nachbarstaaten Chinas diese Schriftzeichen bereits im Altertum einführten, um mit China in Austausch treten zu können.[57] Er hält es für wahrscheinlich, dass die an China grenzenden Königtümer auf der koreanischen Halbinsel bereits im Altertum chinesische Zeichen benutzten.

---

[57] Sadao Nishijima 2000.

Objektiv nachweisen lässt sich die Einführung der chinesischen Schriftkultur im zeitlichen Zusammenhang mit der Errichtung der sog. vier Han-Kommandanturen[58] (Hansagun, 1. Jahrhundert v. Chr.–319 n. Chr,) durch die chinesische Han-Dynastie im Norden der koreanischen Halbinsel und in der Mandschurei.

Archäologische Ausgrabungen in den 1990er Jahren in Nordkorea haben erbracht, dass bereits zu Zeiten der chinesischen Han-Dynastie in der unter deren Einfluss stehenden Kommandantur Nangnang (chin. Lelang) konfuzianische Klassiker wie das *Lunyu* eingeführt worden waren. Außerdem lässt sich anhand von Dachziegeln, die in Pjöngjang entdeckt wurden, feststellen, dass in Nangnang eine Ritualamt (*yegwan*) genannte Institution errichtet worden war.[59] Dieses Ritualamt (chin. *Liguan*) war in China eine Institution, die für die Ausbildung der Gelehrten und für die staatlichen Prüfungen Verantwortung trug. Angesichts solcher archäologischen Befunde behaupten einige Forscher, dass in Nangnang bereits im Altertum ein ähnliches Schulsystem wie in China existiert haben müsse.[60] Gleichwohl lässt sich die Einrichtung einer Schule erstmals für das Jahr 372 belegen.

In dem Geschichtsbuch *Samguk sagi* [Historische Aufzeichnungen der Drei Reiche] von Kim Pu-sik (1074–1151), das aus älteren Geschichtsbüchern kompiliert wurde, wird angegeben, dass im Jahr 372 in Koguryŏ, das grob gesagt den nördlichen Teil der koreanischen Halbinsel und die Mandschurei umfasste, eine „Höchste Schule" errichtet worden war, um die Söhne der höheren Gesellschaft auszubilden.[61] Darüber hinaus ist in dem Abschnitt zum Jahr 600 folgender Eintrag zu lesen:

> Im elften Jahr [seiner Herrschaft; i.e. 600] befahl [König Yŏng-yang] Yi Mun-jin, einem Gelehrten der Höchsten Schule, die

---

[58] Der staatliche Verband Kochosŏn, der bereits im 4. Jahrhundert v. Chr. das Gebiet zwischen der Mandschurei und dem nördlichen Teil der koreanischen Halbinsel beherrschte, wurde im Jahr 109 v. Chr. durch Kaiser Wudi unterworfen. Dieser ließ vier Kommandanturen einrichten, um die nördliche Hälfte der Halbinsel zu verwalten. China gelang es jedoch nicht, die Kontrolle über diese Kolonien zu behalten. Nur eine von ihnen, Nangnang (auf chinesisch Lelang), bestand bis ins 4. Jahrhundert fort. Sie wurde zu einem Handelsknotenpunkt zwischen China und Korea und zu einer Stätte kultureller Begegnung.

[59] Pak Jae-bok 2011, S. 21.
[60] Ebd., S. 24.
[61] *Samguk sagi* 18, Koguryo pongi 6, Sosurimwang.

alten Geschichtswerke zusammenzufassen und eine Neukompilation in fünf Faszikeln anzufertigen. In den frühen Jahren der Dynastie, als erstmals Schriftzeichen verwendet wurden, fertigte jemand Aufzeichnungen von Ereignissen [im Umfang von] einhundert Faszikeln an, die den Titel „Hinterlassene Aufzeichnungen" trugen und seitdem gekürzt und bearbeitet wurden.[62]

In den drei Königreichen Koreas wurde also zuerst in Koguryŏ eine „Höchste Schule" errichtet, wo laufende Ereignisse und historische Texte niedergeschrieben und gesammelt wurden.

Diese „Höchste Schule" mit dem Namen *T'aehak*, war vergleichbar mit der im alten China existierenden staatlichen Bildungsinstitution gleichen Namens. Koguryŏ ließ sich von diesem Beispiel inspirieren und errichtete diese Schule im Austausch mit den chinesischen Dynastien jener Zeit.[63] Die Errichtung dieser Schulen im nördlichen Königreich im 4. Jahrhundert ist auch ein Hinweis darauf, dass sich dort bereits ein gewisses Verständnis der konfuzianischen Lehre entwickelt und die Heranbildung von Talenten und die Auswahl von Beamten ein bestimmtes Niveau erreicht hatte. Dies wiederum setzt die Existenz eines institutionalisierten Herrschaftssystems voraus.

In der Tat hatten die Staaten Ostasiens, in deren Zentrum China stand, schon im Altertum zur Etablierung bzw. Befestigung des Herrschaftssystems Verordnungen (*yullyŏng*) erlassen. Diese können als eine Art kodifiziertes Recht durch die Dokumentation von Gesetzen betrachtet werden. Solche Verordnungen gab es in China bereits während der Qin- und Han-Dynastien. In der Jin-Dynastie (265–420) setzte die Konfuzianisierung der staatlichen Ordnung ein. In den Zeiten der Südlichen und Nördlichen Dynastien (439–586) bildeten sich dann grundlegende Gesetzeswerke heraus.

Von den drei Königreichen auf der koreanischen Halbinsel lag Koguryŏ China am nächsten und stand darüber hinaus im regelmäßigen Kontakt zu dessen wechselnden Dynastien. Auf diesem Weg erlangte es Kenntnisse über das Regierungssystem und das Bildungswesen der chinesischen Dynastien. Dennoch hat Koguryŏ das chinesische System nicht eins zu eins kopiert. Vielmehr belegen diverse historische Materialien, dass die Institutionen Koguryŏs

---

[62] *Samguk sagi* 20, Koguryŏ pon'gi 8, Yŏngyang Wang 11.
[63] Yi Ki-baek 1999.

durch eine ganze Reihe von Besonderheiten geprägt waren. Insbesondere im Falle der staatlichen Verordnungen sind wesentliche Unterschiede zwischen Koguryŏ und den chinesischen Dynastien zu beobachten.[64] In China stand die Einführung von Verordnungen während der Qin-Dynastie stark unter dem Einfluss der Legisten. Erst der Han-Kaiser Wudi machte den Konfuzianismus zur Grundlage des Staates. Hingegen blieb in Koguryŏ der Einfluss des konfuzianischen Denkens in der Entwicklung des Herrschaftssystems relativ schwach. Zudem waren dort neben den konfuzianischen Klassikern auch Geschichtswerke und chinesische Wörterbücher weit verbreitet. Auch lassen sich zumindest zum Ende der Dynastie hin viele Belege zur Verbreitung der daoistischen Lehre finden.[65]

Die von der Regierung Koguryŏs in der Hauptstadt errichtete Höchste Schule war eine staatliche Einrichtung zur Heranbildung von Talenten aus den Reihen der Söhne der höheren Schichten. Sie war allerdings nicht die einzige Schule in Koguryŏ. Das chinesische, die Tang-Dynastie (618–907) behandelnde Geschichtsbuch *Jiu Tangshu* [Alte Geschichte der Tang] berichtet, dass es in Koguryŏ damals private Bildungseinrichtungen für das einfache Volk, die *kyŏngdang* genannt wurden, gegeben habe. Im *Jiu Tangshu* wird ferner verzeichnet:

> [In Ko(gu)ryŏ] ist es Brauch, Bücher zu lieben, bis hin zu Häusern von Gemeinen und Dienenden, alle errichten an großen Weggabelungen große Gebäude, die Kyŏngdang genannt werden, in denen die Kinder bis vor der Heirat von früh bis spät Bücher studieren und Bogenschießen üben. An Büchern besitzen sie die fünf Klassiker, die „Aufzeichnungen des Geschichtsschreibers", die „Geschichte der Han", Fan Ye's „Geschichte der Späten Han", die „Geschichte der Drei Reiche", Sun Sheng's „Frühling und Herbst von Jin", [sowie die Schriftzeichenwerke] „Yupian", „Zitong", und „Zilin", und ferner gibt es die „Auswahl aus der Literatur", die besonders geliebt und geschätzt wird.[66]

So kann man sagen, dass bereits zu Zeiten Koguryŏs konfuzianische Schriften weit verbreitet und sogar einer mehr oder weniger breiten Schicht der

---

[64] Kim Kwi-sŏng 2004, S. 65.
[65] *Samguk sagi* 21, Koguryo pongi 9, Pojangwang sang.
[66] *Jiu Tangshu* 199-shang, Liezhuan 149-shang, Gaoli.

Bevölkerung zugänglich waren. Dennoch sind leider keine Materialien überliefert, die über Ideologie und Inhalte der Bildung in Koguryŏ genauere Informationen geben würden. Darüber hinaus ist auch nicht bekannt, welche Rolle der Konfuzianismus in der Gesellschaft Koguryŏs, aber auch in den beiden anderen zeitgleichen Dynastien auf der koreanischen Halbinsel, also in den Königreichen Silla und Paekche, spielte.

Dennoch gibt es einige Hinweise auf das staatliche Gefüge. So ist auf Steintafeln der Silla-Dynastie aus den Jahren 524, 551 und 561 von einem offiziellen Funktionsträger für Schriften, genannt *sŏin*, der diese Texte offenbar geschrieben hatte, die Rede. Dieser hatte als Beamter die Ränge 11 bis 14 inne. Allein die Existenz einer solchen Rangordnung ist ein Hinweis auf eine ausgebaute staatliche Organisation, zu der auch die Bewährung in dem damaligen Bildungssystem als Voraussetzung zum Erreichen jener Rangstufen gehörte.[67]

Mit der Eroberung Paekches in 600 und Koguryŏs in 666 durch Silla begann die Zeit des Vereinten Silla (666–935), in der der Austausch mit der chinesischen Tang-Dynastie noch reger wurde. Unter der Regierung von König Sinmun (reg. 681–692) wurde 682 nach chinesischem Vorbild die Bildungsinstitution der höchsten „Landesschule", genannt Kukhak, eingeführt.[68]

Zur Grundlage des Unterrichts an der Kukhak gehörte die Lektüre der fünf klassischen Bücher der konfuzianischen Lehre (*Shijing, Shujing, Chunqiu, Liji, Yijing*) als Pflichtfach. Literatur und Geschichte wurden als Wahlfach unterrichtet.[69] Auch im *Samguk sagi* findet die Kukhak an verschiedenen Stellen Erwähnung:

> Im Herbst [des 16. Jahres der Regierung König Sŏngdŏks des Reiches Silla], im neunten Monat, kehrte seine Exzellenz [Prinz] Such'ung, der ins [chinesische] Tang-Reich gereist war, zurück, brachte Tafeln der zehn weisen [Schüler] und der zweiundsiebzig Jünger des Königs Wenxuan [i.e. Konfuzius] dar, die daraufhin in der Hohen Schule verwahrt wurden.[70]

---

[67] Pak Jae-bok 2011, S. 28–29.
[68] *Samguk sagi* 38, Chapji 7, Kwanjik 31.
[69] Ebd.
[70] *Samguk sagi* 8, Silla pon'gi 8, Sŏngdŏk Wang, 16. Jahr.

Darüber hinaus wird auch die Errichtung des Konfuziusschreins (*kongjamyo*) innerhalb der Kukhak erwähnt.[71] Das bedeutet, dass Konfuzius zum Fundament des staatlichen Bildungssystems gemacht worden war. Das *Samguk sagi* berichtet mehrfach, dass verschiedene Könige die Kukhak besuchten, um dort an Lesungen teilzunehmen.[72] Die Existenz des Konfuziusschreins legt zudem die Vermutung nahe, dass der König während solcher Besuche dort nach dem Vorbild der Tang zunächst kultische Rituale und Opfer für Konfuzius zelebrierte, um danach an der Lesung im Kukhak teilzunehmen. Insofern nimmt Silla mit der Kukhak die späteren staatlichen Universitäten Kukchagam der Koryŏ (918–1392) und Sŏnggyun'gwan der Chosŏn-Dynastie (1392–1910) vorweg.

Ungeachtet des Konfuziusschreins in der Kukhak war die Gesellschaft Sillas in spiritueller Hinsicht mehr vom Buddhismus als vom Konfuzianismus geprägt. Ferner hatte, anders als in China, das *kolp'umje*, eine Art von Kastensystem, bis zum Untergang der Silla-Dynastie im Jahre 935 bestanden. Mit dem im Jahre 788 formell eingeführten staatlichen Prüfungssystem (*tksŏsamp'um-gwa*) konnten die Studierenden an der Kukhak zwar nur noch durch Prüfungen in öffentliche Ämter gelangen, das bestehende kastenartige Statussystem wurde dadurch jedoch nicht verändert.

Die Einführung des staatlichen Prüfungssystems hatte längerfristig gesehen eine andere Bedeutung: erstens, weil sich damit die Kriterien für die Auswahl der Staatsdiener von militärischen Fähigkeiten wie Bogenschießen zu literarischen Kenntnissen verschoben,[73] und zweitens, weil nun kultivierte Persönlichkeiten konfuzianischer Prägung in den Staatsdienst eintraten, die befähigt waren, die Angelegenheiten des Staates im Sinne der konfuzianischen Lehre und Ethik zu ordnen.

---

[71] *Samguk sagi* 40, Chapji 9, Oegwan 8.
[72] *Samguk sagi* 9, Silla pongi 9, Kyŏngdŏk Wang 6. Jahr; Hyegong Wang 1. Jahr, 12. Jahr; *Samguk sagi* 11, Silla pongi 11, Kyŏngmun Wang 3. Jahr; Hŏngang Wang 5. Jahr.
[73] Ebd., 2011, S. 27.

Aufbau der staatlichen Bildungseinrichtungen
Koryŏ (918–1392)

Die Prägung des Staatssystems durch den Konfuzianismus fällt, wie wir gerade anhand einiger Beispiele gesehen haben, in die Zeit des Niedergangs des Vereinten Silla (666–935) und der Übernahme der Regierungsmacht auf der gesamten koreanischen Halbinsel durch die Koryŏ-Dynastie (918–1392). In deren Gründungszeit wurde vom ersten König T'aejo (reg. 918–943) mit Unterstützung konfuzianischer Gelehrter ein Amt namens *yebu*, nach unserem modernen Verständnis eine Art Bildungsministerium, eingeführt,[74] um das Bildungswesen im Sinne der konfuzianischen Lehre auszugestalten. Darüber hinaus wurde 931 in Kaegyŏng (das heutige Kaesŏng) und in Sŏgyŏng (das heutige P'yŏngyang) die Einrichtung von Schulen befohlen.[75] Zu diesem Zeitpunkt hatte König T'aejo die koreanische Halbinsel noch nicht vollständig unter seine Kontrolle gebracht; stattdessen führte er einen Krieg gegen das kleine Königtum Hupaekche (892–936), das sich den Wiederaufbau von Paekche zum Ziel gesetzt hatte. Dennoch umgab er sich mit konfuzianisch gebildeten Beratern und übertrug ihnen wichtige Ämter. Auch konfuzianische Gelehrte mit niedrigerem Status, auch solche von außerhalb der Hauptstadt, konnte er dafür gewinnen, ihn und seine Politik zu unterstützen.

T'aejos Bemühungen, die staatlichen Institutionen im Sinne der konfuzianischen Lehre umzugestalten, waren zunächst enge Grenzen gesetzt. So lehnte er das Statussystems der *kolp'umje* aus der Silla-Zeit ab, wurde dabei aber von den mächtigen lokalen Clans, die aufgrund ihrer militärischen Stärke weiterhin eine Bedrohung der königlichen Macht darstellten, nicht unterstützt. Außerdem mangelte es diesen Gruppen am Verständnis des konfuzianischen Rationalismus und an der Bereitschaft, diesen zur Grundlage des neuen Staatswesens zu machen. Daneben blieben auch der Buddhismus und der Schamanismus einflussreich. Mit ihrer Unterstützung konnte T'aejo nicht rechnen. Überhaupt war T'aejos königliche Macht dadurch beschränkt, dass er den Thron nur mit Unterstützung der Clans besteigen konnte. Das ging so weit, dass er angesichts des sich fortsetzenden Krieges und der nach wie vor

---

[74] *Koryŏsa* 92, Yŏlchŏn 5, Abschnitt Hongyo.
[75] *Koryŏsa* 1, Sega 1, T'aejo 13. Jahr, Kyŏngin.

zu Buddhismus und Schamanismus neigenden lokalen Gemeinschaften, die durch zahlreiche kleine Grundherren (*t'oho, t'ojok, hojok*), von denen er auch keine wirkliche Unterstützung erwarten konnte, repräsentiert wurden, zunächst gezögert zu haben schien, seine Absicht, die konfuzianische Lehre zur Grundlage des Staates zu machen, offen zu äußern.[76] Gleichwohl ist aus den bekannten Instruktionen (*hunyo*), die T'aejo seinen Nachfolgern hinterließ, zu ersehen, dass er von Beginn an den an den Errungenschaften der ersten legendären Herrscher Chinas, nämlich Yao und Shun, und dem Amt des Gaozu der Han-Dynastie festgemachten Anspruch an sich stellte, den Staat im konfuzianischen Sinne umzugestalten. Seine Nachfolger sollten sich an diesen Vorbildern orientieren und über ihre eigene Herrschaft reflektieren. Zugleich ermahnte er sie, an einer das Chaos vermeidenden Ordnung festzuhalten.[77]

Der vierte König Koryŏs, Kwangjong (reg. 949–975), versuchte, die mächtigen lokalen Clans zu schwächen, die nach wie vor eine starke politische Kraft darstellten. Im Bemühen um den Aufbau einer absoluten königlichen Macht führte er 958 ein staatliches Prüfungssystem ein, um die Zahl der über konfuzianisches Wissen verfügenden Beamten zu erhöhen.[78] Diese Prüfungen wurden seinerzeit jedoch nicht regelmäßig durchgeführt. Auch war die Anzahl der auszuwählenden Kandidaten mit jeweils zwei bis sieben Personen äußerst beschränkt. So konnte die aus Angehörigen der Clans bestehende Beamtenschaft nicht komplett ausgetauscht werden.[79]

König Sŏngjong (reg. 981–997), der im Jahre 981 den Thron bestiegen hatte, betrieb ebenfalls die Reform des Staatssystems im Sinne der konfuzianischen Lehre. Auch dieser König bezog sich auf die legendären Herrscher des Alten China. Im siebenten Monat des fünften Jahres heißt es in einem Erlass:

---

[76] Ch'oe In-pyo 2004, S. 167–168.
[77] *Koryŏsa* 2, Sega 2, T'aejo 26. Jahr, Kyemyo: „Den Staat an den ältesten Sohn weiterzugeben wird zwar allgemeine rituelle Praxis genannt, als jedoch Dan Zhu nicht [seinem Vater] Yao entsprach und dieser [das Königtum] an Shun übergab, geschah dies in der Tat in der Absicht der Allgemeinheit. Wenn daher der älteste Sohn [dem Vater] nicht entspricht und auch die nächsten Söhne [dem Vater] nicht entsprechen, soll aus der Mitte der jüngeren und älteren Brüder derjenige mit [der größten] Unterstützung erwählt werden, um die Nachfolge zu übernehmen."
[78] *Koryŏsa* 2, Sega 2, Kwangjong 9. Jahr, Muo.
[79] Ch'oe In-pyo 2004, S. 169.

> Ich bin gewöhnlich beschämt wegen meiner spärlichen Tugenden, dennoch verehre ich die konfuzianische [Lehre] ernsthaftig und bin bestrebt, die Gebräuche des Herzogs von Zhou und des Konfuzius aufblühen zu lassen, die Herrschaft von Tang [Yao] und Wu [Shun] zu erreichen [...].[80]

Als Sŏngjong den Thron bestieg, war das politische Chaos der Anfangszeit der Dynastie zwar beendet, aber eine Herrschaftsideologie für den neuen Staat war noch nicht etabliert worden.

Das geistige Leben war immer noch sehr stark von dem seit dem 5. Jahrhundert eingeführten Buddhismus und dem einheimischen Schamanismus geprägt. Da diese Einflüsse sich auf der lokalen Ebene mit mächtigen Familien verbündeten, wurde die Ausbreitung und Etablierung eines vom Konfuzianismus getragenen politischen Systems behindert. In dieser Situation wurde Sŏngjong, der gerade den Thron bestiegen hatte, von Ch'oe Sŭng-no (927–989), einem bedeutenden Gelehrten und Politiker seiner Zeit, dazu ermahnt, seine Aufmerksamkeit auf die mit der Realität befasste konfuzianische Ordnung und nicht auf den mit dem kommenden Leben befassten Buddhismus zu richten.[81]

Sŏngjong trennte, dabei sich auf konfuzianische Lehre stützend, den Buddhismus, der zuvor eine Art Staatsreligion gewesen war, vom Staat und gründete staatliches Handeln auf rationale Verfahren und Institutionen.[82] Im

---

[80] *Koryŏsa* 74, Ji 28, Sŏngŏ 2, Hakkyo, Kukhak, Sŏngjong 5. Jahr.
[81] *Koryŏsa* 93, Yŏlchŏn 6, Ch'oe Sŭng-no.
[82] *Koryŏsa* 3, Sega 3, Sŏngjong 2. Jahr Kyemi: „Im Frühling, im ersten Monat, bat der König am Himmelsaltar um Getreide [i.e. opfert für die kommende Ernte], ehrte den Gründer der Dynastie, zelebrierte persönlich das Bestellen der Felder, opferte dem Heiligen Landmann und ehrte Hou Ji [ein legendärer Kulturheros, der oftmals als Vorfahre der königlichen Familie der chinesischen Zhou-Dynastie betrachtet wurde]. Damit begann das Bitten um Getreide und das Zelebrieren des Bestellens der Felder." 6. Jahr, Chŏnghae (987). „Im Winter, im zehnten Monat, wurden in beiden Hauptstädten [i.e. in Kaegyŏng und Sŏgyŏng] das [staatliche] Fest der acht Gelöbnisse abgeschafft." 7. Jahr (988): „Im Winter, im zehnten Monat, wurden erstmals die [sogenannten] Fünf Schreine [für den Gründer der Dynastie, für den Großvater des Großvaters des Herrschers, für den Urgroßvater, den Großvater und den Vater des Herrschers] bestimmt." 8. Jahr, Kich'uk (989): „Im Sommer, im vierten Monat, begann der Bau des königlichen Ahnenschreins. Der König kommandierte persönlich die Beamten und Bauholz wird herbeigeschafft." 11. Jahr, Imjin (992): „Im zwölften Monat, wurde der königliche Ahnenschrein fertiggestellt und den konfuzianischen Beamten am Hofe wurde befohlen, die Anordnung der Ahnentafeln links und rechts sowie die Opfer für den Urahn und alle übrigen Ahnen zu erörtern und festzulegen, um [dies] dann mitzuteilen."

Zuge dieser Reform wurden die Opferrituale für die verstorbenen Könige, für die bis dahin buddhistische Klöster verantwortlich gewesen waren, dem königlichen Ahnenschrein (*chongmyo*) übertragen. Bedeutende „Verdiente Untertanen" (*kongsin*) wurden nun ebenfalls im königlichen Ahnenschrein verehrt und die schamanistischen Opferrituale für Berge und Ströme nach konfuzianischem Vorbild neu organisiert, was eine Umbildung der Opferrituale auf der Ebene des Staates zu konfuzianischen Riten bedeutete.[83] Zugleich stufte man nationale religiöse Veranstaltungen auf die Ebene des Glaubens Einzelner bzw. gemäß ihrem Status in ihren Glaubensgemeinschaften herab.[84]

Ziel dieser Trennung war es, die Verflechtungen zwischen politischer Macht und Buddhismus aufzulösen und den Status der damit in Verbindung stehenden politischen Kräfte, insbesondere der lokalen Grundherren, herabzusetzen. Die Macht der lokalen Clans sollte gebrochen und durch eine neue Staatsform ersetzt werden, an deren Spitze der König und in dessen Zentrum die Beamten stehen sollten.[85] Dafür waren fähige Beamte erforderlich, die die konfuzianische Lehre verstanden und sie politisch umsetzen konnten.

Um die einseitige Dominanz und den Einfluss des Buddhismus und des Schamanismus auf das geistige Leben der Gesellschaft zu brechen, ließ König Sŏngjong im ganzen Land Schulen errichten und jährlich staatliche Prüfungen durchführen mit dem Ziel, den Konfuzianismus zu verbreiten und zugleich eine Beamtenschicht heranzuziehen, die die konfuzianische Lehre verstand. Sŏngjong beschrieb sein Vorhaben folgendermaßen:

> [In den Bildungseinrichtungen der verschiedenen Reiche des chinesischen Altertums] wurden Lehrer ausgewählt, um zu diskutieren, und den [höheren] Söhnen des Landes befohlen zu lernen, dass Herr und Untertan sowie Vater und Sohn sämtlich die Sitten und Gebräuche des liebenden Respekts kennen, und dass Riten und Musik sowie Lieder und Urkunden ausreichend das Unterfangen der Herrschaft und der Regulierung [des Reiches] erschaffen. Daher sind die Normen und Regeln der menschlichen Beziehungen sowie die Bestimmungen des

---

[83] *Koryŏsa* 3, Sega 3, Sŏngjong 10. Jahr, Sinmyo.
[84] Ch'oe In-pyo 2004, S. 183–184.
[85] Ch'oe In-pyo 2004, S. 191.

Gesetzes des königlichen Weges klar und deutlich zu sehen und strahlen.[86] Wie schon bei den Herrschern des chinesischen Altertums sollten durch konfuzianische Bildung die Beziehungen zwischen Herrscher und Untertan sowie zwischen Vater und Sohn so geordnet werden, dass in Politik und Verwaltung vorbildliche Verfahren staatlichen Handelns eingeführt und eingeübt werden konnten. In der konfuzianischen Bildung sah Sŏngjong den geeigneten Weg, um seine politischen Ziele zu erreichen.[87] Für ihn bestand deren Kern darin, durch eine angemessene Ausbildung der Beamten deren Treue und „kindliche Pietät" einzuüben und zur Grundlage des Staates zu machen.[88] Sŏngjong selbst sagte dazu:

> Wenn der König das Land erziehen und kultivieren will, muss es zuerst Schulen geben, um die Gebräuche von Yao und Shun zu tradieren, den Weg des Herzogs von Zhou und des Konfuzius zu pflegen, ein System der Statuten des Landes aufzustellen und die Gebräuche zwischen Herrscher und Untertan sowie oben und unten zu unterscheiden – wie könnten, ohne weise Gelehrte damit zu beauftragen, derartige Normen erschaffen, der Himmel verwaltet, das Land erschlossen, Großes bewahrt und Verdienste bestimmt werden? Es ist unbedingt dazu zu ermuntern, dies zu praktizieren und es darf nicht sein, dass sich dieser Notwendigkeiten entledigt wird.[89]

Sŏngjong ließ in der Hauptstadt Kaegyŏng die schon erwähnte Kukchagam als zentrale und höchste Bildungsinstanz errichten und gab ihr Ackerland, um ihre laufenden Ausgaben bestreiten zu können. Unter den Studierenden an der Kukchagam wurden die besten ausgewählt und zum Studium an die kaiserliche Universität nach China, das damals unter der Herrschaft der Song-

---

[86] *Koryŏsa* 3, Sega 3, Sŏngjong, 6. Jahr, Chŏnghae.
[87] Ch'oe In-pyo 2004, S. 185.
[88] Seine Erwartung von der Bildung formulierte Sŏngjong folgendermaßen: „Ach — dient man einem Herrn und König mit den Fähigkeiten und Anlagen, über die man verfügt, so ist das der Beginn von Treue, und macht man die Eltern bekannt, indem man sich selbst etabliert und Ruhm erlangt, so ist das die Erfüllung kindlicher Pietät; und können Treue und kindliche Pietät gepriesen werden, wie [dann] mit Gunst und Ehre sparen?", Siehe *Koryŏsa* 3, Sega 3, Sŏngjong, 6. Jahr, Chŏnghae.
[89] *Koryŏsa* 3, Sega 3, Sŏngjong, 11. Jahr, Imjin.

Dynastie (960–1279) stand, geschickt.⁹⁰ Zugleich entsandte Sŏngjong Lehrer, die die konfuzianischen Klassiker und medizinische Schriften unterrichten konnten, in alle 12 Provinzen mit dem Ziel, die Bildung landesweit voranzutreiben.⁹¹ Um die in Ämter berufenen Zivilbeamten zur literarischen Beschäftigung anzuspornen, ließ er sie jeden Monat drei Gedichte und eine Poesie anfertigen und beim königlichen Sekretariat (*hallimwŏn*) einreichen. Auch die Beamten in den Provinzen mussten pro Jahr dreißig Gedichte und einen poetischen Text einreichen.⁹² Der König verlangte von seinen Beamten, sich fortwährend konfuzianisch weiterzubilden und zu kultivieren. In der Vorstellung Sŏngjongs sollte durch Beamte, die Gelehrsamkeit und Tugend miteinander verbanden, das Prinzip der zivilen Herrschaft und damit eine neue gesellschaftliche Ordnung verwirklicht werden. Sein Bemühen, den Konfuzianismus als geistige Grundlage der ganzen Gesellschaft und des Staates und nicht nur als reines Organisationsprinzip des bürokratischen Systems zu verstehen, sollte erst viel später, in der Chosŏn-Zeit (1392–1910), Früchte tragen.

Die der Auswahl von Beamten dienende konfuzianische Lehre und die sich auf der Grundlage des Prüfungssystems vollziehende Entwicklung der staatlichen Schulen sind letztlich Ausdruck der Herrschaftsideologie. Deren symbolische Repräsentation war der Konfuzius-Schrein (*munmyo*), der sich innerhalb der Kukchagam befand. Berichte über die im Jahre 1020, im 11. Jahr der Regierung König Hyŏnjongs (reg. 1009–1031), vollzogene Aufnahme Ch'oe Ch'i-wŏns (geb. 857), eines konfuzianischen Gelehrten der Silla-Zeit⁹³, in die kultischen Rituale des Konfuzius-Schreins belegen, dass dieser Schrein bereits vor 1020 existiert haben muss. Auch in Aufzeichnungen über das Jahr 1101, das 6. Jahr der Regierung König Sukchongs (reg. 1095–1105), wurde festgehalten, dass im Konfuzius-Schrein der Kukchagam kultische Rituale für

---

⁹⁰ Die Zahl der Studenten an der Kukchagam scheint je nach der Epoche unterschiedlich gewesen zu sein. Im Allgemeinen waren 200 Studenten zugelassen, aber die Zahl der dort tatsächlich studierenden Studenten bewegte sich zwischen 60 und 70, manchmal bis 100. Nur ausnahmsweise erreichte die Zahl der Studenten an der Kukchagam zu Beginn des 12. Jahrhunderts 300.
⁹¹ *Koryŏsa* 3, Sega 3, Sŏngjong, 6. Jahr, Chŏnghae.
⁹² *Koryŏsa* 3, Sega 3, Sŏngjong, 14. Jahr, Ülmi.
⁹³ *Koryŏsa* 4, Sega 4, Hyŏnjong 11. Jahr, Kyŏngsin.

Konfuzius (*sŏkchŏnje*) durchgeführt wurden.⁹⁴ Aufgrund der sich nach 993 häufenden Angriffe durch die Dschurdschen und die sich daraus ergebende Belastung für die Staatsfinanzen sprachen sich einige Politiker, wie der Minister So T'ae-bo (1034–1104), für die Schließung dieser staatlichen Universität aus, die durch ihre Kosten das Volk belaste.⁹⁵ Das Ansehen der Kukchagam war offenbar stark angeschlagen. In Koryŏsa heißt es in einem Bericht aus dem Jahr 1036, während der Herrschaft des Königs Munjong (reg. 1046–1083):

> Der König verfügte im achten Monat des siebzehnten Jahres, dass die an der nationalen Akademie Kukchagam Studierenden in der letzten Zeit zahlreich ihre Studien unterbrechen und dass [dies] in der Verantwortung der unterrichtenden Beamten liege, und daher von nun an Fleiß und Bemühen eingehend zu steigern sind, da bis zum Jahresende durch Vergleich von Gut und Schlecht bestimmt wird, [wer] abgehen muss und [wer] bleiben darf. Es wird ferner befohlen, nach neun Jahren von den an der Akademie befindlichen Studierenden der konfuzianischen Lehre und nach sechs Jahren von den Studierenden der Gesetzeswerke diejenigen zu entlassen, die unaufrichtig, unerhellt sind und nichts vollbracht haben.⁹⁶

Schon damals wurden offenbar unter dem Eindruck der Probleme, mit denen die staatlichen Bildungseinrichtungen zu kämpfen hatten, in der Hauptstadt Kaegyŏng die ersten privaten Schulen gegründet. Die zwölf in Kaegyŏng errichteten privaten Schulen wurden *haktang* genannt. Unter ihnen ist die von Ch'oe Ch'ung (984–1068) erbaute *Kujae haktang* am bekanntesten. Die privaten Schulen der Koryŏ-Dynastie hatten deutlich den Charakter einer Art von Ersatzschule zur Vorbereitung auf die staatlichen Prüfungen. In diesem Punkt unterschieden sich die privaten *haktang* der Koryŏ-Zeit grundlegend von den vom 16. bis zum 19. Jahrhundert errichteten Sŏwŏn. Deshalb konnten sie sich, nachdem die staatlichen Schulen unter den Königen Yejong (reg. 1105–1122)

---

⁹⁴ *Koryŏsa* 11, Sega 11, Sukchong 6. Jahr, Sinsa.
⁹⁵ *Koryŏsa* 74, Chi 28, Sŏn'gŏ 2, Hakkyo, Sukchongjo.
⁹⁶ *Koryŏsa* 74, Chi 28, Sŏn'gŏ 2, Hakkyo Munjongjo.

und Injong (reg. 1122–1146) wieder stärker gefördert wurden, nicht weiterentwickeln.[97] Yejong befahl neben der Vermittlung der konfuzianischen Lehre die Einrichtung eines weiteren Studienganges an der Kukchagam, nämlich des Militärwesens.[98] Hintergrund für die Einrichtung der militärischen Abteilung waren die Angriffe der Völker aus dem Norden der koreanischen Halbinsel, vor allem aus der Mandschurei. König Injong führte an der Kukchagam sechs Fachbereiche ein (Staatskunde, Große Lehre – *Daxue*, Geschichte und Literatur, Gesetze, Kalligraphie, Mathematik) und ließ in allen lokalen Bezirken und Kreisen staatliche Schulen einrichten.[99] Diese Erneuerung des Schulsystems trug nicht nur zur größeren Verbreitung von Texten, etwa der Kompilation der *Samguk sagi* [Historische Aufzeichnungen der Drei Reiche] und klassischer konfuzianischer Schriften, sondern auch zur Gründung der sŏjŏkso,

---

[97] Durch die Reform des staatlichen Prüfungssystems im Jahre 1110 wurden die privaten Haktang zu einer dem Kukchagam untergeordneten Bildungseinrichtung degradiert. Es galt nun als Regel, dass man drei Jahre an der Kukchagam studiert haben musste, um überhaupt zur staatlichen Prüfung zugelassen zu werden. Siehe *Koryŏsa* 73, Chi 27, Kwamok 1.

[98] „Da die zivile und militärische Ausbildung Quelle der Erziehung und Kultivierung des Staates sind, wurde schon früh eine Anweisung erlassen, für beide Lehrpläne zu entwickeln und alle Studierenden mit diesen aufzuziehen und in diesen zu unterrichten, um sie auf zukünftige Berufungen zum General und Kanzler vorzubereiten. Da jedoch die Verantwortlichen konträre Ansichten vertraten, konnte bisher noch keine Entscheidung gefällt werden. Deshalb soll nun schnell mitgeteilt werden, wie zu entscheiden ist, und die Entscheidung dann umgesetzt werden." Siehe *Koryŏsa* 74, Chi 28, Sŏn'gŏ 2, Hakkyo, Yejongjo, 11. Jahr 4. Monat. Die Annalen, die hier zitiert werden, lassen keine Aussage darüber zu, ob die militärische Ausbildung theoretischer oder praktischer Natur war oder beides umfasste.

[99] In einem Erlass des fünften Monats des zwölften Jahres [König Kongmins] heißt es: „In letzter Zeit hat infolge der Kriege Bildung und Erziehung einigermaßen nachgelassen. Von nun an sind in der nationalen Akademie, in den zwölf Regionen, in den *haktang* in Ost und West und in den staatlichen Schulen in allen Bezirken und Kreisen streng und vermehrt Unterricht zu erteilen sowie Talentierte heranzuziehen. Sollten Land und Unfreie [dieser Schulen] an Wohlhabende und Einflussreiche übergegangen sein, so ist dies dem Beamten zur Unterteilung und Unterscheidung [vorzulegen], um sie den Schulen zur Verwendung zu übergeben." (Siehe Koryŏsa 74, Chi Nr. 28, Sŏn'gŏ 2, Hakkyo). Dieser Eintrag lässt erkennen, dass vor 1127 bereits *hyanggyo* genannte lokale Schulen existierten. Auch in einem Bericht aus der Zeit König Sŏjongs wird erwähnt, dass Bildungsbeamte in die Provinzen entsandt wurden. Allerdings geht die südkoreanische Forschung meist davon aus, dass erst während der Herrschaft des Königs Injong (reg. 1122–1146) *hyanggyo* errichtet wurden, die sowohl über einen Konfuzius-Schrein als auch über einen Vortragsraum verfügten und damit Rituale und Bildungsfunktionen ausüben konnten. Siehe Yi Man-gyu 2010; Kim Ho-il 2000; Sin Ch'ang-ho 2010, S. 36.

Bibliotheken zur Förderung der Literatur, im ganzen Land bei. Der chinesische Gesandte Xu Jing (1091–1153), der in dieser Zeit Koryŏ besuchte, hielt fest:

> Der Buchspeicher des Imch'ŏn-Pavillons enthält Dutzende zehntausend Bände, und auch der Ch'ŏngyŏn-Pavillon ist voll mit konfuzianischen Klassikern, Geschichtswerken, Meistern und Vermischtem. Der Kukchagam wurde errichtet und mit ausgewählten Gelehrten versehen, er folgt dem System der Höchsten Schule, indem dort Aufzeichnungen über monatliche Tests geführt und alle drei Monate geprüft wird, um alle Studierenden zu bewerten. [...] Was die Untertanen betrifft, so finden sich in Dörfern und engen Gassen zwei, drei Klassikerhäuser und Buchgesellschaften. Die Kinder und Unverheirateten des Volkes wohnen dort versammelt und werden von Lehrern in den Klassikern unterwiesen.[100]

Dieser Text belegt zudem, dass in Koryŏ, ebenso wie schon in Koguryŏ, staatliche Schulen als Bildungseinrichtungen für das breite Volk existierten.

Nach dem Ende der Herrschaft Yejongs und Injongs kam es in der zweiten Hälfte des 12. Jahrhunderts zu mehreren lokalen Rebellionen und Invasionen durch die Mongolen. Nach der Unterwerfung Chinas durch die Mongolen war Koryŏ etwa einhundert Jahre lang der Einflussnahme durch die von den Mongolen errichtete Yuan-Dynastie ausgesetzt. Auch wenn die Beziehungen zwischen Yuan und Koryŏ selbst in Zeiten größerer Einmischungen in die inneren Angelegenheiten Koryŏs keine ausgesprochen kolonialen Züge annahmen, musste Koryŏ mit allerlei Einschränkungen zurechtkommen. So mussten die Koryŏ-Könige Prinzessinnen des Yuan-Reiches zur Frau nehmen, während die Prinzen Koryŏs wie Geiseln in der Hauptstadt des Yuan-Reiches verbleiben mussten. Gleichwohl wurden zwischen Yuan und Koryŏ enge Beziehungen geknüpft – oder auch erzwungen –, und es fand nicht nur auf politischem, sondern auch auf kulturellem Gebiet ein reger Austausch statt. Dies war auch die Zeit, in der durch Gelehrte wie An Hyang (1243–1306) und Paek I-jŏng (1247–1323) die neokonfuzianische Lehre Zhu Xis (1130–1200), die sich in der Song-Zeit herausgebildet hatte, nach Koryŏ gelangte.

---

[100] Xu Jing, *Xuanhe fengshi Gaoli tujing*, 40.

Die Könige Koryŏs bemühten sich jedoch selbst in Zeiten großer politischer Einflussnahme von außen um das Fortbestehen der staatlichen Bildungseinrichtungen. Gesellschaftlich und politisch genoss die Minderheit der Adligen nach wie vor viele Privilegien, auch beim Zugang zu öffentlichen Ämtern, so dass die Ausbildung in der Kukchagam nicht der einzige Weg zu solchen Ämtern war. Das ist einer der Gründe dafür, warum es immer wieder Berichte darüber gab, dass Studierende die Kukchagam mieden.[101] Dies war ein grundlegendes Problem der Kukchagam der Koryŏ-Zeit; der konfuzianische Gelehrte Yi Saek (1328–1396) wies gegen Ende dieser Epoche darauf hin und wetterte:

> Überdies haben diejenigen, die ein Amt erreicht haben, nicht unbedingt die Staatsprüfungen bestanden, und diejenigen, die die Staatsprüfungen bestanden haben, haben nicht notwendigerweise die Landesschule durchlaufen, wer also wird die Abkürzung aufgeben und dafür den richtigen und schwereren Weg gehen? Genau aus diesem Grunde zerstreuen sich die Studierenden und die Unterkünfte und Studierzimmer [der Akademien und Schulen] neigen sich und brechen zusammen.[102]

Die späteren Könige des Koryŏ-Reiches hielten an den staatlichen Prüfungen fest und suchten die Bedingungen der staatlichen Bildungseinrichtungen zu verbessern. Ausdruck dessen war die im Jahre 1275 vollzogene Umbenennung der Kukchagam in Kukhak. Die Wiederbelebung der staatlichen Universität wurde durch An Hyang (1243–1308), der von einer Dienstreise nach China die gesammelten Schriften Zhu Xis nach Koryŏ mitgebracht hatte, umgesetzt. Er trug zusammen mit Paek I-jŏng ganz erheblich zur Verbreitung der neokonfuzianischen Lehre in Koryŏ bei. Deshalb wurde er 1337 in Anerkennung seiner Verdienste in den staatlichen Konfuziuskult *munmyo* aufgenommen.[103]

Durch die Rezeption der neokonfuzianischen Lehre Zhu Xis durch die Intellektuellen der Koryŏ-Zeit, die durch An Hyang, Paek I-jŏng und andere

---

[101] *Koryŏsa* 3, Sega 3, Sŏngjong 8. Jahr, Kich'uk.
[102] *Koryŏsa* 115, Yŏlchŏn 28, Yi Saek.
[103] *Koryŏsa* 105, Yŏlchŏn 18, An Hyang. Neben An Hyang wurden Ch'oe Ch'i-wŏn und Sŏl Ch'ong während der Koryŏ-Zeit in den *munmyo* aufgenommen.

verbreitet worden war, bildete sich eine neue gesellschaftlich-politische Gruppe heraus, die als die „aufsteigenden Gelehrten" oder *sinhŭng sadaebu* bezeichnet wurden. Sie strebten nach moralischer Bildung und Erziehung der Gesellschaft und vertraten die Auffassung, dass die konfuzianische Lehre nicht einfach nur Gelehrsamkeit sei, die man sich aneignet mit dem Ziel, Beamter werden zu können, sondern dass der bislang auf das Feld der Politik beschränkte Konfuzianismus auf das der Gesellschaft insgesamt ausgeweitet werden müsse. Mit diesem Anspruch war der Zusammenstoß mit dem Buddhismus, der die spirituelle Welt und die Etikette des alltäglichen Lebens der Menschen in Koryŏ bestimmte, bereits vorprogrammiert. Dabei hatte der Buddhismus zum Ende der Koryŏ-Zeit, nicht zuletzt wegen der soliden wirtschaftlichen Basis der Klöster und Gemeinden, im Vergleich zu früheren Zeiten noch an politischem und gesellschaftlichem Einfluss gewonnen und betrieb längst auch eigene Bildungseinrichtungen.[104]

Andererseits strebten nicht nur die durch staatliche Prüfungen in Ämter aufgerückten Gelehrten, sondern die konfuzianischen Intellektuellen überhaupt nach der Verwirklichung einer die gelehrte Autorität der neokonfuzianischen Lehre verabsolutierenden Beamtengesellschaft. In der Konsequenz dieses umfassenderen Anspruchs der neuen Lehre lag es, dass neokonfuzianische Gelehrte am Ende der Koryŏ-Zeit forderten, die von den Klöstern unterhaltenen Bildungseinrichtungen in staatliche Einrichtungen zu überführen.[105]

Solche Forderungen hatten u.a. aufgrund der im 13. Jahrhundert einsetzenden politischen Unruhen keine Chance, verwirklicht zu werden, zumal die staatlichen Schulen Koryŏs sich qualitativ nicht hatten weiterentwickeln können. Daran konnte auch die im Jahre 1308 auf der Grundlage der neokonfuzianischen Lehre erfolgte Umbenennung der Kukhak in Sŏnggyun'gwan und

---

[104] Der Fall von Sindon (?–1371), einem buddhistischen Mönch, steht charakteristisch für diese Entwicklung. Siehe *Koryŏsa* 132, Yŏlchŏn 45, Sindon.
[105] So kritisiert z.B. Yi Che-hyŏn (1287–1367), einer der bedeutendsten konfuzianischen Gelehrten der Koryŏ-Zeit, den Buddhismus, insbes. den Mönch Sindon. Siehe *Koryŏsa* 110, Yŏlchŏn 23, Yi Che-hyŏn.

die damit verbundene Reorganisation der Lehre kaum etwas ändern.[106] Das gilt auch für die von König Kongmin 1353 erneut eingeführte Regel, nach der man an der Sŏnggyun'gwan studiert haben musste, um an der höchsten staatlichen Prüfung teilnehmen zu können.[107] Aber in einer Zeit, in der die Staatsmacht an sich selbst geschwächt war, konnten solche königlichen Entscheidungen, auch wenn sie der Wiederherstellung der staatlichen Ordnung dienen sollten, nicht konsequent umgesetzt und deshalb auch nicht wirksam werden.

Chosŏn (1392–1910)

Als Yi Sŏng-gye (1335–1408), ein General der Koryŏ-Dynastie, den letzten König Koryŏs entthronte, um eine neue Dynastie auszurufen, wurde er von der Gruppe der „aufsteigenden Gelehrten" *sinhŭng sadaebu* unterstützt. Das erklärte Ziel dieser Gruppe war es, den Konfuzianismus zur Staatsideologie zu machen und eine neue Gesellschaft, die sich auf den Neokonfuzianismus gründete, aufzubauen.

Der Konfuzianismus spielte in der Koryŏ-Dynastie im Hinblick auf Politik und Bürokratie eine wichtige Rolle. Obwohl König Sŏngjong versucht hatte, den Konfuzianismus zum ideologischen und geistigen Träger des Staatssystems zu machen, blieb dessen Einfluss im Wesentlichen auf die Ausbildung und Auswahl eines Teils der Bürokraten beschränkt. Hingegen blieb die geistige Welt des Adels vom Buddhismus, der auch die gesellschaftliche Ordnung und das Alltagsleben der Bevölkerung auf dem Land bestimmte, geprägt. Den Kern des gesellschaftlichen Lebens und der Kultur Koryŏs bildete die buddhistische Kultur. Um den buddhistisch geprägten Adel Koryŏs unter ihre Kontrolle zu bringen, mussten die Gründer der Chosŏn-Dynastie die bestehende gesellschaftliche Ordnung durch eine konfuzianische Ordnung ersetzen und den Neokonfuzianismus zum Grundstein von Gesellschaft und Staat machen. Er sollte nicht nur das politische Leben, sondern auch den Alltag der Bevölkerung neu bestimmen. Zu diesem Zweck war es aus ihrer

---

[106] Während an der Kukchagam auch andere Fächer unterrichtet wurden, gab es an der Sŏnggyun'gwan nur noch ein Fach, die konfuzianische Lehre. Siehe *Koryŏsa* 72, Chi 30, Paekkwan 1; Sin Ch'ŏn-sik 1983, S. 68.
[107] *Koryŏsa* 74, Chi 28, Sŏngŏ 2, Hakkyo.

Sicht erforderlich, die Bevölkerung in der neokonfuzianischen Lehre zu unterrichten. Somit erhielt die allgemeine Bildung der breiten Bevölkerung Chosŏns eine besondere Bedeutung. Die neuen Herrscher Chosŏns betrachteten die neokonfuzianische Erziehung bzw. die ideologische Indoktrinierung der Bevölkerung als Garantie für die Stabilität des Systems. Durch die korrekte Erziehung sollte die Bevölkerung dazu gebracht werden, ihre politischen und sozialen Verpflichtungen zu erkennen und ihr Leben dementsprechend zu organisieren. Die neokonfuzianische Erziehung der Bevölkerung galt daher als die wesentliche Aufgabe des Staates und als der Kern seiner Politik. Die staatlichen Aktivitäten wurden an diesem Maßstab ausgerichtet. Die Schule erschien den neuen Herrschern dabei als diejenige Institution, die am besten dazu geeignet war, um ihre Ziele zu erreichen. Schon unmittelbar nach der Machtübernahme gaben sie der staatlichen Universität Sŏnggyun'gwan eine neue Ausrichtung und neue Inhalte; sie ließen in allen Landkreisen staatliche höhere Schulen, genannt *hyanggyo*, einrichten, von denen es während der Koryŏ-Zeit in den Provinzen nur einige wenige gegeben hatte. Der Gründer von Chosŏn, Yi Sŏng-gye, erklärte als König T'aejo (reg. 1392–1398) in einem Edikt, das er zu seiner Krönung 1392 erließ, folgendes:

> In der Landesschule im Zentrum und in den lokalen Schulen in den Provinzen sollen die [Zahlen der] Studierenden gesteigert und noch mehr zum Studium angespornt werden, um Fähige und Talentierte heranzuziehen. [...] Zu den mit den loyalen Untertanen, gehorsamen Söhnen, aufrichtigen Männern und sittsamen Frauen verbundenen Sitten und Gebräuche sind zu ermuntern und zu fördern. Den lokalen Beamten wird befohlen, nachzufragen und zu inspizieren sowie zu melden, ob weitere Herausragende ausgewählt und als Zeichen ihres vorbildlichen Verhaltens Tore errichtet wurden.[108]

So wurde in Chosŏn die konfuzianische Bildung, die auf der koreanischen Halbinsel bereits seit der Zeit der Drei Königreiche gepflegt worden war, zur wichtigsten Aufgabe des Staates erhoben. Auch die Struktur des dualen Bildungssystems mit seinen „kleinen" Schulen für Kinder und Jugendliche und seinen „großen" Schulen für die Vorbereitung auf die Staatsprüfungen, die

---

[108] *Chosŏn sillok*, T'aejo sillok 1 (T'aejo 1. Jahr, 7. Monat, 28. Tag).

bereits in Koguryŏ angelegt und in Koryŏ weiterentwickelt worden war, wurde beibehalten. Es gab also einerseits die „kleinen" Schulen im ganzen Land und andererseits die großen Schulen in den Präfekturen sowie die Universität Sŏnggyun'gwan in der Hauptstadt.

In der koreanischen Geschichtsschreibung geht man davon aus, dass die ersten höheren staatlichen Schulen in den Provinzen, die *hyanggyo*, im 12. Jahrhundert während der Herrschaft des Königs Injong entstanden sind, es dort aber auch schon vorher einige höhere Bildungseinrichtungen gegeben hatte.[109] Allerdings sind dafür kaum historische Belege erhalten geblieben, so dass die lokalen Schulen der Koryŏ-Zeit zu den kaum erforschten bzw. erforschbaren Gebieten der Geschichtswissenschaft gehören.[110] Hingegen liegen über die *hyanggyo* der Chosŏn-Zeit aufgrund der sehr viel besseren Quellenlage umfangreiche Forschungsarbeiten vor.[111] Die *hyanggyo* in Chosŏn waren ebenso wie die Sŏnggyun'gwan nicht nur Bildungseinrichtungen, sondern auch Institutionen, die für die Indoktrinierung der Bevölkerung durch das neokonfuzianische Wertesystem zuständig waren. Dabei dienten diese lokalen Schulen auch dazu, den Buddhismus als vormals bestimmendes Moment der gesellschaftlichen Ordnung durch den Neokonfuzianismus zu ersetzen.[112]

König T'aejo, der Gründer von Chosŏn, ließ landesweit neue *hyanggyo* errichten. Damit dies zügig vonstatten gehen konnte, wurde die Gründung einer *hyanggyo* als ein wichtiges Leistungsmerkmal bei der Evaluierung von Beamten gewertet.[113] Die *hyanggyo* wurden von der Zentralregierung zur Sicherung ihrer wirtschaftlichen Existenz mit Land und Leibeigenen (*nobi*) ausgestattet.[114] Die Kosten der neu zu gründenden Schulen wurden überwiegend mit beschlagnahmten Mitteln der buddhistischen Tempel und mit erzwungenen

[109] Pak Jae-bok 2011, S. 18f.
[110] Song Ch'un-yŏng 1987; Shin Chang-ho 2010; Yi Wŏn-jae 2004.
[111] Kim In-gyu 2010; Han Tong-il 1981; Han Ki-ŏn 1963; Kang Tae-min 1992; Yi Kŏn-hyŏng 1981.
[112] Kim Yŏng-ch'ŏl 1985, S. 69; Kim In-gyu 2010, S. 63; Han Tong-il 1981, S. 6–9.
[113] *Chosŏn sillok*, T'aejo sillok 8 (T'aejo 4. Jahr, 11. Monat, 10. Tag).
[114] *Chosŏn sillok*, T'aejong sillok 12 (T'aejong 6. Jahr, 7. Monat, 20. Tag).

Arbeitsleistungen der Mönche erbaut.[115] Nicht selten wurden Land und Leibeigene dieser Tempel unmittelbar auf die *hyanggyo* übertragen.[116] Den Hintergrund dieser Maßnahmen bildeten die Überzeugungen der bereits erwähnten „aufsteigenden" neokonfuzianischen Gelehrten *sinhŭng sadaebu*, die schon am Ende der Koryŏ-Dynastie den moralischen Verfall und die Unproduktivität des Buddhismus beklagt hatten.[117] Der Buddhismus wurde in den ersten Jahrzehnten der neuen Dynastie praktisch aus allen Städten und Dörfern vertrieben. Die Mönche durften nicht mehr Mönche sein.[118] Die alltäglichen buddhistischen Rituale innerhalb der Familien sollten konfuzianisch umgestaltet werden (was allerdings nur teilweise gelang).[119] Nur ein Teil der Tempel, die außerhalb von Siedlungen lagen, durfte weiterhin existieren,[120] allerdings wurde die Zahl der Mönche und das den Tempeln gehörende Land drastisch verringert.[121] Zu Beginn des 15. Jahrhunderts fand also im Namen der nun angestrebten neokonfuzianischen politischen und gesellschaftlichen Ordnung eine fast totale Entmachtung der buddhistischen Klöster statt. Ideologisch bestand der zentrale Konflikt zwischen Buddhismus und Neokonfuzianismus darin, dass der Buddhismus lehrte, alle weltlichen Dinge und damit auch die eigene Familie hinter sich zu lassen, während im Neokonfuzianismus gerade die Beziehung zwischen Kindern und Eltern sozusagen den Eckstein der ganzen Lehre bildete.[122] In der Praxis gelangte die neue Ordnung in Enteignungen, der Umwidmung von Tempeln in öffentliche Gebäude oder auch der Verwendung der hölzernen Bauelemente der Tempel beim Neubau von öffentlichen Gebäuden zum Ausdruck.[123] Die wohlklingenden Bronzeglocken der Tempel wurden in sehr vielen Fällen

---

[115] *Chosŏn sillok*, Sejong sillok 45 (Sejong 11. Jahr, 8. Monat, 10. Tag); *Sinjŭng tonggukyŏji sŭngnam* 18, Yŏnsanhyŏn, Hakkyo; *Sinjŭng tonggukyŏji sŭngnam* 31, Anŭmhyŏn Hakkyo.
[116] *Chosŏn sillok*, T'aejong sillok 11 (T'aejong 6. Jahr, 6. Monat, 27. Tag): "Der Reichsrat teilte dem König mit, dass bestimmt wurde, dass die Anzahl der Schüler und [die Größe] des Ackerlandes einer lokalen Schule in den jeweiligen Amtsbereichen unterschiedlich ist."
[117] *Chosŏn sillok*, T'aejong sillok 1 (T'aejong 5. Jahr, 11. Monat, 21. Tag).
[118] *Chosŏn sillok*, Sejong sillok 2 (Sejong 7. Jahr, 2. Monat, 5. Tag).
[119] *Chosŏn sillok*, Sejong sillok 2 (Sejong 7. Jahr, 1. Monat, 25. Tag).
[120] *Chosŏn sillok*, T'aejong sillok 1 (T'aejong 5. Jahr, 11. Monat, 21. Tag).
[121] *Chosŏn sillok*, T'aejong sillok 1 (T'aejong 6. Jahr, 3. Monat, 27. Tag).
[122] *Chosŏn sillok*, Sejong sillok 2 (Sejong 1. Jahr, 11. Monat, 28. Tag).
[123] *Chosŏn sillok*, Sejong sillok 2 (Sejong 6. Jahr, 3. Monat, 12. Tag; 5. Monat, 19. Tag).

eingeschmolzen, um dann als Geldmünzen eine neue, klingende Existenz zu finden.[124] Angesichts all dieser Maßnahmen kann es nicht verwundern, dass es dem Neokonfuzianismus tatsächlich gelang, den Buddhismus abzulösen und von nun an die gesellschaftlichen und politischen Verhältnisse von Chosŏn zu bestimmen.

1392 verlegte die neue Dynastie die Hauptstadt von Kaegyŏng, dem heutigen Kaesong, nach Hanyang, dem heutigen Seoul. Auch die staatliche Universität Sŏnggyun'gwan bezog 1395 ihre neuen Gebäude in der Hauptstadt. Der Leiter der Sŏnggyun'gwan trug den Titel *taesasŏng* und hatte damit innerhalb der bürokratischen Hierarchie Ministerrang. Daneben gab es Dozenten und Verwaltungsbeamte mit unterschiedlichen Rängen.

Die Zahl der zuzulassenden Studenten wurde zunächst pro Jahr auf 150 beschränkt und 1429 auf 200 erhöht. Zulassungsvoraussetzung war das Bestehen der ersten Stufe der staatlichen *saengwŏnsi*- oder *chinsasi*-Prüfungen. Die Studenten waren im Wohnheim der Sŏnggyun'gwan untergebracht. Das Leben dort war nach strengen Regeln organisiert. Allerdings gab es in einem gewissen Maße auch eine Selbstverwaltung der Studenten. Während des Studiums erhielten sie vom Staat für ihren Lebensunterhalt Agrarland (*hakchŏn*) und Leibeigene (*nobi*), die dieses Land bewirtschafteten. Der Staat trug die gesamten Kosten der Sŏnggyun'gwan.[125]

An vielen Stellen der Annalen von Chosŏn, dem *Chosŏn sillok*, sind Einträge zu finden, die belegen, dass die Regierung im Zuge der Vorbereitung des Besuchs chinesischer Delegationen Gebäude der Sŏnggyun'gwan renovieren ließ. Und nicht nur die Gebäude wurden renoviert, sondern auch die kultischen Rituale wurden dem sich immer wieder ändernden chinesischen Vorbild angepasst. Das galt insbesondere für die Rituale am staatlichen Schrein für Gelehrte in der Sŏnggyun'gwan und in den *hyanggyo*.[126]

---

[124] *Chosŏn sillok*, Sejong sillok 2 (Sejong 6. Jahr, 3. Monat, 16. Tag).
[125] Kim Yong-jae 2004, S. 236.
[126] So ist z.B. im *Chosŏn sillok*, Sejong sillok 91 (Sejong 22. Jahr, 10. Monat, 30. Tag) zu lesen: „Der Reichsrat teilt dem König mit Verweis auf eine Eingabe des Ritenministeriums mit, dass weder für den Schrein noch für die Unterrichtshalle der Konfuzianischen Akademie Namenstafeln [dieser Gebäude] vorhanden sind. Als im zurückliegenden Jahr ŭlmyo [1435] der Gesandte des [chinesischen] Hofes Li Yue [fl. 1428–1477] im Schrein opferte, äußerte er aus diesem Grunde: „Die Lehren der Würdigen weisen keinen Unterschied im Vergleich mit China auf, es ist lediglich nicht richtig, dass die Namenstafeln nicht vorhanden sind." Daher wird ersucht, den Schrein in

Munmyo, der staatliche Schrein für Gelehrte, war in China eine rituelle Gedenkstätte für Konfuzius und seine Schüler. In Korea wurden auch koreanische Gelehrte aufgenommen. Vor der Chosŏn-Zeit waren nur drei Gelehrte, nämlich Ch'oe Ch'i-wŏn (857–?), Sŏl Ch'ong (655–?) und An Hyang, aufgenommen worden.[127] Der Munmyo spielte in der Beziehung zu China eine wichtige Rolle. Beim Besuch chinesischer Delegationen gehörte es zum Protokoll, dass diese dem Schrein einen Besuch abstatteten und kultische Rituale durchführten. Anlässlich solcher Besuche konnte die koreanische Regierung aufgefordert werden, das Munmyo-Gebäude zu renovieren; sie konnte aber auch für dessen gute Pflege gelobt werden. Die Umbenennung der Kukhak in Sŏnggyun'gwan im Jahr 1308, also noch während der Koryŏ-Dynastie, war die konkrete Folge des Besuches einer chinesischen Delegation im Munmyo. Damals wurde kritisiert, die Anlage der Kukhak sei zu eng ausgelegt und könne ihre Funktion als Bildungseinrichtung nicht mehr erfüllen. Daher

Anlehnung an das Beispiel der Namenstafeln der Konfuzianischen Akademie in Kaesŏng Halle des Großen Vollendeten und Äußersten Würdigen [i.e. Konfuzius] (Taesŏng Chisŏng-ji Jŏn) zu nennen und dies in Gold zu schreiben und die Unterrichtshalle wie gehabt Halle der Erhellung der Ethik (Myŏngnyun-dang) zu nennen und dies in Türkis zu schreiben. [Der König] stimmte zu." In der Eingabe des Ritenministeriums (von Minister Hŏ Sŏng, dem Beamten des unteren zweiten Ranges Sin Sik und des Beamten des oberen dritten Ranges Song Chun) aus der Regierungszeit des Königs Sŏnjo (Sŏnjo sillok 177, 37. Jahr, 8. Monat, 17. Tag) steht: „In der Mitteilung der Konfuzianischen Akademie an den König heißt es, dass im vergangenen Jahr Militärkommissar Yang [i.e. Yang Hao (gest. 1629)], als er sich in unserem Land befand, die Regeln und Verfahren des Konfuziusschreins betrachtete und Ungleichheiten im Vergleich mit China feststellte und in der Angelegenheit einer an China angelehnten Korrektur eine diplomatische Note an unser Land schickte, die dergestalt beantwortet wurde, dass die Absicht bestehe, [Regeln und Verfahren dem chinesischen Vorbild] folgend auszuführen. Doch damit nicht genug, der himmlische Hof habe bereits Riten bestimmt, und es ist nicht angemessen, dass die angrenzenden Staaten von diesen abweichen. Da nun der Konfuziusschrein neu aufgebaut wurde, soll für die Opfer in den beiden Schreinhallen mit dem Auf- und Abstieg der Ränge und den [damit verbundenen] Opfern für die früheren Lehrer, […] wie seinerzeit erörtert und festgelegt umgegangen werden. Vom zuständigen Ministerium wird erbeten, die Ritualvorschriften der chinesischen Dynastien breit zu untersuchen, detailliert zu beraten und entsprechend einzurichten. [Der König] teilte in dieser Angelegenheit mit, dass er [dies] gestatte."

[127] Ch'oe Ch'i-wŏn war als Philosoph und Poet der späteren Vereinten Silla-Zeit bekannt. Er hatte in Tang-China die staatliche Prüfung bestanden und war in höhere Beamtenränge der Tang-Regierung aufgestiegen. Nach seiner Rückkehr diente er in Silla und versuchte, den Staatsapparat zu reformieren. Sŏl Ch'ong hatte das idu-System, das erste koreanische Transkriptionssystem für chinesische Zeichen, entwickelt. An Hyang hatte die neokonfuzianische Lehre in Korea bekannt gemacht.

solle man den Schrein erneuern, um die Lehre von Konfuzius wiederaufleben zu lassen.[128] Daraufhin ließ der König die Anlage renovieren und die Kukhak in Sŏnggyun'gwan umbenennen. Seitdem empfing die Sŏnggyun'gwan bei Besuchen chinesischer Delegationen zahlreiche Bücher und andere Materialien als Geschenk.[129]

Einen solchen Konfuzius-Schrein gab es in allen höheren staatlichen Schulen, wobei sich der zentrale Schrein in der Sŏnggyun'gwan befand, während die *hyanggyo* kleinere „Ableger" des Zentralschreins beherbergten. Alle dort durchgeführten Rituale, wie z.B. das *sokchŏn* Ritual für Konfuzius, waren keine religiösen Akte, bei denen man etwa um Wohlergehen und Glück betete. Sie hatten vielmehr eine erzieherische Funktion im Sinne der neokonfuzianischen Lehre.[130] Das wichtigste Ziel der staatlichen Bildungseinrichtungen, insbesondere der Sŏnggyun'gwan, war die Ausbildung der künftigen Funktionsträger der Staatsbürokratie. Für den Staatsdienst wurden laut *Chosŏn sillok* solche Personen benötigt, die über ein gutes Verständnis der konfuzianischen Klassiker verfügten, mit der praktischen Umsetzung der konfuzianischen Lehre vertraut und moralisch hinreichend integer waren, um als Vorbild für andere dienen zu können; außerdem mussten sie in der Lage sein, die Angelegenheiten des Staates mit Vorstellungskraft und Geschick erfolgreich zu erledigen; und schließlich wurde von ihnen erwartet, dass sie gut schreiben und die Verantwortung für staatliche Dokumente übernehmen konnten.[131]

Der Inhalt der Ausbildung an den höheren staatlichen Bildungseinrichtungen beruhte auf den kanonischen konfuzianischen Büchern, d.h. den vier Büchern (*sŏ/shu*) und den fünf Klassikern (*kyŏng/jing*)[132], und darüber hinaus auf anderen konfuzianischen Klassikern, Geschichtsbüchern und schöngeistiger Literatur. Es gab eine klare Reihenfolge, in der die Lektüre zu erfolgen hatte. Zuerst wurden die vier Bücher (*Daxue, Lunyu, Mengzi und Zhongyong*), danach die fünf Klassiker (*Shijing, Shujing, Chunqiu, Liji, Yijing*) studiert. Die Studenten an der Sŏnggyun'gwan mussten auf jeder Stufe Prüfungen bestehen. Erst

---

[128] *Koryŏsa* 32, Sega 32, Ch'ungryŏl Wang 27. Jahr.
[129] *Chosŏn sillok*, Sejong Sillok 1 (Sejong 8. Jahr, 11. Monat 24. Tag; 15. Jahr 12. Monat, 13. Tag).
[130] Chŏng Sun-u 2013, S. 25–28.
[131] *Chosŏn sillok*, T'aejo sillok 2 (T'aejo 1 Jahr, 9. Monat 24. Tag).
[132] Mehr dazu sieh. Schleichert/Roetz 2020, S. 17–20.

wenn alle Stufen erfolgreich durchlaufen waren, konnte man zur höchsten staatlichen Prüfungsstufe zugelassen werden.[133]

Die Studenten der *hyanggyo* wurden hingegen jeden Monat unter Anwesenheit des Präfekts der Region über die Inhalte der durchgenommenen konfuzianischen Klassiker geprüft. Wer dabei hervorragende Leistungen erbrachte, wurde von bestimmten Verpflichtungen gegenüber dem Staat, wie z.B. dem Wehr- oder Arbeitsdienst, befreit. Solche Befreiungen bedeuteten symbolisch die offizielle Anerkennung der Zugehörigkeit der Familie der Studenten zur privilegierten Schicht der Gentry (*sajok*). Dass die lokalen Schulen auf diese Weise über den Status einer ganzen Familie entschieden, gab den *hyanggyo* in ihrer jeweiligen Region eine machtvolle Position.[134]

Das Bildungssystem von Chosŏn war mit dem staatlichen Prüfungssystem der Beamtenauswahl unmittelbar verbunden.[135] Das staatliche Prüfungssystem war in drei Bereiche unterteilt: 1. klassisches konfuzianisches Wissen (*mun'gwa*), 2. militärische Kenntnisse aus Strategiebüchern sowie Schwertkampf, Bogenschießen etc. (*mugwa*), sowie 3. technische Kenntnisse in Fähigkeiten wie Dolmetschen, Medizin, Wahrsagen, Gesetzesinterpretation (*chapkwa*).

Um sich für die *mun'gwa* Prüfung bewerben zu können, musste man also die konfuzianischen Texte studiert haben. Diese *mun'gwa*-Prüfung wurde wiederum in unterschiedliche Stufen (*samasi* und *taegwa*) unterteilt. *Samasi*

---

[133] Es gab neun Prüfungsstufen; sie folgten den Vier Büchern und den Fünf Klassikern. Diese Stufen waren die des Großen Lernens, die der Gesammelte Worte des Konfuzius, die des Meisters Menzius, die der Doktrin der Mitte, die des Buches der Urkunden, die des Buches der Lieder, die der Chronik von Frühling und Herbst, die der Aufzeichnungen der Riten und die des Buches der Wandlungen. „Jedes Jahr im Frühling und Herbst versammeln sich jeweils zwei höhere Beamte der Konfuzianischen Akademie und des Ritenministeriums, ein Beamter aus dem Amt für Schreibfertigkeit, sowie ein Beamter des Inspektorates am Ort der Staatsprüfungen. Sie lassen die Studenten drei Stellen [aus dem Buch der jeweiligen Stufe] vorlesen. Nur denjenigen, die mit dem Lesen der Sätze vertraut sind und ihre Bedeutung durchdrungen haben, wird gestattet, aus dem Buch auf der nächsten Stufe zu studieren. Wenn jemand die Schriften [mehrerer Stufen parallel] durchdrungen hat, wird ihm gestattet, Stufen zu überspringen. Diejenigen, die bis zur Stufe des Buches der Wandlungen aufgestiegen sind, werden im gleichen Jahr zur Staatsprüfung [vor dem König] in der Hauptstadt zugelassen." Siehe *Chosŏn sillok*, Sejo sillok 38 (Sejo 12. Jahr, 2. Monat, 23. Tag).
[134] Chŏng Sun-u 1999b, S. 153.
[135] Laut *Chosŏn Kyŏngguk taejŏn* [Gesammelte Gesetzeswerke Chosŏn] betrug die Zahl der Studenten in den staatlichen Schulen insgesamt 22000. Die tatsächliche Zahl sei aber viel höher gewesen, meint Han Yŏng-u 1978, S. 264.

bezeichnete die erste Stufe der staatlichen Prüfung. Hatte man diese bestanden, durfte man sich je nach Prüfungsfach als *saengwŏn* oder *chinsa* bezeichnen. Damit hatte man sich nicht nur für das Studium an der Sŏnggyun'gwan qualifiziert, sondern hatte nun auch offiziell den sozialen Status eines Gelehrten und konnte somit auch zum Beamten in einem unteren Rang ernannt werden. Die *taegwa*-Prüfung war ihrerseits in drei Stufen unterteilt. Diejenigen, die die höchste Stufe bestanden hatten, wurden als *mun'gwa kŭpcheja* bezeichnet. Jährlich bestanden ca. 200 Personen die *samasi*- und 33 Personen die *taegwa*-Prüfung. Diese Prüfungen fanden regulär zwar nur alle drei Jahre statt, tatsächlich gab es aber zahlreiche Sondertermine und auch andere staatliche Prüfungen, so dass die Zahl der für den Staatsdienst qualifizierten Gelehrten stets weitaus größer war als der Bedarf.[136] Die Struktur des staatlichen Prüfungssystems führte in der Praxis notwendigerweise dazu, dass die höheren staatlichen Schulen und die Universität zu Einrichtungen wurden, die in erster Linie der Vorbereitung auf diese Prüfungen dienten. An sich war das Studium an der Sŏnggyun'gwan mit keiner beruflichen Qualifikation verbunden; dafür musste man die staatliche Prüfung bestehen. Das Studium war nur Mittel zum Zweck; auch ohne universitäres Studium konnte man zur Prüfung zugelassen werden. Infolgedessen gab es bereits im 15. Jahrhundert Klagen darüber, dass die Studenten nur die Antworten auf die möglichen Prüfungsfragen auswendig lernten[137] und den Besuch der Sŏnggyun'gwan und der *hyanggyo* vermieden.[138] Dies musste zum Bedeutungsverlust der höheren staatlichen

---

[136] Kim Yong-jae 2004, S. 239–243.
[137] In einer Eingabe Hwang Hyŏns (geb. 1372), des Vorstehers der Konfuzianischen Akademie, aus dem achten Monat des zwölften Jahres König Sejongs heißt es: „[… die Studenten] sehnen sich allein nach eitlen Namen und bemühen sich nicht um wahrhaftiges Lernen obwohl sie gezwungen sind am Unterricht teilzunehmen. Wenn sie sich nach Hause zurückziehen, bleiben die Bücher der Klassiker in einem Bündel auf dem Lesetisch liegen und noch nicht einmal die Klänge des Bücherstudiums sind zu hören. Sie beschäftigen sich allein mit Textkomposition und Schriftbild sowie den Kompositionen früherer und jüngerer Gelehrter, die sie für die Prüfungen für hilfreich halten, sie sämtlich abschreiben und bei sich tragen, die sie Tag und Nacht auswendig lernen […]." Siehe *Chosŏn sillok*, Sejong sillok 49 (Sejong 12.Jahr, 8. Monat, 22. Tag).
[138] „Die Anfänge der Regel der dreijährlichen Staatsprüfungen unserer Dynastie liegen bereits weit zurück, und so kennen die Lernenden im Voraus den Zeitpunkt des Prüfungsjahres, ergehen sich in Muße und unterbrechen ihre Studien, lesen zeitweilig etwas, um ihr Glück zu versuchen, und seit jeher hatten sie nicht die Absicht, sich ständig an der Landesschule aufzuhalten und sich im Lernen zu üben." Siehe *Chosŏn sillok*, Sejong sillok 61 (Sejong 15. Jahr, 8. Monat, 22. Tag).
„In jüngerer Zeit beschäftigen sich die Lernenden nicht mehr mit dem, worin sie die Lehrer

Bildungseinrichtungen führen. Tatsächlich kann man in *Chosŏn sillok* lesen, wie sich König Sejo 1455 über die Lage der staatlichen Bildungseinrichtungen Sorgen machte.[139] In dieser Zeit litten sowohl die Sŏnggyun'gwan als auch die *hyanggyo* unter einem Mangel an Lehrkräften. Das hing damit zusammen, dass damals viele Gelehrte diesen König offen kritisierten, da er seinen Neffen beseitigt hatte, um selbst den Thron zu besteigen. Viele Gelehrte wurden daraufhin selbst umgebracht; andere verweigerten sich dem Staatsdienst oder versteckten sich in abgelegenen Bergregionen.[140]

Seitdem wurde der Mangel an kompetenten Lehrkräften in den staatlichen Bildungseinrichtungen immer wieder diskutiert.[141] In *Chosŏn sillok* wird über eine Kabinettssitzung aus dem Jahre 1527 berichtet, bei der ein Minister namens Kim Kŭk-p'ip (1471–1531) zur Lösung dieses Problems folgendes vorschlug:

> Es geht darum, eine sich insgesamt zum Lehrer der konfuzianischen Lehre eignende Person auszuwählen und sie ihr Amt lange ausüben zu lassen. Derzeit jedoch wechseln die Beamten der höheren staatlichen Schulen in der Hauptstadt sehr häufig und die Lernenden können nicht von Anfang bis Ende von einem einzigen Lehrer unterrichtet werden. Da die Eltern

---

unterweisen, sondern wettstreiten im Abschreiben von Belehrungen und Ermahnungen, die sie auswendig aufzusagen beabsichtigen, ihr Glück versuchen beim Bestehen der Prüfungen, und alle ahmen dies nach. [...] Aus diesem Grunde meint die müßige Menge, dass das Studium für die Staatsprüfungen auch darin bestehen könne, bequem herumzusitzen, und nicht unbedingt einem Lehrer gefolgt werden müsse. Sie mögen es nicht, zur Schule zu gehen." Siehe *Chosŏn sillok*, Chungjong sillok 21 (Chungjong 9. Jahr, 10. Monat, 25. Tag).

[139] „Schulen sind die Quelle der Kultivierung von Sitten und Gebräuchen sowie Orte, an denen moralische Prinzipien Vorrang haben. In jüngerer Zeit sind unter den Studierenden viele, die anmaßend und überheblich sind, und auch wenn sie Lehrenden und Älteren begegnen, es an Respekt und Bescheidenheit mangeln lassen. Es geht nicht an, dass Wille und Handeln des Strebens nach Bildung nicht vorbereitet wurden [...]." Siehe *Chosŏn sillok*, Sejo sillok 2 (Sejo 1. Jahr, 9. Monat, 8. Tag).

[140] Ch'oe Wan-gi 1975, S. 144–145.

[141] Obwohl die Sŏnggyun'gwan die höchste Bildungsinstitution war, verzeichnen die Annalen von König Sŏngjong, dass im Jahre 1489 „die Akademie über keine Lehrer der konfuzianischen Lehre verfügte, um die dortigen Studierenden zu unterweisen". Siehe *Chosŏn sillok*, Sŏngjong sillok 235 (Sŏngjong 20. Jahr, 10. Monat, 2. Tag). In den Annalen von König Myŏngjong wird 1564 berichtet: „Da es in der Landesschule so ist, lässt sich erahnen, wie es sich in den Schulen außerhalb verhält. Die Sŏnggyun'gwan ist ein Ort, der mit der Erziehung und Ausbildung von Talenten verbunden ist, aber es gibt keine Lehrer, die diesem Anspruch gerecht werden. Wenn sie nicht alt oder krank sind, sind sie meist ohne Ansehen." Siehe *Chosŏn sillok*, Myŏngjong sillok 30 (Myŏngjong 19. Jahr, 2. Monat, 10. Tag).

meinen, dass an den staatlichen Schulen nicht vernünftig gelehrt werden kann, lassen sie ihre Kinder privat von Leuten unterrichten, die als gute Lehrer bekannt sind.[142]

Private Bildung und Bildungseinrichtungen

Während der Koryŏ- und Chosŏn-Zeit wurden nicht nur staatliche Bildungseinrichtungen geschaffen, sondern immer auch private Initiativen im Bildungsbereich gefördert. Im *Koryŏsa* [Geschichte Koryŏ] kann man nachlesen, dass König Sŏngjong (reg. 981–997), der, wie zuvor erwähnt, die Universität Kukchagam hatte errichten lassen, auch angeordnet hatte, dass Beamte, die privat auch nur zehn Schüler unterrichteten, darüber ausführlich berichten sollten, und dass dies bei Beförderungen zu berücksichtigen sei.[143] Diese positive Einstellung des Staates gegenüber privater Bildung und Bildungseinrichtungen hat sicherlich dazu beigetragen, dass sich die privaten Bildungsanstalten im 11. Jahrhundert, als die Versorgung und Qualität der öffentlichen Schulen deutlich nachgelassen hatte, kräftig entwickeln konnten.

Diese Tradition privater Bildungseinrichtungen wurde mit der Einführung der neokonfuzianischen Lehre, auch als *Sŏngnihak* bezeichnet, noch verstärkt. Ihre Vertreter gründeten häufig *sŏjae* genannte Leseräume. Manche verdienten sich ihren Lebensunterhalt durch privaten Unterricht. Dies geht auch aus einer Petition hervor, die Kwŏn Kŭn (1352–1409), ein Politiker von hohem Rang, an den König richtete. Darin thematisiert er das Problem der Reorganisation der höheren staatlichen Schulen.[144] Mit der Reorganisation der *hyanggyo* müssten die konfuzianischen Lehrer leider auch an Schulen außerhalb ihrer Wohnorte eingesetzt werden. Deshalb seien sie nicht nur dazu gezwungen, getrennt von der Familie zu leben, was mit Mehrkosten verbunden war, sondern verlören auch ihre privaten Schüler; auch dies gefährde die wirtschaftliche Lebensgrundlage ihrer Familien. Es solle ihnen wieder erlaubt werden, private Leseräume zu betreiben. Die Schüler könnten dann auch selbst entscheiden, wo sie unterrichtet werden wollten und wo sie in Ruhe studieren

---

[142] *Chosŏn sillok*, Chungjong sillok 59 (Chungjong 22. Jahr, 9. Monat, 5. Tag).
[143] *Koryŏsa* 74, Sŏngŏ 2, Kwamok 2, Hakkyo, Sŏngjong 8. Jahr, 4. Monat.
[144] *Chosŏn sillok*, T'aejong sillok 13 (T'aejong 7. Jahr, 3. Monat, 24. Tag).

konnten. Auch die privaten Bildungsanstalten sollten überleben können. König T'aejong (reg. 1400–1418) akzeptierte Kwŏn Kŭns Vorschlag.

Wie im Chosŏn sillok niedergeschrieben ist, gab König Sejong (reg. 1418–1450) im Winter 1418 bekannt, dass die konfuzianischen Gelehrten, die private Leseräume sŏwŏn gründeten und dort Schüler unterrichteten, Auszeichnungen erhalten sollten. In einem späteren Eintrag wird von der Vergabe solcher Auszeichnungen berichtet.[145] Im Eintrag für das Jahr 1436 steht, dass es in Korea bereits seit der Alten Zeit die Tradition gegeben habe, private Leseräume *sŏjae* zur Unterrichtung der Kinder einzurichten. Auch während der Koryŏ-Zeit hätten konfuzianische Gelehrte private Leseräume *sŏwŏn* unterhalten und dort Kinder unterrichtet; dies sei durch die Könige gefördert worden. Auch hier wurde vorgeschlagen, dass der König solche Gelehrte auszeichnen möge – und der König akzeptierte den Vorschlag.[146]

Die hier erwähnten *sŏwŏn* unterscheiden sich wesentlich von den Sŏwŏn, die im 16. Jahrhundert entstehen und sich danach schnell verbreiten sollten. Die sŏwŏn, die bereits vor der Gründung der ersten koreanischen Privatakademie, der Paegundong Sŏwŏn, im Jahre 1543 existiert hatten, waren ebenso wie *sŏjae* nur private Leseräume, sozusagen eine private Bildungsanstalt im kleinen Kreis. Ein wichtiger Grund für das Fortbestehen der privaten Bildung ist dabei wiederum im staatlichen Prüfungssystem zu finden.

Der Hauptzweck der staatlichen Prüfungen war die Auswahl der Staatsbeamten, während das Studium an den höheren staatlichen Bildungseinrichtungen keine Voraussetzung für die Zulassung zu den staatlichen Prüfungen war. Formell konnte jeder gemeine *yangin*, der konfuzianische Klassiker gelernt hatte, sich zu den staatlichen Prüfungen anmelden. Ausgeschlossen blieben

---

[145] Im Jahr 1420 findet sich im *Chosŏn sillok* folgender Eintrag: „[…] Chŏng Kon errichtete privat ein *sŏwŏn*. Dort unterrichtete er jeden aus der Nähe oder Ferne, der bei ihm lernen wollten. Ch'oe Po-min aus Kwangju […] errichtete privat ein *sŏwŏn* und unterwies Studierende." Siehe *Chosŏn sillok*, Sejong sillok 7 (Sejong 2. Jahr, 1. Monat, 21. Tag).

[146] „Der konfuzianische Gelehrte Yu Sa-dŏk machte nun aus seinem Heim einen Leseraum, versammelte mehrere Dutzend Kinder und war nicht nachlässig, ihnen Unterricht zu erteilen. Ferner errichtete der frühere lokale Beamte Pak Ho-saeng aus Yonggung in der Provinz Kyŏngsang einen Leseraum, und dass er dort Kindern Unterricht erteilt, [reicht] nunmehr auch über zehn Jahre [zurück]." Siehe *Chosŏn sillok*, Sejong sillok 75 (Sejong 18. Jahr, 10. Monat, 8. Tag).

lediglich straffällig Gewordene, Leibeigene und die Söhne, die nicht von der Hauptfrau geboren worden waren (*sŏŏl*).[147]

Auch wenn bei weitem nicht alle, die die erste Prüfungsstufe bestanden hatten, gleich eine Stelle im Staatsdienst erhielten, konnten sie sich mit den Titeln *saengwŏn* und *chinsa* schmücken und fanden damit Eingang in die Klasse der *yangban* bzw. konnten damit den *yangban*-Status ihrer Familien aufrechterhalten. Folglich stieg die Zahl der Anmeldungen zu den staatlichen Prüfungen ständig. Lag die Zahl der Anwärter für die erste Stufe der staatlichen Prüfung im Jahr 1401 bei 500, waren es 1423 allein in Seoul schon mehr als 1000 und landesweit rund 5000 Personen.[148] Tatsächlich muss die Zahl derjenigen, die sich auf diese Prüfungen vorbereiteten, noch beträchtlich höher gewesen sein. Im 19. Jahrhundert sprach man an den Prüfungstagen von einer Völkerwanderung. Entsprechend nahm auch der Bedarf an Lehrern, insbesondere guten Lehrern, zu. Da die staatlichen Bildungseinrichtungen diesem Bedarf nicht nachkommen konnten, konnte dieser nur durch private Angebote erfüllt werden. So konnten sich konfuzianische Gelehrte, wie in der Petition von Kwŏn Kŭn deutlich wurde, allein durch den privaten Unterricht ihren Lebensunterhalt sichern. Außerdem ist bekannt, dass viele Gelehrte, die zu Beginn der Chosŏn-Zeit gegen die Gründung dieser neuen Dynastie waren, sich von der politischen Bühne im Zentrum verabschiedeten und in der Provinz Schüler ausbildeten. Ähnlich verhielten sich die Gelehrten, die die Usurpation der Macht durch König Sejo kritisierten und in die Verbannung gingen. Sie konnten alle aufgrund der hohen Nachfrage nach ihren Kenntnissen auch weitab von Hauptstadt und Ämtern überleben.

Diese Gelehrten zogen sich bevorzugt in die Regionen im Südosten und Südwesten der koreanischen Halbinsel zurück. Dort waren sie nicht nur weit genug von Hanyang/Seoul entfernt, sondern fanden auch gute Lebensbedingungen vor. So hatte Kil Chae (1354–1419), einer der bekanntesten neokonfuzianischen Gelehrten am Ende der Koryŏ-Zeit, nachdem er die Gründung der neuen Dynastie offen abgelehnt hatte, im Südosten eine neue Bleibe gefunden. Intellektuelle wie Kil Chae trugen erheblich dazu bei, dass die

---

[147] Song Chun-ho 1976, S. 109.
[148] *Chosŏn sillok*, Sejong sillok 51 (Sejong 13. Jahr, 3. Monat, 12. Tag).

neokonfuzianische Lehre und die Denktradition dieser Gelehrten von Koryŏ an Chosŏn weitergegeben wurden. Vor diesem historischen und gesellschaftlichen Hintergrund war in den südlichen Regionen der Halbinsel eine breite Schicht von neokonfuzianischen Gelehrten entstanden, die *sarim* [Gelehrte im Wald] genannt wurden. Sie betrachteten sich selbst als legitime Nachfolger der neokonfuzianischen Tradition Koryŏs und verehrten Gelehrte wie Kil Chae und Chŏng Mong-ju (1337–1392). Beide hatten sich wegen ihrer Loyalität gegenüber Koryŏ der Gründung von Chosŏn widersetzt. Chŏng Mong-ju bezahlte das mit seinem Leben. So wurden sie zu Symbolen für Loyalität und Aufrichtigkeit, die zu den wichtigsten Tugenden der konfuzianischen Lehre gehören. Die Auslegung des Neokonfuzianismus durch die *sarim* war fundamentalistischer als die anderer Gelehrter, insbesondere derer, die die Gründung der neuen Dynastie unterstützt hatten. Für die *sarim* galt die praktische Umsetzung der neokonfuzianischen Lehre als ein absolutes Gebot. Insofern bildeten sie in Chosŏn eine Gruppe fundamentalistisch orientierter Träger neokonfuzianischer Ideen,[149] für die der Neokonfuzianismus keine bloße Lehre, sondern für die gesellschaftliche Wirklichkeit in umfassender Weise bestimmend war.

Als am Ende des 15. Jahrhunderts einige dieser *sarim* in Ämter der Zentralregierung berufen wurden,[150] kam es zu Konflikten mit den Nachkommen derjenigen Gelehrten, die vormals den Dynastiewechsel unterstützt und seitdem mit der Herrschaft verbundene, privilegierte Positionen eingenommen hatten (*hun'gup'a*). Die *sarim* kritisierten nun öffentlich diese *hungup'a*, weil sie sich aus ihrer Sicht nicht um das Wohlergehen des Landes und seiner Bevölkerung, sondern lediglich um die Verfolgung ihrer eigenen Interessen gekümmert hätten. Zugleich warfen sie den staatlichen Bildungseinrichtungen die Instrumentalisierung der neokonfuzianischen Lehre vor. Das erklärte Ziel der *sarim*, die in die Zentralregierung berufen worden waren, war die Verbreitung der neokonfuzianischen Ethik und die konsequente Umsetzung und

---

[149] Sŏl Sŏk-kyu 2009, S. 30–34.
[150] Cho Kwang-jo (1482–1519) war der erste *sarim*, der zu Beginn des 16. Jahrhundert in die Zentralregierung berufen wurde.

Etablierung der neokonfuzianischen Ordnung im ganzen Land.[151] Mit anderen Worten: sie folgten eigentlich dem erklärten Gründungsziel der Chosŏn-Dynastie, nur auf eine radikalere Weise als ihre Gründer selbst.

Die Gründung der Sŏwŏn in der Mitte des 16. Jahrhunderts, und vor allem ihre schnelle Verbreitung in der Zeit danach, hingen unmittelbar mit diesen Veränderungen zusammen. Da es das erklärte Ziel der neu entstehenden Sŏwŏn war, die Verbreitung neokonfuzianischer Bildung und Erziehung zu fördern, gab es aus Sicht der Zentralregierung keinen Grund, gegen diese Bewegung vorzugehen. Dennoch waren die Sŏwŏn mehr als nur bloße Einrichtungen zur Unterrichtung von Schülern und Studenten. Sie führten ebenso wie die *hyanggyo* und Sŏnggyun'gwan in ihren eigenen Schreinen kultische Rituale für herausragende Gelehrte durch. Darin unterschieden sie sich deutlich von den bis dahin existierenden *sŏwŏn* und *sŏjae*, also privaten Leseräumen. Die neu entstehenden Sŏwŏn waren eine Art privater neokonfuzianischer Akademien der *sarim* auf dem Land. Seit der Gründung der ersten Sŏwŏn im Jahr 1543 hatte sich ihre Zahl bis 1720 landesweit auf 399 erhöht. Von diesen hatten 181 eine königliche Anerkennung erhalten.[152]

---

[151] Yi T'ae-jin 1998, S. 84–86.
[152] Mun T'ae-sun 2004, S. 8.

Bedeutung und Rolle ritueller Iteration in den konfuzianischen Privatakademien (*Sŏwŏn*) in Korea im 16. Jahrhundert

Die konfuzianischen Privatakademien vollführten diverse Rituale, die einem regelmäßigen monatlichen und jährlichen Rhythmus folgten, aber auch unregelmäßig zu besonderen Anlässen durchgeführt wurden. Man hielt sich dabei streng an vorgegebene Regeln. Gerade in ihrer Strenge dienten die Sŏwŏn-Rituale vor allem auch der Legitimierung der mit diesen Akten befassten Gelehrten sowie der von ihnen favorisierten gesellschaftlichen und politischen Ordnung. Die eigentliche Funktion der Sŏwŏn-Rituale erschließt sich deshalb nur in ihrem spezifischen sozialen und politischen Kontext.

Das Ritual stellt, wie Franz-Peter Burkard festgestellt hat, einen jener Kristallisationspunkte dar, „in denen Kräfteverhältnisse sich organisieren, verknüpfen, verstärken, aber auch verwandeln und verkehren können".[153] Hinter der festgefügten, ja scheinbar starren ritualen Iteration verbergen sich durchaus Dynamiken sozialer Ordnung. Diese zeigen sich bei näherer Betrachtung auch bei den koreanischen Sŏwŏn. Bevor wir auf die rituelle Iteration innerhalb der Sŏwŏn eingehen, sollen diese zunächst kurz umrissen werden.

Konfuzianische Privatakademien Sŏwŏn in Korea

Der Name *sŏwŏn* (chin. *shuyuan*) bedeutet wörtlich übersetzt „Haus der Bücher". In historischen Dokumenten taucht eine Institution mit dieser Bezeichnung zum ersten Mal in China im 8. Jahrhundert, d.h. während der Tang-Dynastie, auf. Es handelte sich um eine staatliche Behörde, die Bücher herstellte und aufbewahrte.[154] In Korea wurde im 10. Jahrhundert eine Behörde namens *Susŏwŏn* eingerichtet, die ebenfalls für die Herstellung und Aufbewahrung von Büchern verantwortlich war.[155] Seither wurden sowohl in China als

---

[153] Burkard 2004, S. 9.
[154] Deng 1997, S. 9–13.
[155] *Koryŏsa* 3, Sega 3, Sŏngjong, 9. Jahr, Kimyo.

auch in Korea von privaten Personen Häuser errichtet, die den Namen *sŏwŏn* trugen und dem Lesen und der Unterrichtung von Schülern dienten.[156] In den am koreanischen Hof geführten Annalen, in denen wichtige politische und gesellschaftliche Ereignisse täglich festgehalten wurden, finden die *sŏwŏn* im 14. und 15. Jahrhundert mehrfach Erwähnung,[157] d.h. schon vor Gründung der ersten, Paegundong sŏwŏn genannten, konfuzianischen Privatakademie, die 1543 in Anlehnung an die chinesische Bailudong shuyuan (die 1180 entstandene „Akademie der Weißhirschhöhle") gebaut wurde.[158]

Die vor 1543 existierenden *sŏwŏn* unterschieden sich in ihrer Funktion allerdings deutlich von den späteren konfuzianischen Privatakademien. Während die ursprünglichen *sŏwŏn* lediglich private Lese- und Unterrichtsräume ohne weiterreichende soziale Funktionen waren, besaßen die nach 1543 entstandenen konfuzianischen Privatakademien auf der lokalen Ebene eine hegemoniale Machtstellung. Obgleich sie keine offiziellen staatlichen Einrichtungen waren, übertraf ihre soziale Stellung und Autorität zumindest auf der lokalen Ebene bald die der staatlichen Bildungseinrichtungen.[159]

Alle staatlichen Bildungseinrichtungen hatten drei Funktionen zu erfüllen, nämlich 1. das Studium der konfuzianischen Klassiker, 2. die Aufbewahrung und die Herstellung von Büchern, sowie 3. die Durchführung von Ritualen zu Ehren von Konfuzius, seiner Schüler und einiger weniger ausgewählter koreanischer Gelehrter. Gegenüber den ursprünglichen, vor 1543 entstandenen *sŏwŏn* und anderen privaten Bildungseinrichtungen bildete die dritte rituelle Funktion der staatlichen Bildungsstätten das wesentliche Unterscheidungsmerkmal. Nur sie durften die Rituale für Konfuzius und seine Schüler durchführen.

Dies sollte sich mit der Errichtung der neuen konfuzianischen Privatakademien im 16. Jahrhundert ändern. Sie folgten dem Grundmuster der staatlichen Bildungsstätten und widmeten sich wie diese dem Studium konfuziani-

---

[156] Walton 1999, S. 66.
[157] *Chosŏn sillok*, Sejong sillok 2 (Sejong 2. Jahr, 1. Monat, 21. Tag).
[158] Zur Paegundong Akademie siehe Hejtmanek 2013, S. 233–268.
[159] Diese Tendenz setzte bereits im 16. Jahrhundert ein und verstärkte sich danach immer mehr. Im Jahr 1657 hielt es Sŏ P'il-wŏn, der Gouverneur der Ch'ungch'ŏng Region, für erforderlich, für den König einen kritischen Bericht zu erstellen. Siehe *Chosŏn sillok*, Hyojong sillok 36 (Hyojong 8. Jahr, 6. Monat, 21. Tag).

scher klassischer Texte, und zwar ausschließlich aus Sicht des Neokonfuzianismus Zhu Xis. Die Gelehrten an diesen Sŏwŏn verfassten auch selbst Abhandlungen und tauschten sie untereinander aus. Die Sŏwŏn selbst sammelten all diese Schriften, druckten einige von ihnen selbst und verwahrten auch die dazugehörigen Druckstöcke. Daneben führten die Sŏwŏn ebenfalls konfuzianische Rituale durch, unterschieden sich aber in einer Hinsicht grundlegend von staatlichen Bildungseinrichtungen: sie lehnten nämlich die Vorbereitung auf die Staatsexamina als Hauptziel der Bildung entweder grundsätzlich ab oder stellten es zumindest infrage.[160] Im Mittelpunkt ihrer Aktivitäten stand ausschließlich das intellektuelle Bemühen um das Wissen der neokonfuzianischen Lehre an sich und seine praktische Anwendung in Form einer Indoktrination der Bevölkerung. Es gab sogar Sŏwŏn, die die Vorbereitung auf das Staatsexamen auf ihrem Gelände ausdrücklich verboten.[161] Die Gründer der Sŏwŏn waren lokale Gelehrte, die in ihrem Dorf sozial und wirtschaftlich zur herrschenden Klasse (*yangban*) gehörten.

Die schnelle Verbreitung der konfuzianischen Privatakademien hing u.a. mit den am Ende des 15. Jahrhunderts einsetzenden Schwierigkeiten der staatlichen Bildungsstätten auf der Provinzebene zusammen.[162] Das Hauptproblem war, dass es der Regierung an ausreichenden Mitteln mangelte, die höhere Schule landesweit zu unterhalten.[163] Selbst an der zentralen staatlichen

---

[160] Im Jahr 1553 schrieb Yi Hwang, dass „die Sŏwŏn nicht mit der Absicht errichtet wurden, sich dort im Lernen für die Staatsprüfungen zu üben". Siehe Yi Hwang, „Yŏktong Sŏwŏn-gi", *T'oegye chŏnsŏ* 42.
[161] Yi Yi, „Ŭnbyŏngchŏngsa hakkyu", *Yulgok chŏnsŏ* 15.
[162] Nach der Gründung der *Paegundong sŏwŏn* (1543) in P'unggi, einer Stadt im Südosten der Halbinsel, nahm die Zahl der konfuzianischen Privatakademien explosionsartig zu. Schon 50 Jahre später soll es kaum ein Dorf ohne Sŏwŏn gegeben haben. Siehe *Chosŏn sillok*, Sŏnjo sujŏngbon 29 (Sŏnjo 28. Jahr, 7. Monat, 1. Tag).
[163] Yi Hwang, der eine besonders wichtige Rolle bei der Verbreitung der Sŏwŏn in Chosŏn spielte, schrieb in einem Brief an den „Altvorderen der Region", den Provinzvorsteher Sim T'ong-wŏn (geb. 1499): „Heute sind von den Schulen der Präfekturen und Kreise nur die Fassaden übrig, das Lehren befindet sich in einem starken Niedergang und die Kinder der Gelehrten schämen sich daher, in der staatlichen Schule zu bleiben. Es ist erbärmlich, weil das Verwelken und die Erschöpfung so extrem ist, dass man, selbst wenn man sie retten wollte, der Weg dorthin nicht zu finden ist. Nur wenn die Bildung an den Sŏwŏn heute aufblüht, kann der Mangel in der Verwaltung der Schulen behoben und den Gelehrten ein Ort gegeben werden, dem sie sich widmen können. Das Ethos der Gelehrten wird sich dann stark wandeln und die Gebräuche werden sich Tag für Tag verbessern, so dass sich Tugendhaftigkeit erreichen lässt und von großer

Bildungseinrichtung, der Sŏnggyun'gwan in der Hauptstadt, war die Versorgung der Studenten, die dort wohnen mussten, so schlecht, dass sie häufig nach Wegen suchten, sich dieser Pflicht zu entziehen.[164] Außerdem war das Studium an den staatlichen Bildungseinrichtungen keineswegs Voraussetzung für die Zulassung zu den Staatsexamen. Es war nicht entscheidend, wo und wie man gelernt hatte, man musste nur gut genug sein, die Prüfungen auf unterschiedlichen Stufen zu bestehen, um schließlich am letzten und höchsten Examen, das in Anwesenheit des Königs stattfand, teilnehmen zu können.[165] So kam es, dass die Gründung der lokalen konfuzianischen Privatakademien sowohl seitens des Staates als auch seitens der Prüfungsanwärter auf diversen Stufen sehr positiv aufgenommen wurde.

Für den Staat Chosŏn gab es keinen Grund, diese privaten Initiativen zur Gründung konfuzianischer Akademien auf der lokalen Ebene durch die dortigen Gelehrten zu verhindern, zumal sie in der Indoktrinierung der Dorfbewohner mit konfuzianischer Moral und Ethik ein wichtiges Ziel ihrer Aktivitäten sahen.[166] Just mit diesem Ansinnen war Chosŏn als eine auf konfuzianisch geschulten Gelehrten und gelehrten Beamten ruhende staatliche Ordnung ja gegründet worden.[167] Für die Staatsexamensanwärter bedeutete die Errichtung der Sŏwŏn, dass sie nun im eigenen lokalen Umfeld mit Hilfe einer Gelehrtengemeinschaft eine solide neokonfuzianische Ausbildung erhalten konnten. Selbst wenn die Sŏwŏn die Vorbereitung auf das Staatsexamen ablehnten, waren die vermittelten Inhalte doch ausgesprochen nützlich und konnten durch weitere eigene Studien ergänzt werden.

Die Privatakademien führten ebenso wie die staatlichen Schulen konfuzianische Rituale durch, allerdings nicht für Konfuzius und seine Schüler, sondern für Gelehrte und verdienstvolle Persönlichkeiten, die aus dem Dorf, in dem eine Sŏwŏn-Akademie gegründete wurde, stammten oder dort gewirkt hatten. Sie wurden meist von den Gründern der Sŏwŏn ausgewählt. Häufig wurden solche Persönlichkeiten zunächst von den örtlichen Gelehrten

---

Hilfe für die Herrschaft der Würdigen sein wird." Siehe Yi Hwang, „Sangsimbangpaeksŏ", *T'oegye chŏnsŏ* 9 (Übersetzung Andreas Müller-Lee).
[164] Yi Wŏn-jae 2004, S. 4.
[165] Zum System der Staatsexamen Chosŏns siehe Kim Yong-jae 2004, S. 231–261.
[166] Chŏng Sun-mok 1980, S. 40; Chang Chae-ch'ŏn 2002, S. 4.
[167] *Chosŏn sillok*, Sŏngjong sillok 69 (Sŏngjong 7. Jahr, 7. Monat, 23. Tag).

benannt, um dann im Rahmen der lokalen Gelehrtengemeinschaft über die Gründung einer Sŏwŏn zu beraten und sodann die erforderlichen Mittel und Spenden zusammenzutragen, bis schließlich eine Sŏwŏn mit ihrem Lern- und ihrem Ritualbereich gebaut werden konnte. Die Initiatoren einer Sŏwŏn-Akademie entschieden also selbst, wer in ihr jeweils verehrt werden sollte.

Die Rituale der Sŏwŏn folgten denselben rituellen Vorgaben wie in den staatlichen höheren Schulen.[168] Dadurch, dass sie sich streng an die Regeln der staatlichen konfuzianischen Rituale hielten, wurden diejenigen, denen man den Schrein gewidmet hatte und deren Namenstafeln man dort entsprechend aufbewahrte, geehrt und ihr Status sozial anerkannt. Zugleich konnten die Sŏwŏn damit den Anspruch erheben, eine zwar privat gegründete, aber doch gesellschaftlich anerkannte und öffentliche Institution zu sein.[169] Die Inszenierung und Aufführung der Rituale diente insofern der Sicherung der Autorität der Sŏwŏn.[170]

Dass die Sŏwŏn mit Autorität ausgestattet sein sollten, wird schon daran deutlich, dass die erste konfuzianische Privatakademie *Paegundong sŏwŏn* 1550 vom König ein Anerkennungsschreiben und Geschenke erhielt.[171] In der Folge wurde auch zahlreichen anderen Sŏwŏn eine solche königliche Anerkennung (*saaek*) zuteil.[172] Die königliche Anerkennung bedeutete allerdings nicht, dass die Sŏwŏn nunmehr Eingriffen seitens der Beamtenschaft ausgesetzt waren; vielmehr wurde durch sie das Recht der Selbstverwaltung der konfuzianischen Gelehrten institutionell besiegelt. Ihnen wurde das Recht eingeräumt, die Dorfbewohner für Arbeiten wie den Bau oder Umbau ihrer Gebäude einzusetzen.[173] Außerdem wurden die Provinzbehörden verpflichtet, sie materiell bei der Durchführung der Rituale zu unterstützen.[174] Auch dadurch wurden die Sŏwŏn von einem privaten in einen halbstaatlichen Rang

---

[168] Chang Chae-ch'ŏn 2002, S. 6.
[169] Chŏng Sun-u 1998, S. 45.
[170] Bourdieu 1976, S. 165.
[171] *Chosŏn sillok*, Myŏngjong sillok 10 (Myŏngjong 5. Jahr, 2. Monat, 11. Tag).
[172] Die genaue Zahl der Sŏwŏn ist nicht einfach zu ermitteln, da die Angaben dazu je nach den verschiedenen Dokumenten variieren. Die meisten der ca. 1000 Sŏwŏn wurden allerdings vor 1720 gegründet. Ca. 200 Sŏwŏn kamen in den Genuss einer königlichen Anerkennung. Siehe Yun Hŭi-myŏn 2004, S. 82–86.
[173] Chŏng Sun-u 1999b, S. 149–167.
[174] Yun Hŭi-myŏn 2004, S. 310.

erhoben und gewannen gegenüber den Dorfbewohnern an Autorität. Diese Autorität wiederum erleichterte die Indoktrinierung der Dorfbewohner mit konfuzianischer Moral und Ethik, die, wie schon erwähnt, zu den erklärten Zielen der konfuzianischen Privatakademien gehörte.

Eine Sŏwŏn war also nicht nur eine Gelehrtengemeinschaft, sondern auch eine Institution, die es diesen Gelehrten erlaubte, sich als Verkörperung der „reinen" Lehre des Neokonfuzianismus und der rituellen Praxis darzustellen und ihren Anspruch als herrschende Elite sowohl nach innen gegenüber der Dorfgemeinschaft als auch nach außen gegenüber dem Staat geltend zu machen. Die unmittelbare Teilnahme an rituellen Handlungen bedeutete zugleich Teilhabe an Autorität und Macht auf der lokalen Ebene, aber auch in der koreanischen Gesellschaft überhaupt. Eine solche Teilhabe setzte die genaue Kenntnis der rituellen Praxis und der entsprechenden Schriften voraus. Diese boten unterschiedliche Interpretationsmöglichkeiten, die wiederum häufig zu Debatten über die korrekte Ausführung von Ritualen führten, bei denen es aber eigentlich um die Deutungshoheit und damit um die Frage hegemonialer Macht in den politischen Auseinandersetzungen unter Gelehrtenschulen und zwischen den politischen Fraktionen ging.[175]

Rituale in den Sŏwŏn

Dem Vorbild der staatlichen Bildungseinrichtungen folgend, bestanden die Sŏwŏn aus einem Ritualbereich (Schrein) und einem Lehrbereich (Lehrhalle und Seminarräume). Im Schrein der Sŏwŏn fanden regelmäßig in Frühling

---

[175] So kam es im 17. Jahrhundert zu drei heftigen politischen Auseinandersetzungen um die Interpretation der Rituale. Oberflächlich ging es in einem Fall darum, über welchen Zeitraum die Mutter des verstorbenen Königs Trauerkleider zu tragen habe. Im Normalfall galt für alle Mitglieder des Hofes und auch für die Königsmutter eine Frist von drei Jahren. Allerdings war der verstorbene König Hyojong der zweite Sohn von König Injo. Deshalb meinte eine Fraktion, dass die Königsmutter entsprechend den Riten für Gelehrtenfamilien (*sadaebu*) nur ein Jahr Trauerkleider tragen müsse. Die andere Fraktion hielt dagegen, dass für den verstorbenen König, auch wenn er nur zweiter Sohn war, die Trauerregeln für Könige galten und deshalb ein Zeitraum von drei Jahren einzuhalten war. Hinter diesem scheinbar banalen Streit verbarg sich ein grundsätzlicher Konflikt um das Verhältnis zwischen König und Untertanen, in den auf beiden Seiten auch Sŏwŏn-Gelehrte involviert waren. Im Zusammenhang mit diesem Streit findet sich im *Chosŏn sillok* eine Petition von 1000 Sŏwŏn-Gelehrten aus dem Südosten des Landes. Siehe *Chosŏn sillok*, Hyŏnjong sillok 12 (Hyŏnjong 7. Jahr, 3. Monat, 23. Tag). Mehr dazu siehe Sin Pokryong 2010, S. 23–56.

und Herbst rituale Zeremonien (*ch'unch'u chehyang*) statt. Zudem wurde am ersten Tag des Mondkalenders und am Vollmondtag eine vereinfachte Zeremonie (*punhyangrye/hyangsarye*) durchgeführt. Zu besonderen Anlässen gab es unterschiedlich gestaltete Zeremonien. Der Verlauf dieser Zeremonien orientierte sich an den Prinzipien der Rituale der staatlichen höheren Schulen.[176] So konnten sich die Regeln der staatlichen Zeremonien durch die Sŏwŏn flächendeckend bis in die entlegensten Dörfer verbreiten.

Die allmonatlichen Zeremonien fanden im Zusammenhang mit den *kanghoe*, den Sitzungen zur gemeinsamen Lektüre der neokonfuzianischen Bücher statt. Nach vereinfachten rituellen Zeremonien, bei denen nur Weihrauch verwendet wurde, sangen die Gelehrten gemeinsam und laut die Texte aus den Büchern über konfuzianische Ethik und Riten. Erst danach begann die eigentliche Lesung.[177] Zwar gab es zwischen den einzelnen Sŏwŏn Unterschiede bei der Wahl der Texte, doch handelte es sich hauptsächlich um Bücher wie das *Sohak* (chin. *Xiaoxue*), die ethische und moralische Regeln für den Alltag und das Gemeinschaftsleben behandelten. Die gemeinsame Wiederholung der Texte sollte bei den Teilnehmern zur Verinnerlichung ihres Wissens über konfuzianische Moral und Ethik beitragen.[178]

Die wichtigsten rituellen Zeremonien der Sŏwŏn waren ohne Zweifel die im Frühling und Herbst. Sie bildeten ein großes gesellschaftliches Ereignis auf der lokalen Ebene, an dem die Dorfbewohner teilnehmen und die mit diesen Zeremonien betrauten Mitglieder der Sŏwŏn glänzen konnten. Außerdem beehrten der Gouverneur und Vertreter von Nachbargemeinden die Feierlichkeiten mit ihrer Anwesenheit.

Der Ablauf der Sŏwŏn-Zeremonien folgt zwar im Prinzip dem der Rituale in den staatlichen höheren Schulen, unterscheidet sich aber im Hinblick auf die Opfergaben deutlich von diesen. In der Chosŏn-Dynastie unterschied

---

[176] Anders als bei den staatlichen Einrichtungen gab es für die Sŏwŏn kein Buch für ihre Rituale. Deshalb griffen sie auf deren Regeln zurück, entwickelten im Laufe der Jahre aber eigene Formen und protokollierten diese in den *hülgi*. *Chosŏn sillok*, Chŏngjo sillok 47 (Chŏngjo 21. Jahr, 7. Monat, 14. Tag).
[177] Die detaillierten Abläufe der *kanghoe*, einschließlich der Sitzordnung, werden im *Sŏwŏnji*, einer Art Chronik der jeweiligen Sŏwŏn, in der u.a. Regularien zu Bildung, kultischen Ritualen und Organisation enthalten sind, festgehalten. Siehe z.B. *Sosu sŏwŏnji*, S. 407–437; *P'iram sŏwŏnji*, S. 37–39.
[178] Kim Dae-sik 2001, S. 438.

man bei staatlichen Ritualen drei Ebenen.[179] Auf der höchsten Ebene standen die ritualen Zeremonien im königlichen Schrein (*chongmyo*), in dem die Altäre mit den Namenstafeln der Könige der Chosŏn-Dynastie aufbewahrt wurden (und werden). Rituale Zeremonien im Konfuzius-Schrein (*munmyo*) der zentralen staatlichen Bildungseinrichtung Sŏnggyun'gwan gehörten zur mittleren Ebene, während die staatlichen höheren Schulen *hyanggyo* in den Provinzen die untere Ebene bildeten. Teil der Zeremonien auf der hohen und mittleren Ebene waren ritualisierte Musik (*munmyocheryeak*) und Tanz (*p'alilmu*), die auf der unteren Ebene ganz fehlten. Auf jeder Ebene gab es auch Vorschriften über die Art und Zahl des zu verwendenden Geschirrs und über die zu erbringenden Opfergaben. Gemäß den konfuzianischen Riten wurden Obst und getrocknetes Fleisch in Bambusgeschirr (*pyŏn*) und in Salz eingelegtes Gemüse und Fisch in Holzgeschirr (*tu*) gelegt. Bambusgeschirr sollte *yang*, Holzgeschirr *yin* symbolisieren. Im königlichen Schrein (*chongmyo*) und im Konfuzius-Schrein (*munmyo*) der Sŏnggyun'gwan wurden neben rohem Fleisch z.B. ein Schweinekopf sowie zwölf *pyŏn* und zwölf *tu* auf dem Opfertisch bereitgestellt. In den *hyanggyo* der Provinzen waren es nur acht *pyŏn* und acht *tu*. Für die rituellen Zeremonien aller staatlichen Einrichtungen wurde ausschließlich ungegartes Essen (Reis, Getreide, Obst, Fleisch, Fisch usw.) verwendet. Das galt auch für die rituellen Zeremonien in den Sŏwŏn. Darin unterschieden sich die staatlichen Bildungsstätten und die Sŏwŏn von privaten Ritualen, die von Familien unter Verwendung u.a. von gekochtem Essen durchgeführt wurden.[180] Bei den Sŏwŏn-Zeremonien wurden je nach dem Rang der zu verehrenden Persönlichkeiten nur sechs oder vier *pyŏn* und *tu* mit Opfergaben verwendet[181], also noch weniger als bei den staatlichen Ritualen auf der unteren Ebene. Ohne Zweifel sollte dadurch auch der Unterschied zu letzteren markiert werden.[182]

---

[179] Chŏng Sun-u 1998, S. 46.
[180] Die Zubereitung der Opfergaben bei diesen Ritualen war Aufgabe der Frauen. Genderspezifisch interessant könnte sein, dass bei den staatlichen Ritualen nur ungegartes Essen als Opfergaben verwendet wurde und dies vermutlich auf den grundsätzlichen Ausschluss von Frauen bei der Vorbereitung und Durchführung dieser Zeremonien zurückzuführen ist. Die von Familien durchgeführten Rituale sind ein Thema, das den Rahmen dieser Arbeit sprengen würde. Die Rituale beruhen auf Zhu Xis Buch *Jiali* [Familienrituale]. Siehe dazu Ebrey 1991, S. 102–144.
[181] *P'iram sŏwŏnji* S. 30; *Namgye sŏwŏnji* S. 2.
[182] Kwŏn Sam-mun 2001, S. 56; Chang Chae-ch'ŏn 2002, S. 4.

Abbildung 1
Noch heute durchgeführte rituelle Zeremonie in einer staatlichen höheren
Schule (*hyanggyo*) in der Provinz P'och'ŏn (Foto 2012)

Abbildung 2
Plan mit den vorgeschriebenen Positionen einer rituellen Zeremonie aus
dem *hŭlgi* der Tosan Akademie (gegründet 1574) sowie
Foto einer 2009 durchgeführten Zeremonie

75

Die Abläufe der Zeremonien konnten in den einzelnen Sŏwŏn unterschiedlich sein. Sie wurden von jeder Privatakademie in einem eigenen Liturgiebuch (*hŭlgi*) im Detail aufgezeichnet und sorgfältig aufbewahrt.[183] Für die Mitglieder der Sŏwŏn war es Pflicht, den Ablauf und die einzelnen Handlungen der Zeremonien genau zu kennen, zu beherrschen und damit zu verinnerlichen. Dabei dienten die rituale Zeremonien nicht nur zur Verinnerlichung der neokonfuzianischen Weltanschauung, sondern insbesondere auch zur Verbreitung der konfuzianischen Rituale unter den Dorfbewohnern.[184]

Dazu trug auch der relativ offene Auswahlprozess der mit der Durchführung der rituellen Zeremonien betrauten Personen bei. Wer in solchen Zeremonien eine leitende Position innehatte, konnte mit einem deutlichen Gewinn an sozialem Ansehen rechnen. Dafür musste man allerdings zunächst Empfehlungen von Mitgliedern der Sŏwŏn erhalten und anschließend von deren Amtsträgern ausgewählt werden. Voraussetzungen dafür waren neben dem Alter (über 30) ein hohes Maß an Wissen und Tugendhaftigkeit. Die Namen der ausgewählten Kandidaten wurden im *Yuwŏnrok*, einem Register der Namen aller Funktionsträger der jeweiligen Sŏwŏn, festgehalten.[185] Erst danach war man berechtigt, an diesen Zeremonien teilzunehmen. Mit diesem nur alle drei Jahre stattfindenden und anspruchsvollen Auswahlprozess war ein deutlicher Gewinn an Akzeptanz und Ansehen verbunden, der durch die nun möglich gewordene Bekleidung von Ämtern in den Sŏwŏn noch gesteigert werden konnte. Es gab also starke Anreize für die konfuzianischen Gelehrten, ihr Leben dem Studium und der Pflege von Tugend und Moral zu widmen und dadurch auch den Dorfbewohnern ein Vorbild zu sein.[186] Im Zuge dieses im Dreijahresrhythmus stattfindenden Auswahlprozesses (*ch'wisa*) wurden

---

[183] Details der Rituale der Sŏwŏn in der Region Andong, die heute noch den alten Regeln folgend durchgeführt werden, wurden durch das Volkskundemuseum in Andong gesammelt und in einem Sammelband *Andong Sŏwŏn-ŭi hyangsa* 2009 dokumentiert.

[184] Yi Yu-jang, ein konfuzianischer Gelehrter im 17. Jahrhundert, lobte die positiven Wirkungen der Sŏwŏn auf der lokalen Ebene, die bei den Gelehrten zu einer Vertiefung ihrer Kenntnisse der konfuzianischen Lehre und bei den Dorfbewohnern zu einer Verbesserung ihrer Sitten und Gebräuche geführt hätten. Siehe Yi Yu-jang, „Sakkangwiŭisŏ", *Kosan chip* 5.

[185] Im *Tonam sŏwŏnji* z.B. werden auf den Seiten 56–78 die Namen der Beteiligten an diversen Zeremonien aufgeführt.

[186] Chŏng Sun-mok 1979, S. 144; Chang, Chae-ch'ŏn 2002, S. 3.

zwischen 15 und 20 Personen ausgewählt, wobei diese Zahlen Schwankungen unterworfen waren. Die ausgewählten Gelehrten hatten die Aufgabe, sich um die gesamte Zeremonie von der Vorbereitung bis zur Ausführung zu kümmern und mussten drei Tage vor Beginn der eigentlichen Zeremonie mit der Vorbereitung beginnen. Zu diesem Zweck waren sie zunächst dazu angehalten, in sich zu gehen. Damit bei der Zeremonie kein Fehler passierte, hatten sie mit Hilfe eines erfahrenen Gelehrten zuvor den genauen Ablauf der Zeremonie gründlich eingeübt (sŭmrye).[187]

Rituelle Iteration und soziale Dynamik

Die regelmäßige Ausübung von Ritualen in den Sŏwŏn bedeutete jedoch nicht die Fortschreibung festgefügter Strukturen. Wie erwähnt, konnten schon bei der Gründung einer Sŏwŏn deren Initiatoren durch strenge rituelle Iteration Legitimität für sich erwerben und beherrschende gesellschaftliche Positionen erlangen. Diese Gelehrten hatten es schon damals verstanden, sich der Unterstützung der Chosŏn-Regierung zu versichern, indem sie auf das Ziel der Indoktrinierung der Dorfbewohner mit konfuzianischer Moral und Ethik rekurrierten, ein Vorhaben, das eng mit der Gründung der Chosŏn-Dynastie (1392) verbunden war. Damals sollte die vorangegangene, vom Buddhismus geprägte Koryŏ-Dynastie entsprechend der konfuzianischen Lehre gründlich reformiert werden[188], und man errichtete zu diesem Zweck in der Hauptstadt und den Provinzen staatliche höhere Schulen. Jedoch zeichneten sich im 15. Jahrhundert, noch bevor die bei der Bevölkerung weit verbreiteten und tief verwurzelten buddhistischen Gebräuche durch konfuzianische Rituale ersetzt worden waren,[189] bei diesen staatlichen Schulen finanzielle und personelle Schwierigkeiten ab.

---

[187] In der Tosan Akademie wird heute noch am Vorabend der Zeremonie diese Übung *sŭmrye* durchgeführt. Siehe Andong minsok pangmulgwan 2009, S. 63.
[188] Chŏng To-chŏn, der bei der Staatsbildung Chosŏns eine entscheidende Rolle gespielt hatte, schrieb in seiner Abhandlung „Kyŏngjemungam", Kapitel „Chaesang", in dem er die Funktionen des Ministerpräsidenten erklärte, dass dieser außer den konfuzianischen Klassikern nichts anderes zu lesen habe (siehe Chŏng To-chŏn, „Kyŏngjemungam sang", *Sambongjip* 5). In einer anderen Abhandlung mit dem Titel „Pulssichappyŏn" formuliert er eine radikale Kritik am Buddhismus (*Sambongjip* 9).
[189] Chŏng Sun-u 1999a, S. 119.

Vor diesem Hintergrund ergriffen die lokal verwurzelten konfuzianischen Gelehrten Mitte des 16. Jahrhunderts die Initiative zur Gründung der Sŏwŏn. Obgleich sie strenge Neokonfuzianer waren, konnten sie sich durch die ritualisierte Verehrung von lokalen Persönlichkeiten bei der Dorfbevölkerung legitimieren und diese von nun an an die konfuzianische Lehre und ihre Moral und Ethik heranführen. Dadurch gewannen sie auch die Anerkennung durch den König. Zugleich verlor aber der Staat sein Monopol auf die Bestimmung der durch öffentliche Rituale zu ehrenden 'Gelehrtenpersönlichkeiten, während sich nun die Sŏwŏn-Gelehrten in die Auseinandersetzungen zwischen politischen Fraktionen einbringen und diese mitbestimmen konnten.

Obwohl die Rituale in den Sŏwŏn bereits verstorbenen Persönlichkeiten galten, standen hier nicht metaphysische, transzendente oder ähnliche Fragen nach Leben und Tod im Mittelpunkt. Denn die rituellen Zeremonien zur Verehrung großer Persönlichkeiten gewannen ihre Bedeutung vor allem durch ihren Bezug auf die gesellschaftliche und politische Ordnung der lebenden Menschen und die Legitimation dieser Ordnung. Aus diesem Grund richtete sich die Aufmerksamkeit bei den Ritualen nicht in erster Linie auf die ursprüngliche Bedeutung und Funktion der konfuzianischen Riten an sich oder auf die Taten (oder auch Untaten) der in der Sŏwŏn verehrten Persönlichkeiten. Stattdessen waren den Gelehrten prozessuale Aspekte der Zeremonien[190] viel wichtiger, weil diese als Vehikel ihrer Ambitionen gut geeignet waren und zugleich auch genügend Raum für das friedliche Zusammenleben der Akteure ließen. Es ging bei den rituellen Zeremonien also nicht um die Toten, sondern um die Lebenden, die Ordnung, in der sie lebten, und die Legitimation der Sŏwŏn-Gelehrten gegenüber der lokalen Bevölkerung und gegenüber dem König.[191]

Erst vor diesem Hintergrund werden die häufigen Auseinandersetzungen um die ‚richtige' Gestaltung der Rituale oder die ‚korrekte' Positionierung von Namenstafeln im Schrein verständlich. Über die Platzierung von Namenstafeln hatte es schon in der Gründungszeit der ersten Sŏwŏn um die Mitte des 16. Jahrhunderts eine heftige Kontroverse gegeben, die auch in den folgenden

---

[190] Wer z.B. an einer Zeremonie teilnehmen durfte, wer die Hauptrollen übernehmen sollte, welche Opfergaben verwendet, wie und von wem diese vorbereitet werden sollten.
[191] Chŏng Sun-u 1998, S. 47–48.

Jahrzehnten immer wieder auflebte. Vordergründig ging es bei solchen Auseinandersetzungen darum, wessen Lehre und Tugend höher zu schätzen waren; in Wirklichkeit aber ging es um den Streit unter den Gelehrten um Machtpositionen.[192] So konnte es passieren, dass die Verlierer ihre Sŏwŏn verließen und mit der oder den strittigen Namenstafeln eine neue Sŏwŏn gründeten.[193] Es kam auch nicht selten vor, dass bei solchen Streitfällen rituelle Zeremonien besonders streng und prunkvoll durchgeführt wurden, um die eigene Sache zu untermauern.[194] Die rituelle Iteration in Chosŏn war insofern Teil von sozialen und politischen Veränderungsprozessen.

Fazit

Die in den Sŏwŏn durchgeführten Rituale standen in ihren Ausformungen zwischen den Ritualen der staatlichen Institutionen und den privaten rituellen Zeremonien, die den Familien oblagen. Die unmittelbare Zielgruppe der konfuzianischen Riten im Sinne einer Verinnerlichung konfuzianischer Moral und Ethik waren natürlich die lokalen Gelehrten. Nur sie waren berechtigt, diese Zeremonien durchzuführen, allerdings nur unter der Voraussetzung, dass sie sich aufgrund ihres ernsthaften Studiums und ihres vorbildhaften Lebens bewährt und hervorgetan hatten. Die Mitwirkung an den rituellen Zeremonien war mit hohem sozialem Ansehen verbunden und bot daher starke Anreize, entsprechend der konfuzianischen Lehre zu leben. Dadurch wurden die Gelehrten wiederum zum Rollenmodell für die Dorfbewohner, die mittelbare Zielgruppe der Sŏwŏn und ihrer Riten.

Die Rituale waren in allen Details im *hŭlgi*, dem Liturgiebuch einer jeden Sŏwŏn, festgelegt. Wenn es dennoch immer wieder zum Streit über die Rituale kam, lag das daran, dass die genaue Bedeutung von Riten und Ritualen nicht allein aus der Logik der konfuzianischen Lehre zu erschließen war. Dadurch ergaben sich für die Gelehrten, die mit den rituellen Zeremonien betraut waren, genügend Spielräume, um diese Rituale zur Durchsetzung ihrer eigenen Interessen zu instrumentalisieren. In der Geschichte Chosŏns im 17. Jahrhundert lässt sich eine ganze Reihe von Beispielen dafür finden, wie

---

[192] Yun Hŭi-myŏn 2004, S. 336.
[193] Ebd., S. 327–328.
[194] Chŏng Sun-u 1996, S. 85–88.

Gelehrte, die auch politischen Fraktionen (*pungdang*) zugehörten, am Hof des Königs durch den Sieg im Kampf um die Deutung der Riten an Macht gewannen. Solche Fälle zeigen, wie groß die Interpretationsspielräume im Konfuzianismus im Allgemeinen sind und geben einen Hinweis auf die Anpassungsfähigkeit des politischen Systems an den gesellschaftlichen Wandel. Sie trugen wesentlich zur Überlebensfähigkeit der konfuzianischen politischen Ordnung bei. Diese Ordnung trug sich aus sich selbst – also etwa ohne militärische Gewalt nach innen. Als die Chosŏn-Dynastie nach etwas mehr als 500 Jahren zerfiel, geschah das nicht so sehr aufgrund von inneren Widersprüchen, sondern weil sie in ihrer Befangenheit in der konfuzianischen Tradition über keine Ressourcen verfügte, um sich den Herausforderungen des westlichen (und japanischen) Imperialismus zu stellen. Zur großen Überraschung vieler konfuzianischer Gelehrter ließen sich die neuen Mächte und ihr Militär durch die korrekte Durchführung von rituellen Zeremonien nicht dazu bewegen, sich auf den Pfad konfuzianischer Moral und Ethik zu begeben.

Wege zur Erleuchtung in der konfuzianischen Philosophie Koreas – am Beispiel von Yulgok Yi I

Im 16. Jahrhundert, als sich die konfuzianischen Privatakademien schnell zu verbreiten begannen, traten die zwei bedeutendsten Philosophen in der Geschichte des koreanischen Konfuzianismus hervor, nämlich T'oegye Yi Hwang (1501–1570) und Yulgok Yi I (1538–1584). Beide waren auch einflussreiche Politiker ihrer Zeit. Sie gaben der neokonfuzianischen Philosophie Koreas eine eigene Färbung. Insbesondere die sog. Yulgok-Schule dominierte ab dem 17. Jh. über einen Zeitraum von 300 Jahren die Philosophie und Politik Koreas. Nicht zuletzt deshalb steht das Denken von Yulgok im Mittelpunkt dieses Kapitels.

Die Schriften von Yulgok sind für die Analyse der konfuzianischen Lehre in Korea nicht nur wegen ihres einfachen und klaren Stils, sondern gerade auch wegen ihrer handlungsanleitenden Eigenschaften repräsentativ.[195] Yulgoks pädagogische Abhandlungen – insbesondere sein Opus magnum *Sŏnghak chibyo* („Das Wesentliche der heiligen Lehre") –, die für den jungen König Sŏnjo (1567–1608) kompiliert und kommentiert worden waren, gelten als die beste orthodoxe Synthese der konfuzianischen Lehre und wurden als Lehrmaterial sowohl für Studenten als auch für die königliche Familie benutzt. Das *Sŏnghak chibyo* gilt auch heute noch als der Schlüsseltext zum Verständnis für das Buch *Daxue* der koreanischen Gelehrten.

Das *Daxue* war ursprünglich ein Kapitel aus dem sog. *Buch der Riten (Liji)*. Es befasst sich explizit mit der Bildung und Kultivierung des Menschen als höchstem Ideal der konfuzianischen Lehre. Zhu Xi hatte dieses Buch als Einstiegstext und Grundriss der neokonfuzianischen Lehre ausgewählt und an die erste Stelle der sog. Vier Bücher der konfuzianischen Lehre gesetzt, gefolgt vom *Zhongyong, Lunyu* und dem *Menzius*. Seitdem gehörte dieses Buch zur Pflichtlektüre konfuzianischer Bildung in China und Korea. Es war der

---

[195] Die gesammelten Schriften von Yulgok, die insgesamt 44 Bände umfassen, wurden unter dem Titel *Yulgok chŏnsŏ* im Jahr 1741 in Seoul herausgegeben.

zentrale Text des Neokonfuzianismus überhaupt, der für Jahrhunderte das Erscheinungsbild des Konfuzianismus in Korea und China dominierte und teilweise noch bis heute beeinflusst.

Das *Daxue* beginnt mit dem Satz: „Der Weg der Lehre der Großen liegt darin, die Wirkkraft der eigenen himmlischen Lichtheit erleuchten zu lassen, das Volk zu erneuern, im am meisten Guten zu verweilen."[196] Es ist der zentrale Satz der konfuzianischen Lehre, der als eine Art Gebot interpretiert werden könnte, als äußerste Fokussierung sowie Hervorhebung des Verbindungsglieds zwischen konfuzianischer Lehre und ihrer Anwendung in der Gesellschaft.

Dieser Satz, der im koreanischen *myŏngmyŏngdŏk* zu lesen ist, wird u.a. auch im Sinne von „die Wirkkraft der eigenen himmlischen Lichtheit erleuchten zu lassen" sowie als „Illumination der illuminierten Werte" interpretiert.[197] Damit bietet er sowohl einen konzeptuellen als auch einen objektsprachlichen Anhaltspunkt, um dem Verständnis von Erleuchtung im konfuzianischen Denken nachzugehen.

Das Wort *myŏng* (chin. *ming*), welches sich epistemologisch als „hell" bzw. „erhellen" übersetzen lässt, ist im konfuzianischen Denken einerseits als erkennender Akt, andererseits als erhelltes/erleuchtetes Handeln zu deuten. Insofern unterscheidet sich das konfuzianische Konzept von Erleuchtung grundsätzlich von einem Erlebnis mystischer Prägung. Es ist vielmehr mit jener platonischen Idee von Erleuchtung vergleichbar, die auf Erkenntnis beruht.[198] Allerdings geht das konfuzianische Erkenntnis-Konzept über das bloße Erkennen hinaus, da es das erhellende Handeln unmittelbar in dieses Konzept integriert. So heißt es im *Daxue* weiter:

> Wer im Altertum die lichte Wirkkraft [der Menschen] im ganzen Reich erleuchten lassen wollte, regulierte zuerst sein Land. Wer sein Land regulieren wollte, brachte zuerst seine Familie in Eintracht. Wer seine Familie in Eintracht bringen wollte,

---

[196] *Daxue*, nach Gentz 2007, S. 231–245, hier 236; auch im Folgenden benutzen wir, wenn nicht anders angegeben, die *Daxue*-Übersetzung von Joachim Gentz, die auf Zhu Xis Kommentar beruht. Dieselbe Stelle übersetzt Richard Wilhelm: „Der Weg der großen Wissenschaft besteht darin, die klaren Geisteskräfte zu klären, die Menschen zu lieben und das Ziel sich zu setzen im höchsten Guten." Siehe Wilhelm 1994, S. 46.
[197] Übersetzung nach Tu 2001, S. 248.
[198] Platon, Ep. 7,342a, 7–8.

kultivierte zuerst sich selbst. Wer sich selbst regulieren wollte, richtete zuerst sein Herz recht aus. Wer sein Herz recht ausrichten wollte, machte zuerst seine Absichten aufrichtig. Wer seine Absichten aufrichtig machen wollte, brachte zuerst sein Wissen zum Äußersten. Sein Wissen ist zum Äußersten gebracht, wenn man bei den Dingen anlangt. Sind die Dinge erreicht, so ist danach das Wissen zum Äußersten gebracht. Ist das Wissen zum Äußersten gebracht, so können danach die Absichten aufrichtig werden. Sind die Absichten aufrichtig, so kann danach das Herz recht ausgerichtet werden. Ist das Herz recht ausgerichtet, so ist danach man selbst kultiviert. Ist man selbst kultiviert, so ist danach die Familie in Eintracht. Ist die Familie in Eintracht, so ist danach das Land in Ordnung. Ist das Land in Ordnung, so ist danach das ganze Reich in Frieden.[199]

Die gesamte Kette der notwendigen Transformationen ist hier zwar dem alten konfuzianischen Gebot „sich selbst kultivieren und [bzw. um] andere [zu] regulieren" entsprechend in innere/persönliche und äußere/gesellschaftliche Kultivierung geteilt, aber beide sind wiederum in der gesamten Stufenfolge – von der epistemologischen Basis aufwärts bis zum höchsten gesellschaftlichen Engagement – direkt miteinander verbunden und mit Notwendigkeit aufeinander bezogen. Das äußerste Ziel liegt in der Vollendung des gesamten Prozesses als solchem. Das bedeutet, nicht das Erreichen der persönlichen Kultivierung, sondern die Vollendung auf allen Ebenen des Prozesses ist das höchste Ziel der Lehre von der „Illumination der illuminierten Werte".

Im Folgenden soll nunmehr das Konzept der Erleuchtung anhand der Schriften des Yulgok eingehender verfolgt, expliziert und analysiert werden. Die zentrale Frage richtet sich darauf, in welcher Weise der Vorgang der Erleuchtung im konfuzianischen Denken in Chosŏn konstituiert wird.

Studieren, der Weg zur Erleuchtung

Die Lehre von Konfuzius richtet sich an alle Menschen unabhängig von ihrer Herkunft. Konfuzius selbst betont oft in seinen gesammelten Worten, er sei

---

[199] Übersetzung nach Gentz 2007.

bereit, jeden Menschen zu lehren und von jedem belehrt zu werden.[200] Diese Aussage galt auch während der Chosŏn-Zeit. Auch wenn koreanische Gelehrte in ihrem Verständnis von sozialer Hierarchie viel konservativer waren als ihre chinesischen Kollegen, so waren sie sich doch zumindest darin einig, dass der Weg des Lernens für alle offen sein sollte. In diesem Sinne zitiert Yulgok in einer der von ihm verfassten Schriften *kyŏngyŏn ilgi* eine Stelle aus dem Buch *Menzius*: „Jeder kann Yao und Shun werden."[201] Yao und Shun, die beiden ersten legendären Herrscher in der Alten Zeit Chinas, werden in der konfuzianischen Lehre seit jeher als die perfekten Menschen, sozusagen als Heilige bzw. Weise und Würdige (*shengren*), dargestellt. Als solche verkörpern sie das höchste Ziel des Studierens, eben den Zustand eines erleuchteten Daseins.

Angesichts dieser Aussage ist es dennoch strittig, ob die dahinterstehende Idee wirklich so egalitär ist, wie sie klingt, und insbesondere in Korea auch für die untersten Schichten der sozialen Hierarchie, etwa Sklaven, gültig war. Es steht aber außer Zweifel, dass sich Yulgok mit seinen Werken nicht nur an den jungen König Sŏnjo, sondern auch an normale Gelehrte und junge Schüler richtete. So schrieb er in einer das Werk begleitenden Einführung, er habe das *Sŏnghak chibyo* kompiliert „nach oben um unseren Herrscher zu erreichen und nach unten um die Studenten zu instruieren".[202] Die beiden klassischen Werke Yulgoks zum konfuzianischen Ideal, *Sŏnghak chibyo* und *Kyŏngmong yogyŏl*, wurden in der Tat stets zusammen benutzt. Der erste Text war zwar für den König verfasst worden, wurde aber auch von ‚normalen' Schülern auf breiter Basis gelesen. Der zweite Text richtete sich vornehmlich an Schüler, wurde aber auch für die Erziehung der Prinzen eingesetzt und vom König gelesen.

Yulgoks Ansicht von der Gleichheit vor dem höchsten Perfektionsideal liegt in Mengzis Auffassung der universalen Natur des Menschen begründet. Sie ermöglicht es jedem Individuum, Menschlichkeit (*ren*), Gerechtigkeit (*yi*),

---

[200] *Lunyu* 7.7: „Der Meister sprach: Von denen, die ein Päckchen Dörrfleisch anbrachten, habe ich noch nie einen von meiner Belehrung ausgeschlossen." *Lunyu* 7.21: „Der Meister sprach: Wenn ich selbdritt gehe, so habe ich sicher einen Lehrer. Ich suche ihr Gutes heraus und folge ihm, ihr Nichtgutes und verbessere es."
[201] *Mengzi* 6A.2, nach *Yulgok chŏnsŏ* 27:4a. Das Konzept von *shengren* steht im Zentrum des konfuzianischen Verständnisses der Erleuchtung.
[202] *Yulgok chŏnsŏ* 19:2b.

Sinn für Sittlichkeit (*li*) und Wissen (*chi*) zu besitzen. Diese vier Attribute gelten in der konfuzianischen Lehre als grundlegende Elemente des menschlichen Wesens. So benutzt Yulgok Zitate aus dem Buch *Menzius*, um zu zeigen, dass das Studieren mit dem Ziel und Zweck, ein ‚Heiliger' (*shengren*) zu werden, jedem offenstehe, und erklärt, dass der Sinn dieser Menzius-Zitate darin liege, dass die Fähigkeit des Lernens und die anderen Elemente der menschlichen Natur bei jedem Menschen vorhanden seien. Denn

> von hier aus gesehen, zeigt es sich: ohne Mitleid im Herzen ist kein Mensch, ohne Schamgefühl im Herzen ist kein Mensch, ohne Bescheidenheit im Herzen ist kein Mensch, ohne Recht und Unrecht im Herzen ist kein Mensch, Mitleid ist der Anfang der Menschlichkeit, Schamgefühl ist der Anfang der Gerechtigkeit, Bescheidenheit ist der Anfang des Sinns für Sittlichkeit, Recht und Unrecht unterscheiden ist der Anfang des Wissens. Diese vier Anlagen besitzen alle Menschen, ebenso wie sie ihre vier Glieder besitzen.[203]

Yulgok entwickelt indes die Definition der menschlichen Natur von Menzius weiter. Nach seiner Auffassung bedeutet Mensch sein, durch Studieren und Selbstkultivierung die menschliche Natur zu entfalten. Dies ist auch die Idee, die er in seinem Vorwort zum *Kyŏngmong yogyŏl* erklärt. Er schreibt: „Ohne das Studium kann ein Mensch in dieser Welt kein menschenwürdiges Wesen werden."[204] Durch die Fähigkeit zur Kultivierung unterscheide sich das menschliche Wesen vom Tier, das nicht in der Lage sei, seinen Charakter zu entwickeln oder zu ändern. Tiere sind für ihn Antipoden zu den *shengren* (kor. *sŏngin*). Der Mensch stehe insofern vor der Alternative, danach zu streben, *shengren* zu werden, oder seine Fähigkeiten zu verschwenden und ein Dasein zu führen, das kaum von dem von Tieren zu unterscheiden sei.

Yulgoks Interpretation der menschlichen Natur beruht auf der Lehre von Menzius und zahlreichen Verweisen auf die Schriften des Neokonfuzianers Zhu Xi. Er ergänzt diese mit seinen eigenen Auffassungen, um zu zeigen, dass der Mensch in der Lage ist, seine menschliche Natur nicht nur vollständig, sondern auch bis zum höchsten Grad zu entwickeln, also zum *shengren* zu werden. Die Frage, warum ein Mensch überhaupt damit beginnen muss, diese

---

[203] *Mengzi* 2A. 6, nach *Yulgok chŏnsŏ* 20:46b–47a.
[204] *Yulgok chŏnsŏ* 27:3a.

Mühe auf sich zu nehmen, erläutert Yulgok im *Sŏnghak chibyo* mit der Metapher vom versteckten Schatz, über den der Mensch zwar frei verfügen könne, dessen Existenz er jedoch nicht einmal wahrgenommen habe:

> Ich wage zu sagen, dass der eine Geist des Menschen alle Prinzipien vollständig enthält. Die Güte Yaos und Shuns, die Rechtschaffenheit Tangs und Wus,[205] der Lehren von Konfuzius und Menzius, all dies ist fest enthalten in unserer Natur. Nur weil wir einerseits durch unsere physische Veranlagung beschränkt sind und andererseits von den Begierden überschwemmt werden, ist das Klare verdunkelt und das Rechte verfälscht [...], aber die Prinzipien, über die wir von Anbeginn verfügen, sind jedoch an sich klar und recht. Obwohl sie verdeckt sind, sind es letztlich zu keinem Moment vernichtete/zerstörte Prinzipien. [...] Um einen Vergleich zu bemühen: im Hause von jemandem ist ein unermesslicher Schatz, aber er ist vergraben im dunklen Boden, deshalb weiß er es nicht. Er lebt in Armut und bettelt und wandert in der Welt herum. Dann trifft er (jemanden), der für ihn wahrsagt und ihm den Ort des Schatzes zeigt. Er vertraut ihm ernsthaft und zweifelt nicht, entdeckt das, was dort vergraben ist. Es ist nichts anderes als der unermessliche Schatz und alles, was darin enthalten ist, ist sein Eigentum. Dieses Prinzip ist sehr deutlich, aber die Menschen verstehen es nicht – ist das nicht traurig![206]

Diese Metapher von der ursprünglichen Klarheit der menschlichen geistigen Fähigkeit in ihrem Gegensatz zur Dunkelheit, die durch unangemessenes Handeln der Menschen verursacht ist, ist im konfuzianischen Denken eine verbreitete Deutung des Verhältnisses zwischen der menschlichen Natur und der Bedeutung von Wissen und Bildung. Ein typisches Beispiel für rhetorische Figuren dieser Art kann man in Zhu Xis Kommentar zum *Daxue* finden. In ihm erklärt er das Konzept der „illuminierten Werte":

> *Ming de*, das ist das, was die Menschen vom Himmel erhalten und was leer, geistgleich und nicht verdunkelt ist, das, wodurch die zahlreichen Ordnungsmuster bereitgestellt sind und [so] in eine Resonanz mit den unzähligen Angelegenheiten getreten

---

[205] Legendäre Könige der alten Zeit Chinas, Gründer der Shang-Dynastie (1556–1046 v. Chr.) und der Zhou-Dynastie (1046–256 v. Chr.).
[206] *Yulgok chŏnsŏ* 20:50a–b.

wird. Aber weil es von den materiellen Begebenheiten eingenommen wird, und weil es von den menschlichen Begierden verdeckt wird, deshalb gibt es Zeiten, zu denen es dämmerig ist. Aber die Helligkeit seines ursprünglichen Wesens hat etwas, das niemals ruht.[207]

Das Ziel des Studierens ist also, dem Menschen die Helligkeit zu bringen und ihn aus der Dunkelheit herauszuholen. Dies ist die Bedeutung von „Illumination der illuminierten Werte". Der Grund dafür, warum die Menschen diesen Weg nicht gehen wollen oder können, liegt für Yulgok darin, dass sie durch ihre Begierden fehlgeleitet werden, die sie von der ursprünglichen Intention, *shengren* zu werden, abbringen und in die Verderbnis führen. Daraus folgt, dass diejenigen,

> die mit dem Studium beginnen möchten, [sich] zuerst entschließen, unbedingt *sŏngin* zu werden. Sie dürfen nicht für einen Moment der Ansicht sein, dass sie zu klein sind (um dieses Ziel zu erreichen) oder (von diesem Ziel) zurücktreten. Der Gemeine und ein *sŏngin* haben dieselbe ursprüngliche Natur. Obwohl die Qualität des *ki* (chin. *qi*) nicht ohne Unterschied klar und trüb, rein und vermischt sein kann, sind wir doch fähig, echtes Wissen (zu erreichen) und Verwirklichung (anzustreben), unsere alten Gewohnheiten abzulegen und zum ursprünglichen Zustand unserer Natur zurückzukehren, so dass wir über alles, was gut ist, vollständig verfügen können. Wie kann also der Gemeine sich nicht dazu entschließen, zu einem Weisen zu werden? Wenn deshalb Menzius das Gute der menschlichen Natur erklärt, preist er notwendigerweise die Verwirklichung (der menschlichen Natur) in Yao und Shun[208] und sagte: Jeder kann Yao und Shun werden.'[209]

Was umfasst das Studieren?

Jedoch kann der Entschluss, sich auf den Weg des Studiums zu begeben, ohne Kenntnisse der Methode und des Begriffs des Studierens nicht erfolgreich sein. Betrachtet man diesen Begriff als Synonym der Selbstkultivierung, dann kann man sich darunter alle Aufgaben, die im *Daxue* genannt werden – von

---

[207] Übersetzung nach Gentz 2007.
[208] *Mengzi* 3A.1.
[209] *Mengzi* 6A.2, nach *Yulgok chŏnsŏ* 27:3b–4a.

der Auseinandersetzung mit den alltäglichen Dingen bis hin zur ‚Kultivierung an sich' – vorstellen. Das Studieren würde jede Aktivität umfassen, die unternommen wird, um *shengren* zu werden, einschließlich der praktischen Aktivitäten, die das *Daxue* erwähnt.

Yulgok betont in diesem Zusammenhang:

„Das, was Studieren genannt wird, ist keine außerordentliche und fremde Sache. Es ist nur, dass (man) als Vater (seinen Sohn) väterlich lieben muss und als Sohn (seinem Vater) mit kindlichem Gehorsam begegnen muss. [...] Jedes Tun muss auf eine angemessene (Art und Weise) getan werden."[210]

Somit ist das Studieren keineswegs nur eine Frage des Wissens allein, vielmehr ist es eine Sache sowohl des Wissens als auch des Handelns. Yulgok betrachtet das Studieren zugleich als das intellektuelle Bemühen um das Wissen und seine praktische Anwendung. So schreibt er:

„Das Streben nach Kultivierung des Selbst liegt im Wissen und im Verhalten. Durch Wissen wird das Gute erhellt/erleuchtet und durch Verhalten wird das Selbst wahrhaft und ernsthaft."[211]

Im *Daxue* wird das Studieren aber erkenntnistheoretisch entsprechend der letzten beiden Glieder in der Kette des Wissens behandelt, die damit endet, dass das „Wissen [...] zum Äußersten gebracht [ist], wenn man bei den Dingen anlangt". Damit wird das Studieren unmittelbar mit dem Wissen über die Dinge in Verbindung gebracht. Yulgok behandelt dieses Thema gleich zu Beginn des *Sŏnghak chibyo* ausführlich.

Die Auseinandersetzung mit den Dingen war schon seit dem klassischen Altertum einer der umstrittensten Punkte im konfuzianischen Diskurs,[212] vielleicht gerade deshalb, weil in den klassischen Texten keine ausführlichen Aussagen dazu zu finden sind, wie Yulgok selbst feststellt: „Die Erklärung von ‚bei den Dingen anlangen und das Wissen zum Äußersten bringen' wird in den kanonischen Schriften nicht detailliert dargelegt."[213] Diese kurze und

---

[210] *Yulgok chŏnsŏ* 27:3a.
[211] Ebd. 20:2a.
[212] Für interessante Einsichten in diverse epistemologische Probleme der klassischen chinesischen Philosophie siehe Harbsmeier 1993, S. 11–31. Zu Yulgoks Ansichten zu diesem Punkt siehe Hwang Ŭi-Dong 2002, S. 311–354.
[213] *Yulgok chŏnsŏ* 20:17a.

einfache Äußerung bedeutet jedoch nicht, dass das Thema etwa unwichtig wäre, sondern weist darauf hin, dass sich das Wissen über die Dinge am besten in der Praxis und nicht durch eine abstrakte Definition darstellen lässt.

Der Gegenstand des Wissens wird im neokonfuzianischen Denken in zwei Kategorien unterteilt: einerseits die äußeren Dinge und andererseits die menschliche Natur/das Herz (*xin*) im weiteren Sinne. Letzteres schließt neben der menschlichen Natur deren Rückführung auf externe Impulse/Emotionen (*qing*) ein. Demnach bedeutet das Verstehen der Dinge das Wissen um das eine und ursächliche Prinzip (*li*). *Li* als Prinzip ist im neokonfuzianischen Denken das, wodurch die Dinge zu dem werden, was sie sind und wie sie sein sollen. *Li* enthält das Wissen darum, was die Dinge sind und in welchem Verhältnis dieses ihr Wesen zu ihrer Existenz steht. Dass *li* als Prinzip universal ist, ist gleichbedeutend damit, dass das menschliche Wesen ebenfalls an diesem Prinzip teilhat. *Li* ist daher nichts anderes als die menschliche Natur. Im Zusammenhang mit *li* benutzt Yulgok oft die Formel, die Chan als „principle is one, its manifestations are many"[214] wiedergibt. Diese Definition ist hilfreich, um zu erklären, warum der Mensch in der Lage ist, die äußeren Dinge zu verstehen. Weil er selbst ein Teil desselben universalen Prinzips ist, muss er nicht sich selbst oder einen separaten Gegenstand finden, sondern nur ein universales Prinzip erkennen, das ihm das relevante Wissen über den Weg der Erkenntnis vermitteln kann.

Im *Sŏnghak chibyo* betont Yulgok an vielen Stellen die Universalität des Prinzips *li* und seine Verbindung zur menschlichen Natur, indem er den Satz von Menzius zitiert: „Wer seine Natur kennt, der kennt den Himmel."[215] Demnach ermöglicht es die Universalität von *li* dem Menschen, die Welt zu verstehen und die Verbindung zwischen seinem *sim/xin* und der äußeren Welt herzustellen. Zugleich erfordert *li* die Kultivierung des Menschen. Denn wenn der Mensch nicht in der Lage wäre, seine Natur zu kultivieren, würde sich das in ihm enthaltene Prinzip nicht mit der äußeren Welt verbinden können, und so könnte er nicht zu einem Verständnis ihrer Phänomene gelangen. Um diesen Zusammenhang zu erklären, greift Yulgok hier auf Zhu Xi zurück:

---

[214] Zu diesem Begriff bzw. dieser Formel siehe Chan 1989, S. 297–300.
[215] *Mengzi* 7A.1.

Meister Zhu (Xi) sagte: Das *xin* ist das, was den Menschen spirituell erleuchtet. (Es) ist das, was alle Prinzipien enthält und mit allen Dingen reagiert. [...] Der Mensch kann bei Angelegenheiten und Dingen ihre Prinzipien erschöpfend erforschen, bis er eines Tages durch und durch versteht und nichts (unverstanden) übrigbleibt.[216]

Methode und Ergebnisse des Studierens

Was ist nun die richtige Methode des Studierens, um das letztendliche Ziel *shengren* zu erreichen? Wer *li* studiert, beschäftigt sich natürlich mit zwei Fragen: zum einen damit, was der beste und effektivste Weg ist, um die vielfältigen Erscheinungen des Prinzips zu erforschen, und zum anderen damit, wie man erkennen kann, dass man das Prinzip überhaupt verstanden hat. Angesichts der Komplexität der Welt kann die Auseinandersetzung mit den Dingen sehr lange dauern; denn die perfekte Weisheit zu haben, heißt, dass man das Wissen von allen Dingen hat. Da *li* jedoch universal ist, bedeutet das wiederum, dass das korrekte Wissen der Menschen auf der Erkenntnis des Prinzips beruht und dieses zwar einerseits in einer bestimmten Zahl von Dingen enthalten ist, andererseits zugleich auf die restlichen Dinge angewendet werden kann. In diesem Zusammenhang stellt sich die Frage, was die subkritische Zahl von Dingen ist, die benötigt wird, um das vollständige Wissen des Ganzen zu erreichen.

Im konfuzianischen Denken ist das vollständige Wissen durch die Auseinandersetzung mit den Dingen zu erreichen, oder, wie es im *Daxue* heißt: „Sind die Dinge erreicht, so ist danach das Wissen zum Äußersten gebracht." Um das Wissen so weit zu bringen, muss es allmählich akkumuliert werden. Das setzt allerdings voraus, dass das Wissen von den einzelnen Dingen als solches vollkommen und klar ist. Es ist verständlich, dass aus solchen Aussagen eine Reihe von Fragen folgt. Nicht alle Studierenden der konfuzianischen Lehre können erklären, was es bedeutet, die Dinge vollkommen verstanden zu haben. Daher versucht Yulgok im Dialog mit einem seiner Schüler die Natur dieses Verstehens zu erklären. Seine Antworten zeigen aber, wie

---

[216] *Yulgok chŏnsŏ* 20:55a.

kompliziert dieses Puzzle des idealen Verstehens sowohl für den Lehrer als auch für den Schüler ist.

In den Dialogen aus dem *Ŏrok* („Sammlung der Worte")[217] ist z.B. zu lesen:

> [Ich fragte Meister Yulgok,] was ‚bei den Dingen angelangt zu sein' bedeutet. Ist es, dass der äußerste Punkt des Prinzips der Dinge erreicht wird? Ist es, dass der äußerste Punkt meines Wissens erreicht wird? [Meister Yulgok] antwortete: ‚Bei den Dingen angelangt zu sein' – wenn es bedeutete, den äußersten Punkt meines Wissens zu erreichen, dann wäre es ‚Wissen zum Äußersten gebracht zu haben' und nicht ‚bei den Dingen angelangt zu sein'. ‚Die Dinge erreicht und sein Wissen zum Äußersten gebracht zu haben', das ist eine einzige Angelegenheit. Aus der Perspektive des Prinzips der Dinge nennt man es ‚bei den Dingen angelangt zu sein'. Aus der Perspektive unseres Geistes nennt man es ‚Wissen zum Äußersten gebracht zu haben'. Dies sind nicht zwei [verschiedene] Angelegenheiten.[218]

Weiter erklärt Yulgok,

> „‚Wissen zum Äußersten gebracht zu haben' heißt, dass die Prinzipien der Dinge vollständig erhellt/erleuchtet sind und nichts [unverstanden] übriggeblieben ist. Nur danach folgt auch mein Wissen und erreicht den äußersten Punkt."[219]

Die Metapher von „erhellen/erleuchten" wird in der konfuzianischen Lehre oft verwendet, um das Ergebnis des Studierens darzustellen. Der Prozess der graduell fortschreitenden Erhellung durch das Studieren basiert auf der grundlegenden Dichotomie von Klarheit, Helle, Verstehen einerseits und Dunkelheit, Verschleierung, Ignoranz andererseits. Das Licht ist hier das Symbol für die vollkommene Erkenntnis. Es erleuchtet das Prinzip der Dinge, aber es ist meist in der Dunkelheit verborgen. Yulgok erklärt dies anhand der Metapher von Zimmer und Licht:

> Um den Vergleich mit einem dunklen Zimmer zu bemühen, wo die Bücher im Regal stehen, die Kleidung am Haken hängt und die Truhe an der Wand steht: Weil es schwarz und dunkel

---

[217] Diese Schrift gibt die Dialoge zwischen Yulgok und seinen Schülern wieder; sie wurde nach seinem Tod von den Schülern verfasst.
[218] *Yulgok chŏnsŏ* 32:8a.
[219] Ebd. 32:13b.

ist, sind wir nicht fähig, die Dinge zu sehen, und wir können nicht sagen, an welcher Stelle sich Bücher, Kleidung und Truhe befinden. Aber wenn jemand mit einer Lampe den Raum erleuchtet, dann sehen wir Bücher, Kleidung, die Truhe, alles an seiner Stelle klar und deutlich. [...] Unser Wissen besitzt Licht und Dunkelheit, und aus diesem Grunde werden die Prinzipien manchmal erreicht und manchmal nicht erreicht.[220]

Die Metapher der Erhellung/Erleuchtung ist eines der wichtigen Bilder in der konfuzianischen Lehre. Sie ist auch mit der Frage des letztlichen Ziels des Studierens eng verbunden, nämlich mit dem Moment, in dem alle Dinge verstanden sind. Schon während des Studierens wird der Studierende sich fragen, wann der höchste Punkt erreicht sein wird.

Da man im konfuzianischen Denken davon ausgeht, dass die vollkommene Erkenntnis allumfassend und universal ist, ist es nicht möglich, einen exakten Punkt zu identifizieren, von dem an das Wissen als perfekt gelten kann. Das vollständige Wissen wird erst zu erkennen sein, wenn es soweit ist, aber nicht vorher. Bis man soweit ist, hat man aber lange und fleißig zu studieren. Dann ist irgendwann die Erhellung/Erleuchtung erreicht.

Yulgok erläutert dies mit der Metapher von Licht und vollkommener Erkenntnis nach einem langen Prozess des Studierens: „Wir erforschen hin und her, und langsam erreichen wir, dass unser Geist erhellt wird. Für das, was früher nicht zu durchdringen war, gibt es plötzlich einen Moment, in dem man von selbst erkennt."[221] Es handelt sich hier um keine plötzliche Erleuchtung, sondern um ein notwendiges Resultat langen Studierens und der Auseinandersetzung mit den Dingen. Ein solcher Moment kommt bestimmt, auch wenn man ihn nicht berechnen kann. So schreibt Yulgok in Anlehnung an Cheng Yi (1033–1107):[222]

> Wenn wir nur heute ein Ding erforschen und morgen nochmal ein Ding erforschen und uns fortwährend darin üben, dann gibt es den Punkt, an dem wir es spontan durchdringen [...]. Nur nachdem wir (unser Erforschen) zahlreich angehäuft haben, gibt es den Punkt des spontanen Erkennens. [...] Wenn

---

[220] Ebd. 32:8a–b.
[221] Ebd. 20:67a.
[222] Über die wesentlichen Beiträge der Brüder Cheng dazu siehe Graham 1992, S.74–82.

unser Verständnis zahlreich ist, gibt es den Punkt der plötzlichen und natürlichen Erkenntnis.[223]

Hier tritt der Unterschied zwischen dem konfuzianischen und dem verbreiteten buddhistischen Konzept der Erleuchtung deutlich zutage. Nicht zuletzt deshalb wurde der Buddhismus von den Chosŏn-Gelehrten abgelehnt. In den Schriften von Yulgok finden sich nicht viele gegen den Buddhismus gerichtete Argumente. Dies ist damit zu erklären, dass es im 16. Jh. in Korea nicht mehr nötig war, den Buddhismus zu bekämpfen, da sein vormals starker Einfluss bereits zu Beginn der Chosŏn-Dynastie gründlich zurückgedrängt worden war. An einer Stelle im *Sŏnghak chibyo* kritisiert Yulgok den buddhistischen Glauben an das spontane Erkennen:

> (Sie) betrachten diesen (Buddhismus) als unendliches, exklusives Prinzip, (sie) zweifeln grundsätzlich an allem, versuchen, sich selbst zu studieren, und stets Gutes zu tun. Wenn sie nach einem ruhigen Sitzen in einem kurzen Moment in ihrer Phantasie nur einen Schatten des *simsŏng*[224] gesehen haben, tun sie, als ob sie große Erkenntnis gewonnen hätten, verhalten sich wie verrückt und ungezügelt, und meinen, dass alles getan sei.[225]

Yulgoks Kritik am plötzlichen Erkennen, wie es insbesondere vom Zen-Buddhismus vertreten wird, basiert auf der Lehre des *Daxue*, wonach die Erkenntnis des universalen Prinzips auf andauernder Anstrengung beruht und es beim Gegenstand des Erkennens gerade nicht um die Leere der Dinge, sondern um ihre Vielfalt geht.

Einheit von Wissen und Handeln – Das Wesen der Erleuchtung

Das Studieren der Dinge und das Erkennen des ursächlichen Prinzips stellen im Kontext der Lehre von *Daxue* und des Konfuzianismus überhaupt nur einen Teil des Prozesses auf dem Weg zum *shengren* dar. Der Prozess wird erst durch die Umsetzung des durch das Studium erworbenen Wissens in die Praxis vervollständigt. Wissen und Handeln sind im konfuzianischen Denken nicht voneinander zu trennen. Es heißt demnach: Das Wissen ermöglicht es

---

[223] *Yulgok chŏnsŏ* 20:18a.
[224] *simsŏng* lässt sich am besten als „Vernunft" und „menschliche Natur" übersetzen.
[225] *Yulgok chŏnsŏ* 20:65a.

dem Menschen, dem richtigen Weg entsprechend zu handeln. Das Handeln bzw. die praktische Umsetzung sind wiederum der endgültige Beweis dafür, dass dieses Wissen das richtige ist. Beim Studieren der Dinge geht es also im konfuzianischen Kontext nicht um das theoretische Verständnis, sondern um eine Anleitung für die praktischen Notwendigkeiten. Auch die Lektüre der Bücher wird nach dem tatsächlichen Nutzen des daraus gewonnenen Wissens betrachtet. In diesem Sinne schreibt Yulgok: „Liest man (ein Buch) nur laut, ohne dessen Inhalte aufzunehmen und dies in die Praxis umzusetzen, bleibt dieses Buch nur ein Buch und man bleibt derselbe, der man vorher war."[226] Darüber, wie sehr Wissen und Handeln im konfuzianischen Denken miteinander verwoben und voneinander abhängig sind, erklärt Yulgok außerdem Folgendes: „Das Wissen kommt zwar an erster Stelle und das Handeln an zweiter, aber in Wirklichkeit gehen diese beide gleichzeitig. Folglich gibt es Menschen, die durch das Wissen das Handeln erreichen, aber auch diejenigen, die durch das Handeln das Wissen erreichen."[227] Er fährt fort: „Verfügt man über das Wissen und Handeln zugleich und entspricht sein Äußeres seinem Inneren, dann hat man den Stand erreicht, *sŏngin* zu sein."[228]

Allerdings gelangen nicht alle, die diese Dinge studieren, bis an diesen Punkt. Es gibt unterschiedliche Stufen der Erhellung. Dies erklärt Yulgok in einem Brief:

> Es gibt drei Stufen des Erkennens. Die eine ist, durch die Lektüre der Schriften der großen Weisen ihre Ziele zu verstehen. Ein anderer ist, zu erkennen, dass die Lehre der großen Weisen nicht gelogen ist. Diese Erkenntnis ist dadurch zu gewinnen, dass man, vom Wissen der Ziele ausgehend, das durch die Lektüre der Schriften der großen Weisen erworben worden ist, durch tiefgehendes Nachdenken eine klare Einsicht in das Prinzip dieser Ziele erhält. Aber diese Stufe lässt sich wieder unterteilen. Denn es gibt jemanden, der nur ein Ende von dem Ganzen erkannt hat, aber auch einen anderen, der das Ganze erkannt hat. Ihre Erkenntnisse unterscheiden sich wiederum hinsichtlich ihrer Tiefe, es gibt also flache Erkenntnis und tiefe Erkenntnis. Dennoch, da sie zumindest nicht mit denjenigen,

---

[226] Ebd. 27:8a–b.
[227] Ebd. 22:23a–b.
[228] Ebd. 22:21a.

die (die Schriften) nur mit dem Mund gelesen und mit den Augen gesehen haben, gleichzusetzen sind, und mit Herzen (das Prinzip) erkannt haben, bilden sie als Ganzes eine Stufe. Hat jemand, indem er sich mit der klaren Erkenntnis vom Prinzip für ihre Umsetzung in die Praxis unermüdlich bemüht hat, sein Wissen vollständig gemacht und damit zum höchsten unendlichen Punkt gebracht, und das Prinzip nicht nur mit den Augen gesehen, dann werden wir erst sagen können, dieser verfüge über das wahre Wissen.[229]

Damit ist auch die Erleuchtung erreicht, und er ist zum *shengren* geworden.

Das letztendliche Ziel der konfuzianischen Lehre liegt in der Schaffung einer Gesellschaft, deren Mitglieder dem wahren Wissen folgen und entsprechend leben. Dieses Ideal, im Konfuzianismus *datong*-Gesellschaft genannt, entspricht der Idee eines Idealstaates im Sinne Platons.[230] Aber anders als Platon gehen die Konfuzianer den klassischen Schriften folgend grundsätzlich davon aus, dass es diese ideale Gesellschaft wirklich gibt. In der Zeit, als die legendären Kaiser des chinesischen Altertums, die als *shengren* bezeichnet wurden, ihr Land beherrschten, soll diese ideale Gesellschaft existiert haben. So sehen die Konfuzianer ihre Aufgabe vor allem darin, sich unermüdlich um die Verwirklichung einer *datong*-Gesellschaft zu bemühen. Dies ist der Grund, warum der Konfuzianismus auf den ersten Blick als vergangenheitsorientiert erscheint. Tatsächlich geht es im konfuzianischen Denken aber nicht um die Wiederherstellung der alten Gesellschaft als solcher, sondern um die Veränderung der jeweiligen gegenwärtigen Gesellschaft gemäß dem Ideal der konfuzianischen Lehre. Dies ist der Grund dafür, warum die Konfuzianer sich stets mit der praktischen Politik auseinandersetzen – so wie es Yulgok sein Leben lang getan hat.

Fazit

Die Idee der Erleuchtung im konfuzianischen Denken Koreas stützt sich, wie hier anhand der Schriften Yulgoks dargestellt wurde, auf das beständige und hartnäckige Studieren und die praktische Umsetzung des erworbenen Wissens, gemäß dem ein Prinzip alle Dinge der Welt wie ein Grundgesetz durchzieht.

---

[229] Ebd. 10:34a–b.
[230] Roetz 1992, S. 309.

Im Gegensatz zu anderen religiösen und philosophischen Traditionen, wie dem Buddhismus oder dem Taoismus, beschäftigt man sich im Konfuzianismus maßgeblich mit der praktischen, sozialen Anwendung des individuell erworbenen Wissens. Gerade darin liegt die Besonderheit des konfuzianischen Denkens. So sieht auch Yulgok die höchste Weisheit nicht allein darin, die Welt zu verstehen, sondern vornehmlich darin, diese tatsächlich dem konfuzianischen Ideal entsprechend zu verändern. Dies ist der Kern der Lehre der „Illumination der illuminierten Werte".

Die konfuzianische Philosophie richtet den Fokus auf das Potential zur Verwirklichung einer idealen Gesellschaft. Yulgok und die koreanischen Gelehrten waren wohl davon überzeugt, dass das höchste Ziel vollkommenen Wissens und Handelns sowohl auf der gesellschaftlichen als auch auf der individuellen Ebene tatsächlich erreichbar ist. Dabei hielten sie sich strikt an den Rat von Konfuzius, der zugleich ihre Stärke ausmachte, die unvermeidlichen Schwierigkeiten in ihrem Erkenntnisprozess und die ebenso unvermeidlichen Fehler und Irrtümer als Anreiz zu noch größeren Anstrengungen zu betrachten:

> „Ein Gelehrter kommt ohne große Standhaftigkeit nicht aus. Denn seine Pflicht ist schwer, und sein Weg ist weit. Wie schwer ist es doch, sich die Menschlichkeit zur Pflicht zu machen! Und wie weit ist der Weg, der erst mit dem Tod endet!"[231]

---

[231] *Lunyu* 8.7, nach Roetz 2006, S. 10.

Zwischen Himmel und Universum.
Selektion von westlichem Wissen
im Korea des 18. Jahrhunderts

Im 17. und 18. Jahrhundert nahm in Korea die geistige Begegnung mit dem Westen ihren Anfang, aus China gelangten die von den dortigen Jesuitenmissionaren verfassten Bücher über Wissenschaft und Religion des Westens ins Land. Im Mittelpunkt dieses Kapitels steht ein Prozess der Wissensselektion, der im Rahmen dieses Transfers im Korea des 17. und 18. Jahrhunderts stattfand.[232] Die Hauptakteure dieses Prozesses waren konfuzianische Gelehrte oder Literaten. Sie konnten die von Jesuiten in Chinesisch verfassten Bücher lesen, welche in Korea meist durch Abschriften verbreitet wurden.[233] Dadurch wurde ein Prozess der mehrstufigen Selektion des importierten Wissens ausgelöst, der schließlich in einer intentionalen Negation sowie partiellen Rezeption des westlichen Wissens durch die konfuzianischen Gelehrten mündete. In diesem Kapitel soll dieser Prozess anhand des Beispiels des Gelehrten Yi Ik (1681–1763) aufgezeigt werden. Yi Ik wurde als Sohn eines Gelehrten geboren, der 1682 im Zuge der politischen Machtkämpfe am koreanischen Hof in die Verbannung geschickt worden war und dort starb. 1705 verlor Yi Ik, ebenfalls aufgrund dieser Machtkämpfe in der Regierung, seinen Bruder, der ihm Schreiben und Lesen beigebracht hatte. Er gab danach jedwede politische Ambition auf und nahm nicht mehr an den Staatsprüfungen teil, was einer Ablehnung von offiziellen Ämtern und der damit verbundenen Macht gleichkam. Stattdessen verbrachte er sein Leben als privater Gelehrter in seinem Heimatdorf, nicht allzu weit entfernt von der Hauptstadt. Dennoch wurde er durch seine hohe Gelehrsamkeit landesweit bekannt, so dass die Regierung ihn immer wieder darum bat, wichtige Ämter zu übernehmen. Er ging

---

[232] Die Bezeichnung „Wissen aus dem Westen" oder auch „westliches Wissen" wird im ostasiatischen Kontext oftmals für das durch jesuitische Missionare ins chinesische übersetzte Wissen verwendet. Die Verbindung von naturwissenschaftlichen Konzepten mit christlicher Lehre wurde dem asiatischen Publikum als eine kohärente westliche Lehre (kor. *sŏhak*/chin. *xixue*) präsentiert. Siehe Kurtz 2012, S. 209–210.

[233] Cho Kwang 2006, S. 210–212.

jedoch auf keines dieser Angebote ein und blieb sein Leben lang ein privater Gelehrter.[234]

Yi Ik gehörte zu den ersten bedeutenden und einflussreichen konfuzianischen Gelehrten in Korea, die sich mit den Büchern über das Wissen aus dem Westen auseinandersetzten und diese offen diskutierten. In seiner Beschäftigung mit westlichem Wissen, insbesondere mit Theorien über den Himmel bzw. das Universum, lassen sich Kritik und Zustimmung gleichermaßen feststellen. Seine gleichzeitige Rezeption und partielle Zurückweisung des Wissens aus dem Westen haben in Korea religionsgeschichtlich und wissenschaftsgeschichtlich deutliche Spuren hinterlassen. Yi Ik gilt zum einen als der Gründer einer neuen Schule von Gelehrten, die sich nicht nur mit der konfuzianischen Ethik und Philosophie, sondern auch mit praktischen Techniken zur Verbesserung des alltäglichen Lebens beschäftigten. Zugleich wird er auch als der entscheidende Wegbereiter für die bemerkenswerte Entstehung der ersten katholischen Gemeinde Koreas betrachtet, welche sich ohne direkte Missionsarbeit aus dem Westen, lediglich durch das Studium der Schriften von Matteo Ricci (1552–1610) und anderer in China tätiger Jesuitenmissionare, formierte. Der Initiator dieser Gemeinde Kwŏn Ch'ŏl-sin (1736–1801) war ein Schüler Yi Iks.[235]

Yi Ik selbst lehnte allerdings gerade die theologischen Elemente in „der westlichen Lehre" (*sŏhak*) explizit ab. Zugleich erkannte er jedoch „die westliche Lehre" als eine Lehre wie die konfuzianische an. Er setzte sich mit dem fremden Wissen auseinander, um im Rahmen der konfuzianischen Lehre den Horizont seines eigenen Wissens zu erweitern. Eine solche geistige Offenheit war für einen konfuzianischen Gelehrten seiner Zeit nicht selbstverständlich. Die Beschäftigung mit den Büchern über das Wissen aus dem Westen war zwar offiziell nicht verboten,[236] aber das Augenmerk der Gelehrten lag in erster Linie auf der „richtigen" Auslegung der konfuzianischen Klassiker im Sinne der neokonfuzianischen Lehre des chinesischen Gelehrten Zhu Xi.

---

[234] Zum Leben von Yi Ik siehe Baker 2017, S. 41–43.
[235] Zu Yi Iks Werk und Vermächtnis siehe Choi Jeong-Yeon 2017, S. 535–567; Lim Boo Yeon 2014, S. 247–282; Baker 2007; und Choi 2016, S. 111–133.
[236] Das Verbot des Christentums am Ende des 18. Jahrhunderts war eine Reaktion auf die Weigerung der zum Christentum konvertierten Gelehrten, den Ahnenkult zu pflegen. Siehe dazu Lee 2003.

Ideengeschichtlich betrachtet, zeichnete sich diese Zeit, im speziellen in Korea, durch fundamentalistische Interpretationen der konfuzianischen Lehre aus. Die dominierende Mehrheit der Gelehrten der mächtigen konfuzianischen Akademien in den zentralen und südwestlichen Regionen des Landes duldete es nicht, dass die Autorität von Zhu Xi als Gründer der neokonfuzianischen Schule (kor. *Sŏngnihak*/chin. *Xinglixue*) in Frage gestellt wurde. Sie lehnten deshalb die Beschäftigung mit der „westlichen Lehre" grundsätzlich ab. Yi Ik war allerdings mit den konfuzianischen Akademien der südöstlichen Region eng verbunden, in deren Zentrum die Lehre und die Verehrung des Gelehrten Yi Hwang stand, der zu den bedeutendsten Philosophen Koreas gehört. Die Gelehrten dieser Gruppe folgten zwar auch der neokonfuzianischen Lehre, vertraten aber die Ansicht, dass die Texte von Zhu Xi frei interpretierbar und selbst Zhu Xi selbst in seinem Œuvre Fehler unterlaufen seien, die es zu korrigieren gelte.[237] Auf dieser relativ liberalen Auslegung der neokonfuzianischen Lehre beruhte auch Yi Iks Einstellung zum Jesuitenmissionar Matteo Ricci. Er schrieb, dieser sei ein „Gelehrter aus dem Westen", und seine Gelehrtheit sei so hoch, dass er wie die legendären Kulturheroen der Alten Zeit als ein „Weiser" bezeichnet werden könne.[238]

Im Fokus dieses Kapitels steht daher Yi Iks selektiver Umgang mit der „westlichen Lehre", der als Prozess der intentionalen Negation betrachtet und in seinen Ursachen sowie Auswirkungen auf den Transfer von Wissen untersucht wird. Wo ist bei den Gelehrten in Korea und im speziellen bei Yi Ik die Grenze zwischen Negation und Rezeption in der Beschäftigung mit dem Wissen aus dem Westen bzw. mit der westlichen Lehre? Welche Faktoren waren dabei ausschlaggebend? Wie haben diese Faktoren letztendlich auf Rezeption und Ablehnung von Wissen gewirkt?

Um den selektiven Umgang mit der „westlichen Lehre" von Yi Ik analysieren zu können, muss zunächst der Transfer dieser Lehre nach Korea kontextualisiert werden, der in unmittelbarem Zusammenhang mit der besonderen Missionsmethode der Jesuiten in China steht.

---

[237] Yi Ik verehrte Yi Hwang, der wesentlich zur Verbreitung der konfuzianischen Akademien in der südöstlichen Region beigetragen hat. In den Briefen von Yi Ik ist oft zu lesen, wie sehr er sich um die korrekte Ausgabe der Gesammelten Werke von Yi Hwang bemühte.
[238] *Sŏngho chŏnjip* 26:18b–23b.

Historische Kontextualisierung

Im Kontext des Wissenstransfers zwischen Ostasien und Europa spielten die Jesuitenmissionare in China im 17. und 18. Jahrhundert die entscheidende Rolle. Durch ihre Vermittlung, vor allem durch ihre Schriften, konnte man in Europa einiges über die konfuzianische Lehre und die Kultur Chinas, und in Ostasien manches über die katholische Lehre sowie über Naturwissenschaften und Technik des Westens erfahren.

Allerdings war die Rolle der Jesuitenmissionare in Korea, ebenso wie in Europa, nur auf die Vermittlung als Übersetzer bzw. Verfasser von Büchern beschränkt. Die Akzeptanz oder Ablehnung des von ihnen vermittelten Wissens geschah unabhängig von ihnen. Es waren vor allem die Gelehrten Koreas, ebenso wie in der anderen Richtung die Gelehrten Europas, die den Prozess des Wissenstransfers aktiv gestalteten.

Die Begegnung mit dem von Jesuitenmissionaren vermittelten „Wissen aus dem Westen", d.h. der christlichen Lehre, Philosophie und Naturwissenschaften, hat zweifellos deutliche Spuren in der Ideengeschichte Koreas hinterlassen. Das bedeutet aber keineswegs, dass das traditionelle Wissenssystem durch das vermeintlich überlegene Wissenssystem aus dem Westen ersetzt worden wäre. Vielmehr beschäftigten sich die Gelehrten Koreas im Rahmen der eigenen Wissenstradition mit dem neuen Wissen, soweit es ihnen mittels der von Jesuiten in chinesischer Sprache verfassten Bücher bekannt wurde. Auf der Grundlage der eigenen Wissenstradition beurteilten sie das neue Wissen und nahmen es positiv auf bzw. lehnten es ab.

Vor allem Matteo Riccis duale Strategie für die Chinamission der Jesuiten, mit welcher er einerseits die Konvergenz des ethischen Denkens in Europa mit demjenigen Chinas betonte und andererseits das metaphysische Denksystem des Neokonfuzianismus ablehnte, löste in Korea ebenso wie in Europa kontroverse Debatten aus. Während in Europa theologische Interpretationen der konfuzianischen Lehre und ihrer Rituale im Mittelpunkt der Debatte standen,[239] ging es in Korea vor allem um eine Positionierung gegenüber dem Angriff Matteo Riccis auf die neokonfuzianische Lehre. Da hier zwei unterschiedliche, eigenständige Denksysteme einander gegenüberstanden, gab es

---

[239] Zum Beispiel während des Ritenstreits im 17. Jahrhundert über die Ausrichtung der Mission in China. Siehe von Collani 1989.

kein objektives, allgemeines Kriterium, um die Überlegenheit eines Denksystems festzustellen.[240] Für solche Entscheidungen spielten letztlich die politischen Machtkonstellationen die entscheidende Rolle. Es waren zuerst die Mitglieder der Gesandtschaften Koreas, die zu Beginn des 17. Jahrhunderts mit den Jesuiten in Peking in Kontakt kamen. Sie brachten Bücher, wie z.B. das *Tianzhu shiyi* (Über die wahre Bedeutung Gottes) und das *Jiaoyou lun* (Über die Freundschaft)[241] von Matteo Ricci, ebenso wie seine Weltkarte und technische Geräte, darunter auch eine Uhr und ein Fernrohr, mit nach Korea. Sie hatten diese Gegenstände entweder persönlich erworben, oder sie waren ihnen von den Jesuitenmissionaren geschenkt worden.[242] Die Bücher Matteo Riccis schienen die Neugier einiger Gelehrter geweckt zu haben. So erwähnten zwei Gelehrte, Yi Su-gwang (1563–1628) und Yu Mongin (1559–1623), in ihren Schriften[243] die beiden Werke Riccis; allerdings gingen ihre Betrachtungen nicht über das Niveau einer Rezension der Bücher hinaus und blieben zunächst ohne weitere Wirkung.

Im Zuge des Machtwechsels von der Ming- zur Qing-Dynastie (1644) in China entwickelte der koreanische Kronprinz Sohyŏn (1612–1645), der nach der Niederlage Koreas gegen die neuen Machthaber Chinas als Geisel nach Peking verschleppt wurde, dort offenbar enge Freundschaften mit den Jesuitenmissionaren.[244] Vor seiner Rückkehr nach Korea soll ihm der deutsche Missionar Adam Schall von Bell neben den auf Chinesisch verfassten Büchern über das westliche Wissen auch ein Marienbild geschenkt haben, das der Kronprinz diesem aber zurückgeben wollte.[245] Da der Kronprinz kurz nach seiner Rückkehr starb, seine Bücher zusammen mit anderen persönlichen Utensilien ihm als Beigaben mit ins Grab gegeben und die von ihm

---

[240] Kim Sun-Hye 2018, S. 289.
[241] Riccis Werke wurden von ihm selbst auf Chinesisch verfasst. Für weitere Details zu Matteo Riccis Werken siehe Hsia 2016.
[242] Ein offizieller Report im *Kukcho pogam* (Schatzspiegel der Dynastie) beschreibt ein Treffen des koreanischen Gesandten in Peking Chŏng Tuwŏn (1581–?) im Jahr 1631 mit Yuk Yakhan (João Rodrigues, 1561–1633), der ihm unter anderem zahlreiche westliche Arbeiten zu Astronomie, Kalenderkunde, Geographie sowie auch eine Waffe schenkte.
[243] Siehe die Manjongjaebon-Version (1941) von Yu Mongins Anekdotensammlung *Ŏu yadam* (Wilde Erzählungen des Herrn Ŏu), veröffentlich als *Ŏu yadam* I–III, Seoul 2001–2003. Siehe Yi Sugwang, *Chibong Yusŏl* (Geordnete Gespräche Chibongs), Bd. 2, Oeguk (Fremde Länder).
[244] de Medina 1986.
[245] Schall von Bell, von Mannsegg 1834, S. 223.

mitgebrachten chinesischen Hofbediensteten nach China zurückgeschickt wurden,[246] konnte ihre Freundschaft in der Ideengeschichte Koreas indes keine Spuren hinterlassen. Auch die Hoffnung des Jesuitenpaters auf Missionsarbeit in Korea durch getaufte Eunuchen erfüllte sich nicht.[247] Es sollte mehr als ein Jahrhundert dauern, bis schließlich die erste christliche Gemeinde in Korea überhaupt gegründet wurde – dies geschah, wie bereits erwähnt, ohne jede direkte Mitwirkung westlicher Missionare.

Zu dieser Zeit sah sich die koreanische Regierung gezwungen, sich mit der Methode der Kalenderberechnung von Adam Schall von Bell zu beschäftigen, um den seit 1281 in Korea mehrfach revidierten Kalender (*susiryŏk*)[248] zu erneuern. Denn die neuen Machthaber in China, die mandschurische Qing-Dynastie, hatten 1645 einen von Adam Schall von Bell entwickelten Kalender offiziell eingeführt. Korea, d.h. die Chosŏn-Dynastie, die nach der Niederlage von 1636 gegen die Mandschus eine Tributbeziehung mit den Qing eingehen musste, durfte nun den Kalender der besiegten Ming-Dynastie nicht weiterverwenden. Auch wenn die Kalender in Korea seit 1281 mehrfach modifiziert worden waren und folglich nur noch der Name geblieben war, hätte ein Festhalten an ihnen von den Qing-Kaisern als Widerstand gegen ihre neue Vorherrschaft interpretiert werden können.[249] Die Regierung Koreas beauftragte daher das astronomische Amt am Königshof, sich intensiv mit dem Kalender von Adam Schall von Bell zu beschäftigen, und schickte Mitarbeiter des astronomischen Amtes als Teil der offiziellen Gesandtschaften nach Peking, um dort das astronomische Wissen der Jesuiten zu erlernen.[250] Dies war keine einfach zu bewältigende Aufgabe, da es die chinesische Regierung den Koreanern nicht erlaubte, sich frei mit den Jesuiten zu treffen, um die Methode der Berechnung der Kalender zu lernen oder die dafür notwendigen Bücher ohne Umstände zu erwerben. Ungeachtet dessen soll die Gesandtschaft bei ihrer Rückkehr 1646 heimlich ein Exemplar des neuen Kalenders mitgebracht

---

[246] *Chosŏn sillok*, Injo sillok 46 (Injo 23. Jahr, 4. Monat, 26. Tag – 6. Monat (Schaltmonat), 18. Tag).
[247] Schall von Bell 1834, S. 224.
[248] Adam Schall von Bell stellt in seinen Briefen die Stärke und Schwäche dieser Kalender ausführlich dar. Ebd., S. 39–41.
[249] Jun Yong Hoon 2004, S. 14–15.
[250] *Chosŏn sillok*, Injo sillok 46 (Injo 23. Jahr, 12. Monat, 18. Tag); *Chosŏn sillok*, Hyojong sillok 9 (Hyojong 3. Jahr, 9. Monat, 4. Tag).

haben.²⁵¹ Schließlich schickte die chinesische Regierung 1648 offiziell ein Exemplar des neuen Kalenders nach Korea. Im Jahr 1649 soll Adam Schall von Bell persönlich einem Mitglied der koreanischen Gesandtschaft mathematische Bücher und eine Sternenbildkarte geschenkt haben.²⁵² In den Annalen der Chosŏn-Dynastie Koreas ist zu lesen, dieser Mitarbeiter des astronomischen Amtes habe allerdings aufgrund von Kommunikationsschwierigkeiten mit Adam Schall von Bell nur die Berechnungsmethode der Bewegung der Sonne verstanden.²⁵³ Nach einem Eintrag aus dem Jahr 1652 berichteten die Mitarbeiter des astronomischen Amtes dem König, dass die Berechnung der Mondfinsternis nach dem neuen Kalender genauer wäre als die nach dem alten.²⁵⁴ 1654 sollte dann der Kalender von Adam Schall von Bell (*sihŏnryŏk*) als neuer offizieller Kalender auch in Korea eingeführt werden.²⁵⁵ Es sollte aber noch mehr als 60 Jahre dauern, bis sich das neue Berechnungssystem durchgesetzt hatte. Um 1660 wurde der alte Kalender zunächst wiedereingeführt, dann erneut aufgegeben und der neue Kalender endgültig zum offiziellen Kalender erklärt.²⁵⁶ In dieser Zeit versuchten die Mitarbeiter des koreanischen astronomischen Amtes, das vollständige Berechnungssystem von Adam Schall von Bell für Korea anzuwenden. Dafür wäre es allerdings notwendig gewesen, die astronomischen Theorien von Claudius Ptolemäus (120–170 n. Chr.), Nicolaus Copernicus (1473–1543), Tycho Brahe (1546–1601) und weiterer westlicher Gelehrter, die den Berechnungen des Kalenders zugrunde lagen, zu verstehen. Für diejenigen, die lediglich die traditionelle, mathematische Methode der Kalenderberechnung beherrschten, war das keine leichte Aufgabe.²⁵⁷ Erst für das Jahr 1706 wird berichtet, dass ein Mitarbeiter des astronomischen Amtes in Korea, Hŏ Wŏn (1672–1729), durch den brieflichen Austausch mit einem Mitarbeiter des

---

[251] *Chosŏn sillok*, Injo sillok 47 (Injo 24. Jahr, 6. Monat, 3. Tag).
[252] *Chosŏn sillok*, Injo sillok 50 (Injo 27. Jahr, 2. Monat, 5. Tag).
[253] *Chosŏn sillok*, Hyojong sillok 4 (Hyojong 1. Jahr, 7. Monat, 19. Tag).
[254] *Chosŏn sillok*, Hyojong sillok 9 (Hyojong 3. Jahr, 9. Monat, 4. Tag).
[255] *Chosŏn sillok*, Hyojong sillok 10 (Hyojong 4. Jahr, 1. Monat, 6. Tag).
[256] *Chosŏn sillok*, Hyojong sillok 16 (Hyojong 7. Jahr, 1. Monat, 10. Tag); *Chosŏn sillok*, Sukchong sillok 44 (Sukchong 32/10/27#1).
[257] Jun Yong Hoon 2004, S. 20.

astronomischen Amtes in China, He Junxi (1643–1714), die neue Methode der kalendarischen Berechnung gemeistert habe.[258] Das bedeutete jedoch nicht, dass Hŏ Wŏn die astronomischen Theorien aus dem Westen verstanden hätte. Es ging ihm lediglich um die Beherrschung und Anwendung der Berechnungstechnik des Kalenders.[259] Die Beschäftigung mit der astronomischen Theorie oder Himmelslehre gehörte nicht zu seinen Aufgaben als Mitarbeiter des astronomischen Amtes, das in Korea als eine Art technischer Dienst eingestuft wurde. Die Kalenderberechnung galt als „Technik", ebenso wie Mathematik, Medizin und das Dolmetschen. Technische Dienste wurden hauptsächlich durch Angehörige der gemeinen Volksschicht (*chungin*) ausgeübt. Die Beschäftigung mit „Wissen" bzw. „Wissenschaft" war allein den „edlen Gelehrten" der Oberschicht (*yangban*) vorbehalten. Diese verachteten nicht selten Mitarbeiter des astronomischen Amtes als „dumme Techniker", die selbst die zur Kalenderberechnung grundlegende Himmelslehre und die mathematischen Prinzipien nicht verstünden.[260]

Unter den Gelehrten schien die Zahl derjenigen, die Bücher über das Wissen des Westens gelesen hatten bzw. besaßen, im Laufe des 18. Jahrhunderts merklich gestiegen zu sein, denn An Chŏng-bok (1712–1791), ein Schüler von Yi Ik, schrieb, es gebe keine Gelehrten, die diese Bücher nicht gelesen hätten, und dass diese Texte ebenso wie Schriften zu Buddhismus, Taoismus und von diversen anderen Denkern zu den Sammlungen der Bibliotheken gehörten.[261] Chŏng Yag-yong (1762–1836), der zu den indirekten Schülern von Yi Ik gehört, meinte, in seiner Jugend sei es ein weit verbreitetes Phänomen gewesen, Bücher über das Wissen aus dem Westen zu lesen.

Ein entscheidender Grund für diese Entwicklung lag wohl darin, dass die chinesische Regierung es den Mitgliedern der koreanischen Gesandtschaften 1699 erlaubte, neben Geschichtsbüchern auch andere Bücher zu kaufen. 1712, nachdem die Grenzfrage zwischen China und Korea mittels der Aufstellung von Grenzsteinen am Berg Paekdu beigelegt worden war,[262] durften sie sich

---

[258] *Chosŏn sillok*, Sukchong sillok 44 (Sukchong 32. Jahr, 10. Monat, 27. Tag).
[259] Jun Yong Hoon 2004, S. 25–27.
[260] Ebd., S. 26.
[261] *Sunam chip* 17:1a–8a.
[262] Noh Dae Hwan 2005, S. 41–46.

in Peking frei bewegen und auch die Gemeinde der Jesuiten besuchen. Um 1720 stieg die Zahl der koreanischen Besucher bei den Jesuiten in Peking rasch an.[263] Die katholischen Kirchengebäude wurden eine Art Touristenattraktion für die koreanischen Gesandtschaften.[264] Die Jesuiten, die ihrerseits die Hoffnung auf Missionsarbeit in Korea nicht aufgegeben hatten, beschenkten ihre koreanischen Besucher mit Büchern, Bildern, Uhren, Fernrohren und Geräten für astronomische Messungen.[265]

Zu dieser Zeit begann auch Yi Ik, sich mit den Büchern über die „westliche Lehre" zu beschäftigen. Seine Familie besaß bereits seit 1678 Bücher über westliches Wissen, die sein Vater von einer Gesandtschaftsreise in China mitgebracht hatte.[266] In seinen gesammelten Werken werden über 20 Titel von Büchern über das Wissen aus dem Westen erwähnt.[267] Er hatte sich zumindest mit einigen dieser Bücher intensiv auseinandergesetzt und einige andere rezensiert.[268] Einem Schreiben seines Schülers Sin Hu-dam (1702–1762) ist zu entnehmen, wie er 1724 über das Wirken von Matteo Ricci seine eigene Auffassung der christlichen Lehre erklärte.[269] In seinen Briefen schrieb Yi Ik seit 1740 vermehrt über die Astronomie und Himmelslehre aus dem Westen.

Selektiver Umgang mit den Theorien vom Himmel bzw. Universum der „westlichen Lehre"

Yi Ik betrachtete das Wissen aus dem Westen als Einheit, eben als *die* „westliche Lehre", und mit dieser Auffassung stand er keineswegs allein. Es war vielmehr die allgemeine Wahrnehmung der Gelehrten Koreas im 18. Jahrhundert. Darin unterschieden sie sich wiederum nicht von denjenigen Gelehrten Chinas am Ende der Ming-Dynastie, die ebenso alles, was die

---

[263] Kang Jae-eun 1990, S. 90–91; de Medina 1986.
[264] So klagte der koreanische Gelehrte Hong Tae-yong (1731–1783) beispielsweise über das schlechte Benehmen seiner koreanischen Landsleute bei den Jesuiten. Siehe Ledyard 1982, S. 63–103.
[265] Lim Jongtae 2012, S. 388.
[266] Jun Yong Hoon 2004, S. 69.
[267] Ebd., S. 66.
[268] Dazu gehörten z.B. *Zhifang waiji* (Aufzeichnungen aus fernen Ländern) von Giulio Aleni S.J. (1582–1649), *Tianwenlüe* (Epitome der Fragen über den Himmel) von Emmanuel Diaz S.J. (1574–1659) und viele andere, siehe Nakamura, Orchiston 2017, S. 154.
[269] Sin Hu-dam 2006, 7:17–108.

Jesuitenmissionare in China vermittelt hatten, d.h. Ethik, Philosophie, Naturwissenschaft, Astronomie, christliche Theologie, als Teil eines einheitlichen Ganzen, eben als die „westliche Lehre" behandelten.[270] Die Missionare hatten ihrerseits das Wissen aus dem Westen nur in dem Maße in China bekannt gemacht, wie es ihrer Mission diente. Dies musste nicht unbedingt den neuesten Stand der wissenschaftlichen Entwicklung in Europa im 17. und 18. Jahrhundert widerspiegeln. Yi Ik seinerseits übernahm aus dieser „westlichen Lehre" einzelne Teile, von denen er überzeugt war, dass sie für seine Erklärungen von Himmel, Erde und Universum nützlich waren; er kritisierte zugleich aber auch andere Teile, oder lehnte diese als falsches Wissen oder Nichtwissen ab.

Yi Ik war, im Gegensatz zur Mehrheit der konfuzianischen Gelehrten seiner Zeit, bereit, selbst vom fremden Wissen zu lernen (*hak*), um damit das höchste Prinzip der Welt (*dao*) zu begreifen bzw. zu realisieren. Er zögerte daher auch nicht, einen fremden Gelehrten wie den Jesuitenmissionar Matteo Ricci als Gelehrten und vollkommenen Menschen, einen „Weisen" im konfuzianischen Sinne (*shengren*, englisch: sage) zu bezeichnen.[271] Er schrieb: „Ich weiß zwar nicht, ob sein *Dao* unserer konfuzianischen Lehre in jedem Falle entspricht. Aber man kann es doch als weise bezeichnen, wenn jemand in seiner Lehre das höchste Niveau erreicht hat."[272] Es ging Yi Ik in erster Linie um eine Verbesserung des vorhandenen Wissens, wodurch letztlich ein gutes Leben der Menschen ermöglicht werden sollte. Er war der Ansicht, selbst ein Weiser sei nicht frei von Schwächen und Fehlern, und dass seine Lehre, wenn diese durch nachkommende Generationen weiter studiert werde, sich damit auch verbessern würde, ganz ebenso wie ja auch die Technik und Mathematik der späteren Generation raffinierter und exakter wurden.[273] Solche Aussagen zeigen Yi Iks grundsätzlich kritische Einstellung gegenüber der traditionellen Autorität überhaupt und seine geistige Offenheit.

Der grundlegende Rahmen der Auseinandersetzung mit der westlichen Lehre blieb jedoch auch für Yi Ik die neokonfuzianische Lehre. Er nahm

---

[270] Gernet 1985, S. 57–58.
[271] Sin Hu-dam 2006, „*Sŏhakpyŏn* (Kritik der Westlichen Lehre)."
[272] *Sŏngho chŏnjip* 25:21.
[273] *Sŏngho sasŏl* 2:43a–b.

einzelne Elemente der westlichen Lehre in sein konfuzianisches Gedankengebäude soweit auf, wie sie aus seiner Sicht mangelhafte Seiten der konfuzianischen Lehre ergänzten. Was allerdings wesentlichen Aspekten der konfuzianischen Lehre widersprach, wurde abgelehnt. Dies galt insbesondere für die christliche Lehre von der Unsterblichkeit der Seele und von Himmel und Hölle. Die Existenz eines Gottes stellte er hingegen nicht in Frage, obwohl Matteo Riccis christlich-jüdischer Gott mit dem traditionellen konfuzianischen Gottesbild kaum etwas gemein haben konnte. Dies war nicht zuletzt der Missionierungsstrategie Riccis geschuldet. Er bezeichnete missionsstrategisch den von ihm verkündeten Gott mit den den konfuzianischen Klassikern entnommenen Begriffen als „Herrscher von Oben" (*shangdi*), „Himmel" (*tian*) und „der Herr des Himmels" (*tianzhu*). Die Gleichstellung von „Oberster Di" und „Herr des Himmels" führte dazu, dass seine Leser in Ostasien den christlich-jüdischen Gott nicht als Schöpfer der Welt, sondern als die ursprüngliche Kraft verstanden, die sich um die Ordnung der Welt und des Kosmos sorgt.

Matteo Riccis Missionsstrategie beruhte darüber hinaus auf drei Punkten: 1. Herstellung der Konvergenz zwischen dem Christentum und dem Konfuzianismus in seiner ursprünglichen Form, wie sie von Konfuzius und Menzius gelehrt wurde; 2. Bekämpfung des Buddhismus als minderwertigen Götzendienst; 3. Kritik an der neokonfuzianischen Lehre Zhu Xis. Da der Buddhismus zu Beginn des 17. Jahrhunderts in China auch von den herrschenden konfuzianischen Gelehrten bekämpft wurde, konnte er sich mit diesen verbünden. Von der neokonfuzianischen Lehre musste er sich allerdings distanzieren, weil diese genauso wie die christliche Lehre den Anspruch erhebt, das höchste Prinzip, den wahren Ursprung des Lebens, der Welt und des Universums zu kennen. Er degradierte die Idee des ursprünglichen, höchsten Prinzips der Welt und des Universums (*taiji* bzw. *li*) in der neokonfuzianischen Lehre zur bloßen abstrakten Erklärung der Eigenschaften von Materie, also zu einer rein physikalischen, nicht zu einer metaphysischen Wissenschaft. So konnte er schließlich behaupten, Chinesen hätten zwar dank Konfuzius und Menzius, und ohne die Offenbarung Gottes zu kennen, ihre Morallehre auf ein hohes Niveau führen können; um aber das wahre Prinzip der Welt zu verstehen, bräuchten sie die christliche Lehre. Mit derartigen Ausführungen löste Ricci während der frühen Aufklärung in Europa bei Philosophen wie Leibniz und Wolff große Begeisterung für China und den Konfuzianismus aus.[274]

Yi Ik lehnte jedoch außer dem Gottesbegriff in der christlichen Lehre, wie sie von Ricci dargestellt wurde, auch deren andere wesentliche Elemente als irrational ab. In seiner Rezension zu Riccis Werk „Über die wahre Lehre Gottes", welches unter seinen Schülern eine heftige Debatte über die „westliche Lehre", vor allem über die christliche Religion, ausgelöst hatte,[275] schrieb er:

> Die westliche Lehre verehrt nur den Herrn des Himmels, dieser ist gleich dem Herrn des Himmels in der konfuzianischen Lehre, eben *shangdi*. Aber die Art und Weise, wie sie den Herrn des Himmels verehrt, huldigt, befürchtet und glaubt, ähnelt der Art und Weise, wie die Buddhisten den Shakyamuni behandeln. Ihr Instrument für die Förderung von gutem Verhalten und die Bestrafung von bösem Verhalten ist die Behauptung von der angeblichen Existenz des Himmelshauses und der Hölle.[276]

Zwar schätzte Yi Ik die Leistung von Matteo Ricci als großem Gelehrten der Astronomie und Mathematik sehr hoch und meinte, eine solche Raffinesse des Wissens hätte es in China noch nie gegeben, aber er kritisierte zugleich vehement, dass Ricci nicht erkannt habe, dass die von ihm verkündete Lehre letztendlich genauso wie der von ihm attackierte Buddhismus in Absurdität und Leere münde. Er hielt wesentliche Elemente der christlichen Lehre, wie den Glauben an die Unsterblichkeit der Seele und die Existenz von Himmel und Hölle, für ein betrügerisches Werk des „Teufels". Hierfür gab Yi Ik in seiner Rezension eine bemerkenswerte Erklärung:

> Der Anfang [der christlichen Lehre] unterscheidet sich nicht von der Erzählung in den kanonischen Werken ‚Buch der Lieder' (*Shijing*) und ‚Buch der Urkunden' (*Shujing*) [beides konfuzianische Klassiker], aber aus Sorge, dass die Menschen dieser Lehre nicht folgen, versuchte man sie mittels der Lehre von Himmelshaus und Hölle zu retten. Dies setzt sich bis heute

---

[274] Lee 2003.
[275] *Sunam chip*, „Sunam sŏnsaeng yŏnbo (Chronologischer Lebenslauf von Meister Sunam)", 77. (1788).
[276] *Sŏngho chŏnjip* 55:27b.

fort. Die diversen wunderbaren und heiligen Spuren, welche seither auftauchen, sind nichts anderes als betrügerische Werke des Teufels, von dem in dieser Lehre die Rede ist.[277] Yi Ik stellte hier die von Ricci verkündete „Lehre des Herrn des Himmels" (*Ch'ŏnjugyŏng*) und die konfuzianische Lehre vergleichend nebeneinander. Der Startpunkt beider Lehren war ein legendäres Altertum, von der auch im konfuzianischen Kanon die Rede ist. Es war die Zeit der wunderbaren Spuren des Gottes, mit deren Deutung normative Regeln durchgesetzt wurden, denen zufolge gute Taten belohnt und böse Taten bestraft werden. „Im Laufe der Zeit waren die Sitten und Gebräuche auch im Westen rauer geworden. Man schätzte und glaubte nicht mehr daran, dass das Gute belohnt und das Böse bestraft würden."[278] In der „Lehre des Herrn des Himmels" (*Ch'ŏnjugyŏng*) wurde die These von Himmel und Hölle eingeführt, um die Menschen, die nicht mehr an diese normativen Regeln glaubten, zu retten. Gerade dies, so Yi Ik, sei ein betrügerisches Werk des Teufels gewesen, dass noch heute den Westen beherrsche.

Es ist bemerkenswert, dass Yi Ik sich an dieser Stelle fast schon über das Christentum lustig macht, wenn er den Teufel beschuldigt, die Idee der Hölle in die christliche Lehre eingebracht zu haben. Hingegen setze die konfuzianische Lehre auf ein ultimatives, rationales Prinzip (*li*) und die Fähigkeit der Menschen zur Selbstreflexion, um die Menschenwelt zu verbessern. Die Welt der konfuzianischen Lehre habe sich damit von der dunklen Welt des Wunderbaren und der Geister losgelöst. Schließlich behauptet Yi Ik, dass die „Lehre des Herrn des Himmels" ohne das betrügerische Werk des Teufels durchaus mit der konfuzianischen Lehre konvergiere. Nehme man dieses weg, könne sie sogar als eine Schule der konfuzianischen Lehre gelten, schreibt er.[279] Die christliche Morallehre, wie sie aus dem Buch „Der breitere Sinn der sieben Überwindungen"(*Ch'ilgŭk/Qige*)[280] zu erkennen sei, unterscheide sich nicht von der konfuzianischen Morallehre, in welcher die Menschen ihre

---

[277] *Sŏngho chŏnjip* 55:29b–30a.
[278] *Sŏngho chŏnjip* 55:29b.
[279] *Sŏngho sasŏl* 11:2a–b.
[280] Es handelt sich um ein Buch von Diego Pantoja (1571–1618), das von einem Jesuitenmissionar in China geschrieben wurde und in dem von Yi Ik gelesenen Sammelwerk *Tianxue chuhan* (Erste Sammlung der Himmlischen Lehre) enthalten war.

innere Gutheit nur kultivieren müssten und nicht von außen durch Bestrafung zu ihr gezwungen werden sollten. Hier ist die Parallelität der Argumente von Yi Ik und Leibniz, der beiden Leser der Werke Matteo Riccis in Korea und in Deutschland, nicht zu übersehen. Ebenso wie Leibniz war Yi Ik offen genug, sich auf die fremde Lehre einzulassen, und erkannte die Konvergenz und Divergenz zwischen der eigenen und der fremden Lehre. Die Grundlage der Bewertung bzw. gleichzeitigen Rezeption und Negation der fremden Lehre gründete dabei stets in der eigenen Weltanschauung.[281]

In seiner Beschäftigung mit der westlichen Lehre hatte Yi Ik zwar den Rahmen des Konfuzianismus grundsätzlich nicht verlassen, aber er erhob nicht den Anspruch, allein die absolute Wahrheit zu besitzen.[282] Dies ist auch in seiner Diskussion mit einem Schüler, Sin Hu-dam, klar zu erkennen. Darin erklärte Yi Ik, der Kern der westlichen Lehre liege in der Lehre über das Gehirn als Subjekt der Erinnerung und in der Drei-Stufen-Lehre der Seele, nach welcher die Seelen der Pflanzen und Tiere und der Menschen in vegetative, sensitive und intellektive Seelen kategorisiert wurden. Diese Ansicht entspreche zwar nicht der konfuzianischen Lehre, aber wer könne schon wissen, ob dies notwendigerweise falsch sei. Indes nahm er die Drei-Stufen-Lehre der Seele in dem Sinne in sein Denken auf, dass er das *ki* (*qi*) der Menschen und das *ki* der Tiere und der Pflanzen in diese drei Stufen kategorisierte, welche von der Kommunikationsfähigkeit mit dem „Himmel" abhängig seien.[283]

Das Konzept *ki*[284] bildet zusammen mit der Idee von *li* den Kern der neokonfuzianischen Lehre. Seit dem 16. Jahrhundert stand in Korea die Frage über die Beziehung zwischen *li* und *ki* im Zentrum der gelehrten Debatten. Mit der Vorstellung, dass sich das *ki* der Menschen vom *ki* der Tiere und Pflanzen unterscheide, stand Yi Ik unter seinen Zeitgenossen nicht allein. Auch die Vorstellung, dass nach dem Sterben das *ki* der Menschen, Tiere und Pflanzen allesamt in den Himmel aufstiegen, während die Formen, d.h.

---

[281] Lim Boo Yeon 2014, S. 252.
[282] *Sŏngho sasŏl* 14 (Idan).
[283] *Sŏngho sasŏl* 27 (Silli chaesang).
[284] Im Westen wird dieses Konzept meist als Lebenskraft bzw. -energie übersetzt. Darin kommt allerdings die tiefe, metaphysische Bedeutung dieses Konzepts nicht zum Ausdruck.

Körper, nach unten in die Erde zurückgingen, war für neokonfuzianische Gelehrte nichts Ungewöhnliches.[285]

In der konfuzianischen Lehre gilt im Allgemeinen, dass *ki* aus den zwei Komponenten *ŭmyang* (*yin-yang*) und *honbaek* (*hunpo*) besteht. *Hon* bzw. *yang* ist das, was nach dem Sterben aus der Form bzw. dem Körper heraustritt und nach oben, d.h. in den Himmel aufsteigt, während *paek* bzw. *yin* zusammen mit den Formen, also z.B. dem Körper, in die Erde eingeht.

Als konfuzianischer Gelehrter betrachtet Yi Ik auch *ki* als etwas, das nach dem Sterben verschwindet.[286] Er erklärt aber, dass die Geschwindigkeit, in welcher das *ki* nach dem Sterben verschwinde, von dessen Dichte und Klarheit abhängig sei. Das *ki* der Menschen sei im Vergleich zum *ki* der Tiere und Pflanzen dichter und transparenter und könne daher eine höhere Stufe des Himmels als das *ki* der Tiere und Pflanzen erreichen. Darüber hinaus gebe es auch innerhalb des *ki* der Menschen Unterschiede.

Das *ki* der legendären, weisen Könige der Alten Zeit sei von Geburt an so anders gewesen, dass es Tausende von Jahren brauche, bis es verschwinde. Daher würden diese bis in den höchsten Himmel aufsteigen und auf der linken und rechten Seite des Herrn des Himmels sitzen.[287] An dieser Stelle treten gewisse offensichtliche Ähnlichkeiten dieser Vorstellung mit der christlichen Himmelsstruktur von Gott und den ihm helfenden Engeln zutage. Yi Ik beruft sich hier jedoch auf eine Stelle aus dem konfuzianischen Kanon, dem Buch der Lieder (*Shijing*), die lautet: „Der König Wen [ein weiser Herrscher der Antike] ging hinauf und hinunter [sein Geist ging in den Himmel und sein Körper in die Erde], und blieb an der linken und rechten Seite des Herrschers von oben."[288]

Bei der Verortung des höchsten Himmels, in welchem der „Herrscher oben" verweilt, orientiert sich Yi Ik offenbar an dem Modell des Kosmos, das er dem Buch „Epitome der Fragen über den Himmel" (*Ch'ŏnmunryak*

---

[285] *Sŏngho sasŏl* 25 (Kwisin honbaek).
[286] *Sŏngho sasŏl* 27 (Silli chaesang).
[287] Ebd.
[288] Zum Vergleich mit anderen deutschsprachigen Übersetzungen des Buches der Lieder siehe z.B. von Strauß 1880.

Tianwenlüe) [289] von Manuel Dias (1574–1659) entnommen hatte. Dieses 1615 veröffentlichte Buch war um 1631 durch ein Mitglied der koreanischen Gesandtschaft in China auch in Korea bekannt geworden. Es handelt sich hierbei um keine Übersetzung eines bestimmten Buches, sondern um eine Zusammenfassung der – vom Vatikan akzeptierten – kosmischen und astronomischen Theorien der Zeit in Europa.[290]

Die Veröffentlichung dieses Buches sollte nicht in erster Linie der Wissensvermittlung als solcher dienen, sondern vor allem bei der katholischen Missionsarbeit helfen.[291] So beginnt es mit der Frage der Himmelskörper. Der Autor versucht, seine Leser davon zu überzeugen, dass der Himmel nicht aus fluidem *ki* bestehe, wie dies der traditionellen konfuzianischen Lehre entspricht, sondern dass die Himmelskörper klar und fest wie aus Kristall und die Sterne in den jeweils für sie vorgesehenen Himmelssphären fixiert seien. Dias erkläre, dass die Himmelskörper aus zwölf unterschiedlichen Sphären bestehen.

Die zwölfte Himmelssphäre sei der Ort, an dem „der Herr des Himmels" (*tianzhu*) und die Engel verweilten. Diese Himmelssphäre bewege sich nicht, während sich die anderen Himmelssphären um die Erde drehten. Dias präsentierte damit das spätmittelalterliche Modell des Kosmos, wie es durch Clavius erweitert worden war.[292]

---

[289] Die selbst auf Büchern wie z.B. *De Sphera* von Christophorus Clavius (1538–1612) oder *Theoricae novae planetarum* von Georg von Peuerbach beruhte. Siehe Magone 2008, S. 123–138.

[290] Zu diesem Zeitpunkt hatte der Vatikan die Theorie von Copernicus noch nicht akzeptiert. Zur Geschichte dieses Buches siehe Leitao 2008, S. 99–121, insbes. S. 110–112.

[291] „Somewhat paradoxically, in the preface to this work, astronomical demonstration was presented as the most certain for [...] and most solid [...] of disputation. The theological connotation of this kind of reasoning is made quite explicit, with the simile that the material world is like an opulent palace in which the host is invisible. Contemplation of the structure of the heavens points directly to the Creator, in the way Ricci had argued in the Tianzhu shiyi." (Engelfriet 1998, S. 330)

[292] Leitao 2008, S. 112. Über die Wirkung dieses Buches schreibt Leitao weiter: „Dias' book is not simply a translation. It is a presentation of Western scientific notions deeply influenced by Chinese preferences and tastes. With the advantage of historical perspective, we realize that Dias' book emphasizes those subjects (solar and lunar eclipses, times of rising and Sun's setting, calendar, etc.) that were to become the focus of the scientific dialogue between Europe and China in the next decades."

Dieses Modell wurde in China und in Korea breit rezipiert.[293] Ein wichtiger Grund dafür lag wohl darin, dass man es, ungeachtet der grundsätzlichen Differenz in Bezug auf die immaterielle oder materielle Eigenschaft des Himmels, als konvergierend mit dem eigenen traditionellen Modell des Kosmos betrachtete. Dieses Modell bestand in der Vorstellung, dass der Himmel wie eine Eierschale die Erde umfasst und das *ki* den Raum zwischen der Erde und diesem Himmel erfüllt. So hatte auch Zhu Xi eine Theorie von neun Schichten des Himmels vertreten.[294]

Yi Ik schreibt in seiner Rezension zu dem Buch „Epitome der Fragen über den Himmel":

> Alles über der Erde ist Himmel. Die Art und Weise, wie der Himmel die Erdoberfläche umfasst, ist zwar ähnlich wie die inneren Schichten des Lauchs, aber das *ki* des Himmels ist klar und durchsichtig, so dass sich diese Schichten nicht gegenseitig abdecken oder verstecken können. Manche behaupten zwar [...], dass der Himmel aus neun Schichten bestehen würde, wir können aber nicht wissen, wie viele Schichten von Himmel die Erde umfassen.[295]

Yi Ik vertrat damit seine eigene Ansicht über die Struktur des Kosmos, was nicht nur das westliche Modell der zwölf Himmelssphären, sondern auch die Erklärung von Zhu Xi in Frage stellte. Er ging jedoch nicht von der Unendlichkeit des Kosmos aus. Wie bereits oben erwähnt, glaubte er an die Existenz einer höchsten, von der Erde am weitesten entfernten Himmelssphäre, in der sich der „Herrscher von Oben" befindet. Es ist nicht auszuschließen, dass Yi Ik diese Idee dem Buch von Dias entnommen hat. Weder in der traditionellen konfuzianischen noch in der neokonfuzianischen Lehre ist ein solches Konzept vorhanden.[296]

---

[293] So wird z.B. in dem einflussreichen Handbuch über die Fragen der Zeitrechnung in China, *Lixiang kaocheng* (Kompendium von Beobachtungen zur Astronomie) von 1723 und in dem wichtigsten enzyklopädischen Werk in Korea, *Tongguk munhŏn pigo* (Dokumentarisches Referenzwerk für das Land des Ostens) von 1770 dieses Modell des Kosmos als eine Theorie für die Position der Himmelskörper erwähnt.
[294] Choi Jeong-yeon 2015, S. 111.
[295] *Sŏngho chŏnjip* 55.
[296] Choi Jeong-yeon 2015, S. 118.

Yi Ik schrieb explizit, in Dias' Buch sei das Kapitel über das Modell der zwölf Himmelssphären am interessantesten.[297] Inwiefern er dabei die theologische Bedeutung dieses Modells erkannt hat, ist ungewiss.[298] Er lehnte ja bekanntlich die christliche Lehre von Himmel und Hölle als Teufelswerk strikt ab. Gleichwohl bedauerte er, dass die anderen Werke, in denen das Modell der zwölf Himmelssphären erklärt wurde, nicht übersetzt worden waren.[299] Sein Wissen von der westlichen Astronomie war nicht zuletzt deshalb beschränkt: Die neueren astronomischen Theorien von Tycho Brahe oder Kepler, mit denen sich einige Mathematiker seiner Zeit in Korea bereits intensiv auseinandergesetzt hatten, kannte er nicht.[300] So hatte er aus einer Synthese der traditionellen konfuzianischen und westlichen Lehre ein eigenes Bild vom Kosmos entworfen.

Yi Ik bestimmte, wie erwähnt, in Anlehnung an das Modell der zwölf Himmelssphären die höchste Schicht des Himmels als den Ort für den „Herrscher von Oben". Aber bei der Frage, ob diese Himmelsschicht ebenso wie die zwölfte Himmelssphäre unbewegt in sich ruhe, folgte er letztlich nicht der westlichen Lehre. Er war zwar mit der Idee eines Ruhepols, von dem die gesamte Bewegung der Welt und des Kosmos ausgehe, aus den klassischen Texten vertraut. Gleichwohl stellte er sich mehrfach die Frage, ob sich denn die Erde oder der Himmel bewegen würde. Die Antwort darauf fand er schließlich in der traditionellen Lehre des Konfuzianismus. Man müsse demnach den Lehren der Kulturheroen der Alten Zeit glauben, dass der gesamte Himmel stets in Bewegung sei.[301] Die Erde, so lautete seine Ergänzung, würde doch herunterfallen, wenn sich der gesamte Himmelskörper nicht um sie drehte.[302]

Was aber die Erde angeht, vertraute Yi Ik wiederum der „westlichen Lehre", indem er von einer Erdkugel sprach.[303] Damit negierte er die traditionelle Auffassung, dass die Erde flach und viereckig sei, und stellte auch das

---

[297] *Sŏngho chŏnjip* 55:30a–31b.
[298] Choi Jeong-yeon behauptet, dass Yi Ik durchaus die theologische Bedeutung der zwölften Himmelssphäre verstanden habe. Choi Jeong-yeon 2015, S. 112.
[299] *Sŏngho chŏnjip* 55:30a–31b.
[300] Choi Jeong-yeon 2015, S. 106.
[301] *Sŏngho sasŏl* 3:14a–15b.
[302] *Sŏngho sasŏl* 3:47b–48a.
[303] *Sŏngho sasŏl* 3:14a–15b.

sinozentrische Weltbild überhaupt in Frage: Wenn die Erde „rund wie die Munition" sei, könne China nicht das Zentrum der Welt sein, sondern nur ein Teil der Erde wie andere Weltregionen auch.[304]
Politisch hätte diese Auffassung eine revolutionäre Wende in der Beziehung zu China herbeiführen können. Yi Ik gehörte jedoch nicht zur politischen Machtelite seiner Zeit, so dass die politische Wirkung seiner Weltauffassung kaum nennenswert war. Im Hinblick auf die Erforschung der Geschichte und Geographie Koreas hat er mit dieser neuen Auffassung allerdings enormen Einfluss ausgeübt; hier liegt gewissermaßen der Ausgangspunkt für die Koreastudien in Korea.

Die Grenze zwischen Negation und Rezeption

Die Beschäftigung mit der westlichen Lehre war in Korea bis Ende des 18. Jahrhunderts noch nicht verboten. Einige Bücher, welche die Jesuiten auf Chinesisch verfasst hatten, gelangten auf unterschiedlichen Wegen bereits ab 1631 nach Korea. Man weiß nicht, wie viele Abschriften von diesen Büchern in Korea gemacht wurden und wie schnell diese sich verbreiteten; es ist aber sicher, dass solche Abschriften über die persönlichen Netzwerke der Gelehrten weitergegeben und vervielfältigt wurden.

Eine im Jahr 1666 privat hergestellte Weltkarte, die ein Gelehrter aus der südöstlichen Region Koreas aus einer Darstellung der Welt in dem Buch „Aufzeichnungen aus fernen Ländern" (*Zhifang waiji*) von Giulio Aleni[305] in deutlich vergrößerter Form per Hand kopiert hatte, ist dafür ein guter Beleg.[306] In seinen Briefen bringt Yi Ik häufig seinen Wunsch zum Ausdruck, weitere Bücher und Geräte aus dem Westen kennenzulernen.

Zur gleichen Zeit, als Yi Ik sich intensiv mit seinen Schülern über die Bücher der „westlichen Lehre" austauschte, hatte sich die Weiterentwicklung des neuen Kalenders und der Rechnungsmethode von Adam Schall von Bell auch

---

[304] *Sŏngho sasŏl* 2:6b–9b.
[305] Es handelt sich dabei höchstwahrscheinlich um das *Kunyu tushuo* (Illustrierte Erklärungen der Welt) des jesuitischen Missionars Ferdinand Verbiest (1623–1688)
[306] Giulio Alenis Weltatlas hat eine interessante Reise hinter sich. Ursprünglich von Jesuiten für Chinesen publiziert, wurde er 1829 von Alexander von Humboldt von einer Reise nach Russland neben mehreren anderen Schriften, die er als Geschenk erhalten hatte, nach Deutschland mitgebracht. Siehe Walravens 2017, S. 97–147.

in Korea etabliert. Es bestand nun kein Zweifel mehr daran, dass diese Zeitrechnungsmethode der alten Methode überlegen war. Die lange Lücke von 80 Jahren zwischen dem Import dieser Bücher und ihrer Verwendung endete mit dieser Debatte um ihren Nutzen, in welcher Yi Ik eine prägende Rolle spielte. Allerdings war die Zahl der Gelehrten, die sich im 18. Jahrhundert an ihr beteiligten, begrenzt. Ein wichtiger Grund dafür lag, wie wir bereits gesehen haben, darin, dass Mathematik und Kalenderrechnung als bloße Techniken galten, für die die gemeine Volksschicht zuständig war und die für die edlen neokonfuzianischen Gelehrten kein würdiges Betätigungsfeld darstellten. Zudem bekämpfte die politisch dominierende Fraktion der Gelehrten Interpretationen, die von der neokonfuzianischen Lehre von Zhu Xi abwichen. Folglich gab es kaum Spielraum für die ernsthafte Beschäftigung mit der „westlichen Lehre", die als „fremde Sekte" bzw. „falsche Lehre" galt.[307] Es sei denn, man stand wie Yi Ik außerhalb des Hegemoniestrebens der herrschenden Fraktionen. Bei der Betonung der besonderen Rolle Yi Iks für die Rezeption des Wissens aus dem Westen wird dies oft übersehen; Yi Ik war ein Gelehrter aus einer marginalisierten Gruppe, und seine Theorien waren nur in eng begrenzten Privatkreisen bekannt.

Im Kontext des Wissenstransfers stellt die Entscheidung für bzw. gegen die Beschäftigung mit dem Wissen aus dem Westen seitens koreanischer Gelehrter die zweite Stufe eines Transferprozesses dar. Die erste Stufe war die Auswahl des zu vermittelnden Wissens durch die Jesuiten, die vor allem der Missionsarbeit dienliche Bücher ins Chinesische übersetzt und damit den koreanischen Gelehrten das Wissen aus dem Westen überhaupt zum ersten Mal zugänglich gemacht hatten. Yi Ik, aber auch andere Gelehrte im Korea seiner Zeit, gingen ihrerseits auf ihre je eigene Weise selektiv mit dem so vermittelten Wissen um.

Bei Yi Iks selektivem Umgang mit der „westlichen Lehre" verlaufen die Grenzen zwischen Negation und Rezeption eher kompliziert.[308] Weder wurde die „westliche Lehre" als einheitliches Denksystem akzeptiert noch die

---

[307] *Sŏngho sasŏl* 14 (Idan).
[308] Zwar lässt sich Yi Iks Ablehnung und Akzeptanz bestimmter Konzepte gut rekonstruieren, allerdings finden sich in seinen Schriften auch Widersprüche, die sicherlich auch zur unterschiedlichen Wahrnehmung seiner Ideen unter seinen Schülern führten.

traditionelle konfuzianische Lehre insgesamt abgelehnt, um durch neue westliche Ideen vollständig ersetzt zu werden. Bezüglich der Erddarstellung negierte Yi Ik die traditionellen konfuzianischen Vorstellungen und ersetzte sie durch westliche Ideen. Zugleich aber lehnte er die theologische Lehre von Himmel und Hölle ebenso wie die von der Unsterblichkeit der Seele als Teufelswerk ab und hielt an den traditionellen, konfuzianischen Ideen von *li* und *ki* fest. Das spätmittelalterliche Modell des Kosmos wiederum fand er deshalb interessant, weil er darin mit dem traditionellen konfuzianischen Modell konvergierende Elemente der Kosmosdarstellung sah. Unabhängig von seinem Verständnis sowohl der theoretischen als auch der theologischen Prinzipien, auf denen dieses Modell beruhte, baute Yi Ik die Elemente dieses Modells in seine eigene Darstellung des Kosmos ein, die sich letztlich auf die traditionelle konfuzianische Lehre stützte. Bei alledem gelangte er zur Vorstellung einer Konvergenz der Gottesvorstellungen in der westlichen und konfuzianischen Lehre, was für ihn die freie Nutzung der „westlichen Lehre" legitimierte. Diese Konvergenz wurde ebenso bereits von Matteo Ricci besonders hervorgehoben, allerdings mit der Absicht, dadurch die Chinesen (bzw. Koreaner) zur Konversion zu überreden. Im Gegensatz dazu zeigt das Beispiel Yi Iks, dass es, entgegen Matteo Riccis Überzeugungsversuchen, möglich war, westliches Wissen und Technik zu nutzen, ohne deswegen zum Katholizismus zu konvertieren.

Ausschlaggebend für diesen selektiven Umgang mit der „westlichen Lehre" war die Auffassung Yi Iks, dass diese ebenso wie die konfuzianische Lehre zur Läuterung des Menschen (*dao*) diene.[309] Seine Einstellung zur konfuzianischen Lehre war mithin nicht orthodox-fundamentalistisch. In einem Brief an seinen Schüler Kwŏn Ch'ŏl-sin schrieb er, dass er die Menschen nicht nach ihrer konfuzianischen Gelehrsamkeit beurteile, da diese nicht nützlich sei.[310] Deshalb lehnte er die „westliche Lehre" nicht als eine „fremde Sekte" grundsätzlich ab, sondern ging souverän damit um.

Seine nicht-orthodox-fundamentalistische Einstellung gegenüber der neokonfuzianischen Lehre und die Offenheit gegenüber sogenanntem „technischem Wissen" wie Astronomie, Geographie und Mathematik zeitigte

---

[309] *Sŏngho chŏnjip* 25:21b–22a.
[310] *Sŏngho chŏnjip* 30:30b.

in Korea gewisse Wirkungen. So gilt Yi Ik als Gründer einer neuen Denkschule, die als „Schule für praktische Wissenschaft" (*sirhakp'a*) bezeichnet wird.[311] Sein selektiver Umgang mit der „westlichen Lehre" beförderte auch die späteren Spaltungstendenzen seiner Schüler. Einer von ihnen, der Historiker An Chŏng-bok, bekämpfte die Verbreitung des Christentums in Korea vehement.[312] Zugleich gehörte einer der Gründer der ersten christlichen Glaubensgemeinschaft in Korea, Kwŏn Chŏl-sin, zum engsten Schülerkreis von Yi Ik. Es wäre sicherlich interessant, zu untersuchen, inwiefern sich die Rezeption der Bücher der Jesuiten durch Yi Ik von der seiner Schüler unterschied. Es ist gut möglich, dass gerade seine Negation der theologischen Elemente der „westlichen Lehre" erst die Neugier seiner Schüler an diesen Theologemen und ihren Widerspruchsgeist gegenüber dem Lehrer geweckt hat.

---

[311] Interessanterweise stimmen in diesem Punkt nord- und südkoreanische Spezialisten in ihrer Meinung überein. Siehe Choi 1955, S. 23–43.
[312] Müller-Lee 2018, S. 42–43.

Eine besondere interkulturelle Begegnung in der politischen Ideengeschichte: Chŏng Yag-yong und Matteo Ricci

In Zentrum dieses Kapitels steht Chŏng Yag-yong, ein Schüler von Kwŏn Ch'ŏl-sin, der wiederum ein bedeutender Schüler von Yi Ik war. Chŏng Yag-yong gehörte zusammen mit Kwŏn Ch'ŏl-sin zu den ersten neokonfuzianischen Gelehrten Koreas, die ohne direkte Einwirkung von Missionaren aus dem Westen den katholischen Glauben annahmen. Er hatte sich intensiv mit Wissenschaft und Religion aus dem Westen, vor allem mit den Schriften des Jesuitenmissionars Matteo Ricci, beschäftigt und diese in sein Denken eingearbeitet. Chŏng Yag-yong wird zugleich als Pionier der koreanischen Moderne betrachtet. Ihm sei es gelungen, die konfuzianische Tradition und die Moderne kreativ zusammenzubringen, meint z.B. Song Yŏng-bae.[313]

Matteo Ricci spielt in der geistigen Begegnung zwischen Ostasien und Europa als Vermittler eine entscheidende Rolle. Er, der Gründer der jesuitischen Chinamission, hatte den Versuch unternommen, eine Art Verschmelzung der geistigen Grundlagen von Konfuzianismus auf der einen und Katholizismus auf der anderen Seite durch gegenseitige Angleichung zu verwirklichen.[314] Im Zuge dieser Akkommodationsstrategie hatten er und seine Nachfolger die chinesische Sprache erlernt und die philosophischen Texte Chinas intensiv studiert. So verdankte Europa seine Bekanntschaft mit China und dem Konfuzianismus den jesuitischen Missionaren. Sie schrieben laufend Berichte aus China an ihre Vorgesetzten in Rom und erwähnten im Zusammenhang mit ihrer Missionsarbeit häufig Konfuzius und seine Lehre.

Eine Reihe solcher Berichte aus Ostasien wurde als „Sendschreiben", „Zeitungen" oder „Relationen" auch schon vor 1615 in Dillingen gedruckt.[315] Die erste umfassende Beurteilung der chinesischen Weisheit und ihrer Rolle im Staatsleben Chinas konnte man in Riccis Aufzeichnungen „Commentari

---

[313] Song Yŏng-bae 2005, S. 132.
[314] Widmaier 1990, S. 271.
[315] von Tscharner 1934, S. 60–61.

dalle Cina"[316] lesen, unter dem Titel „De Christiana expeditione apud Sinas suscepta ad Societate Jesu. Ex Matthaei Ricci eiusdem Societatis Commentariis".[317] Die Akkommodation ist als Versuch einer hegemonialen Vernähung verschiedener diskursiver Felder (Konfuzianismus und Katholizismus) interpretierbar. Akkommodation ist daher auch als „Artikulation" beschreibbar. Zu klären wäre dann, was das „konstitutive Außen" ist, von dem sich beide, Konfuzianismus und Katholizismus, abgrenzen und dadurch einen gemeinsamen symbolischen Raum erzeugen. Neokonfuzianismus und Buddhismus stellen bei Ricci gerade dieses „Außen" dar, wie im Folgenden zu sehen ist.

Matteo Ricci verfasste auch eine Reihe von Büchern in chinesischer Sprache, darunter seine große Abhandlung „Die wahre Bedeutung des Herrn des Himmels" (*Tianzhu shiyi*). Darin zitierte er die konfuzianischen Klassiker und versuchte, sie im Sinne seines Glaubens auszulegen. Riccis Bemühungen fielen in China auf fruchtbaren Boden. Die allgemeine politische, gesellschaftliche und geistige Krise, die China damals durchlebte, kam ihm dabei zu Hilfe.[318] Riccis Bücher wurden auch in Chosŏn-Korea, wo der Neokonfuzianismus tragende Staatsideologie war, gelesen und diskutiert.[319] Allerdings stieß Ricci mit seinen Büchern sowohl in Europa als auch in Ostasien nicht nur auf positive Resonanz. Zustimmung und Ablehnung existierten nebeneinander, wie im letzten Kapitel zu sehen sein wird. Vielfältige Faktoren spielten bei der Reaktion der Gelehrten auf fremde Lehren eine Rolle. Dazu gehörten politische und gesellschaftliche Gegebenheiten einerseits und individuelle Ansichten über Herrschaft, Gesellschaft und Religion andererseits, ebenso wie individuelle und kollektive Weltanschauungen und Wertevorstellungen. Die

---

[316] Dieser wohl zuverlässigste Augenzeugenbericht geriet danach in Vergessenheit und wurde erst drei Jahrhunderte später (1911) von Tacchi-Venturi wieder herausgegeben.
[317] Diese Aufzeichnungen kamen 1615 von Trigault gekürzt und ins Lateinische übersetzt in Augsburg heraus. Die deutsche Übersetzung von Paulus Welser erschien 1617 unter dem Titel „Historia Von Einführung der Christlichen Religion, in daß große Königreich China durch die Societet Jesu ... Aus dem Lateinischen R.P. Nicolai Trigault" ebenfalls in Augsburg (siehe weitere bibliographische Angaben bei Cordier 1971, S. 809–811).
[318] Wu Hao-kun; Xu Lian-da; Zhao Ke-yao 1989, S. 658–661.
[319] Kŭm Chang-t'ae 2005.

Rezeption einer fremden Lehre entspricht eben dem „Zwecke verfolgenden Menschen", um mit Jaspers zu sprechen.[320] Chŏng Yag-yong rezipierte die von Matteo Ricci vermittelten Informationen über die neue Wissenschaft aus dem Westen ausgesprochen positiv. Die Qualität seiner Rezeption soll in diesem Kapitel untersucht werden. Dabei geht es nicht darum, eine direkte Kausalität zwischen den beiden Denkweisen oder eine einsinnig-lineare Wirkungsgeschichte von Ideen aufzuzeigen. Vielmehr wird der Frage nachgegangen, wie und in welchem Zusammenhang Elemente der fremden Lehre zur Artikulation[321] des eigenen Denkens integriert werden. Dabei steht die Richtigkeit oder Fehlerhaftigkeit der jeweiligen Interpretationen nicht zur Debatte.

Matteo Ricci und seine Auseinandersetzung mit dem Konfuzianismus

In seiner 1595 veröffentlichten Abhandlung „Die wahre Bedeutung des Herrn des Himmels" (*Tianzhu shiyi*) bezog sich Ricci häufig auf die chinesischen Klassiker und kam zu einer Unterscheidung zwischen der ursprünglichen Lehre des Konfuzius und dem Materialismus der zeitgenössischen neokonfuzianischen Lehre der Zhu Xi- bzw. Xingli-Schule, die seiner Meinung nach vom Buddhismus beeinflusst war. Da der Buddhismus bis zur Formierung dieser Schule im 12. Jahrhundert mehr als sieben Jahrhunderte lang die geistige und intellektuelle Tradition Chinas geprägt hatte, war es nicht überraschend, dass sich die Gelehrten damals auch mit Fragen beschäftigten, die im

---

[320] Ideengeschichtlich betrachtet wird die Artikulation von Konfuzianismus und Katholizismus (Ricci) und die Artikulation von Konfuzianismus und Protestantismus (Leibniz, Wolff) abgelöst durch einen Antagonismus zwischen Europa und Asien, in welchem Asien zum „konstitutiven Außen" einer bestimmten hegemonialen Strategie auf dem diskursiven Feld „Europa" werden kann (Anti-Europa: Montesquieu), siehe Lee 2003.

[321] „Artikulation" ist hier als eine hegemoniale Strategie auf dem sozio-symbolischen Operationsfeld der Diskurse zu betrachten, die benutzt wird, um sich innerhalb der einen Kultur einen politischen Vorteil zu verschaffen. Diesen Begriff der „Artikulation" im Unterschied zu einer kausalen „Vermittlung" habe ich von Ernesto Laclau und Chantal Mouffe übernommen. Sie verstehen unter „Artikulation jede Praxis, die eine Beziehung zwischen Elementen so etabliert, daß ihre Identität als Resultat einer artikulatorischen Praxis modifiziert wird." Ein Diskurs ist dann eine „aus der artikulatorischen Praxis hervorgehende strukturierte Totalität". Er transformiert die Elemente eines diskursiven Feldes in differentielle Positionen eines Diskurses (Momente). Siehe Laclau; Mouffe 2000, S. 155.

Buddhismus verwurzelt waren. Im Neokonfuzianismus wurde wie im Buddhismus die Selbstkultivierung, also ein menschlicher Zustand, der metaphysisch beschrieben und systematisch kultiviert werden konnte, zum realistischen Ziel erhoben. Durch die Selbstkultivierung wird nach Zhu Xi das Urprinzip (*li*) des Kosmos in der Welt praktiziert. Dieses Urprinzip ist für ihn identisch mit dem Himmel.[322] So bilden Himmel und Mensch letztlich eine Einheit. Zhu Xi vertritt die Auffassung, dass es, ungeachtet der Unterschiede zwischen dem „menschlichen Geist" und dem „Geist des Tao", bei genauer Betrachtung letztlich nur einen einzigen Geist gibt.[323] In einer solchen Lehre ist offensichtlich kein Platz für einen personifizierten Gott als Schöpfer der Welt.

Ricci kritisiert Zhu Xis Lehre unter Zuhilfenahme der aristotelischen Metaphysik und der thomistischen Logik, indem er feststellt, dass das Urprinzip (*li*) keineswegs die Grundlage, d.h. den Schöpfer der Weltordnung darstellen könne, da es nicht einmal eine eigene Substanz besitze, sondern lediglich das abhängige Element der Dinge sei.[324] Er erklärt abschließend, dass die Lehre von Zhu Xi dem Christentum nicht nur ganz fremd sei, sondern auch mit den klassischen Texten selbst nichts zu tun habe. Auf diesem Widerspruch aufbauend versuchte Ricci, einen Kompromiss, oder besser, eine Harmonie zwischen der christlichen und der konfuzianischen Lehre herzustellen, welche die zunächst äußerlichen Elemente beider Lehren als interne Momente eines diskursiven Konstruktes artikuliert.[325] Er zögerte nicht, den von ihm verkündeten Gott mit den den Klassikern entnommenen Begriffen *shangdi* (Herrscher oben) und *tian* (Himmel) zu bezeichnen. Darüber hinaus forderte er von den Chinesen eine Rückkehr zu den klassischen Texten selbst, zu Konfuzius und Menzius, in deren Schriften er einen Monotheismus von großer Reinheit zu finden glaubte.[326]

---

[322] *Zhuzi yulei* 1, in *Zhuzi quanshu*
[323] Metzger 1977, S. 67.
[324] Ricci 1999, Kap. 2–8, S. 87–89.
[325] Wiesinger 1973, S. 15.
[326] Ricci 1999, Kap. 4–1, S. 154–159.

Matteo Ricci bewegt sich hier, wie andere konfuzianische Gelehrte, als Akteur in dem damals in China gegebenen diskursiven Feld[327]. Allerdings bringt er in dieses Feld dort unbekannte Elemente ein und artikuliert damit seine religiös-missionarische Intention. Dass die jesuitische Mission zunächst große Erfolge erringen konnte, verdankt sie vor allem dem intellektuellen Vermögen Riccis, das darin bestand, eine Methode zu finden, um die konfuzianische Oberschicht Chinas mit Argumenten für seine Mission zu gewinnen.

Als Ricci 1583 in China ankam, befand es sich politisch wie intellektuell-historisch in einer Umbruchphase.

Im China des 16. und 17. Jahrhunderts kamen Ablehnung und Kritik gegen die idealistische Philosophie von Wang Yangming (1472–1529) auf, die sich im 15. und 16. Jahrhundert großer Beliebtheit erfreut und zur Neubelebung eines religiösen Interesses beigetragen hatte. Seit dem Ende des 16. Jahrhunderts begann der starke buddhistische Einfluss innerhalb dieser Lehre bei einigen Gelehrten auf entschiedene Ablehnung zu stoßen. Diese Reaktion war ebenso politisch wie philosophisch und moralisch bestimmt und war schon sehr früh Teil eines ‚Feldzuges' von Gelehrten und Beamten gegen den Kaiserhof und seine allmächtigen Eunuchen. Die Bewegung ging zunächst von der Donglin Akademie in Jiangsu aus, die ihrerseits mit vielen anderen Schulen um politischen Einfluss konkurrierte; sie nahm später immer weitere Beamten- und Gelehrtenkreise für sich ein.[328]

Verurteilt wurden aber nicht nur der Buddhismus, sondern auch buddhistisch gefärbte Strömungen des Neokonfuzianismus. Deren Kritiker lehnten die private Suche nach Weisheit, wie sie bis dahin betrieben worden war, als unmoralisch ab, denn sie waren sich angesichts des allgemeinen Verfalls von Gesellschaft und öffentlichen Institutionen am Ende der Ming-Zeit ihrer sozialen Verantwortung bewusst geworden. In Reaktion auf diese idealistisch-religiöse Wendung versuchten einige Gelehrte, der Aufweichung konfuzianischer Maßstäbe durch eine Rückkehr zu den Klassikern zu begegnen. „Abneigung gegen vorgegebene Lehrmeinungen und das Bestreben, sich

---

[327] Der von Bourdieu entwickelte Begriff des Feldes bezeichnet als sozialwissenschaftliche Kategorie einen mehrdimensionalen sozialen Raum von Beziehungen, in dem spezifische Feldeffekte wirksam sind. Danach sind Felder Konfliktebenen und Orte des permanenten Wandels mit offenem Ausgang (Rüdiger 2005, S. 25).
[328] Wu Hao-kun; Xu Lian-da; Zhao Ke-yao 1989, S. 658–661.

unorthodox um den wesentlichen Kern einer Lehre zu bemühen" wurden zu einem Charakteristikum dieser Zeit.[329] Zugleich verbreitete sich die Auffassung, dass der Neokonfuzianismus des 11. und 12. Jahrhunderts nicht der wirkliche Konfuzianismus der alten Zeit gewesen sei. Diese Auffassung wurde in der Qing-Zeit von einigen Philosophen und Philologen soweit entwickelt und philologisch abgestützt, dass sich eine neue textkritische Schule bildete, die im Gegensatz zum Neokonfuzianismus der Zhu-Xi-Schule stand.[330]

Es entsprach deshalb durchaus den Bedürfnissen der Zeit, wenn Ricci dem Buddhismus vorwarf, die alte chinesische Tradition verdorben zu haben, während er moralischer Strenge und wissenschaftlichen Kenntnissen der Tradition gegenüber Vorrang einräumte. Als „konstitutives Außen" ermöglichte die Polemik gegen den politischen Einfluss des Buddhismus die gemeinsame Artikulation von christlichen und konfuzianischen Elementen in einem neuartigen Diskurs. Nur so konnten Riccis Schriften – sei es positiv oder negativ – in China Resonanz finden. Ricci hatte das diskursive Feld von Regierung und Verwaltung in China verstanden und konnte so selbst darin zum Akteur werden. Ähnliches gilt für Chŏng Yag-yong, der sich im diskursiven Feld Chosŏns/Koreas bewegte und mit dem wir uns als nächstes befassen.

Rezeption der „westlichen Wissenschaft" (*sŏhak*) durch Chŏng Yag-yong und die Hoffnung auf einen Reformkönig

Chŏng Yag-yong lernte die Kultur des Westens, insbesondere seine Religion (*sŏgyo*) und Wissenschaft (*sŏhak*), auf dem Umweg über China kennen.[331] Zu seiner Zeit gab es durchaus starken Widerstand gegen die Beschäftigung mit westlicher Wissenschaft. Sin Hu-dam, ebenfalls ein Schüler von Yi Ik,

---

[329] Reinhard 1976, S. 552.
[330] Feng Yu-lan 1952, Kap. 27. Die kritische, philologisch-historische Gelehrsamkeit am Ende der Ming-Dynastie hat für die chinesische Wissenschaft eine ähnliche Bedeutung wie die abendländische Philosophie der Renaissance für das europäische Denken der Neuzeit. Sie befreite das Denken von der Autorität der Scholastik der Song-Schule. Jedoch behielt die Lehre des Song-Scholastikers Zhu Xi durch das staatliche Prüfungssystem auch unter den Mandschu-Herrschern weiterhin die Vorherrschaft. Stange 1950, S. 396.
[331] Es gibt keine einheitliche Begriffsdefinition von der westlichen Wissenschaft *sŏhak*. Mal wird dieser Begriff für alle westlichen Wissenschaften, inklusive der Religionen, verwendet, mal wird die katholische Religion *sŏgyo* von der Wissenschaft unterschieden.

behauptete, der Westen sei ein abgelegener armseliger Ort am Ende des Meeres, der deshalb nicht auf den gleichen Rang wie China gestellt werden könne. Unter Verwendung der Unterscheidung von *hua* (zivilisiert/sinisiert) und *yi* (barbarisch), die das sinozentrische Weltbild charakterisiert, klassifizierte er den Westen als äußeres Barbarengebiet und betrachtete die westliche Zivilisation als niveaulos.[332] Das Hauptinteresse von Neokonfuzianern wie Sin Hudam bestand darin, die konfuzianische Ethik zu stärken. Aus ihrer Sicht bildeten die westlichen Wissenschaften ein Hindernis für die soziale Integration durch die konfuzianische Ethik und damit eine Gefahr für das traditionelle Weltbild. Sie setzten sich umso mehr für die neokonfuzianische Ethik und das damit verbundene Weltbild ein, je mehr Gelehrte sich mit den neuen Wissenschaften aus dem Westen beschäftigten. Die Spannungen zwischen beiden Gruppen nahmen in der ersten Hälfte des 18. Jahrhunderts immer mehr zu, um sich dann in der zweiten Jahrhunderthälfte dramatisch zuzuspitzen.[333]

Vor diesem kulturellen und politischen Hintergrund rezipierte Chŏng Yag-yong die westlichen Wissenschaften (*sŏhak*) und zeigte auch Interesse an der westlichen Religion (*sŏgyo*). Um 1783 kam er durch Matteo Riccis Buch „Die wahre Bedeutung des Herrn des Himmels" (*Tianzhu shiyi*) mit dem Katholizismus in Berührung. 1784 entstand unter seiner Mitwirkung – also ohne Missionare, allein durch das Studium dieses Buches – die erste katholische Religionsgemeinschaft in Korea.[334] Der Neokonfuzianismus von Zhu Xi war die das politische und soziale Leben bestimmende Herrschaftsideologie der Chosŏn-Dynastie. Das Interesse ihrer in diesem Geiste erzogenen neokonfuzianischen Elite an westlichen Wissenschaften *sŏhak* und westlicher Religion *sŏgyo*, das bis hin zur Gründung einer neuen Glaubensgemeinschaft ausstrahlte,

---

[332] No Tae-hwan 1999, S. 216.

[333] Ebd., S. 223–234.

[334] In der koreanischen Kirchengeschichte spielen Chŏng Yag-yong und seine Brüder als Gründungsmitglieder der katholischen Glaubensgemeinschaft eine wichtige Rolle. Es wird kontrovers diskutiert, wie lange Chŏng Yag-yong dem katholischen Glauben treu blieb. In den Annalen von Chosŏn findet sich am 21.6.1797 eine Erklärung, in der er sagt, er habe sich zwar als junger Mann dem katholischen Glauben zugewandt, sich jedoch, nachdem er erfahren hatte, dass die katholische Kirche die Ahnenriten verboten hatte, vom Glauben abgewandt und das Interesse daran verloren (*Chosŏn sillok*). Einige der katholischen Kirche nahestehende Historiker behaupten, Chŏng Yag-yong hätte sich nur nach außen von der Kirche abgewandt, innerlich sei er gläubig geblieben. Siehe Ch'oe U-sŏk 1993, S. 20–80.

wird von einigen Wissenschaftlern als Beleg für die Annahme gesehen, dass bereits damals in Chosŏn eine Tendenz zur Entkonfuzianisierung vorhanden gewesen sei.[335]

Eigentlich hätte es nicht überraschen können, wenn in Chosŏn im 16. und 17. Jahrhundert Zweifel an der Herrschaftsideologie aufgekommen wären, denn dieser Staat und seine Gesellschaft war durch Kriege und Naturkatastrophen in eine Krise geraten. Chosŏn musste zum einen die verheerenden Folgen des Einfalls japanischer Truppen unter Toyotomi Hideyoshi (1592–1598) und zum anderen zwei Invasionen durch die von den Mandschuren gegründete Qing-Dynastie (1627 und 1636) verkraften. Darüber hinaus wurde das Land von mehreren Naturkatastrophen heimgesucht.[336] Da nach traditioneller konfuzianischer Lehre der König auch für alle natürlichen Erscheinungen unter dem Himmel die Verantwortung zu tragen hatte, hätten diese Katastrophen durchaus zur Auflösung der Chosŏn-Dynastie führen können. Stattdessen festigte sich in dieser Krisenzeit erstaunlicherweise der Neokonfuzianismus von Zhu Xi als Staatsideologie und herrschende, d.h. „richtige Lehre" (chŏnghak).

Neokonfuzianer wie Song Si-yŏl (1607–1689) suchten in der Stärkung von Ethik und Moral einen Weg aus der Krise. Die Interpretation der Lehre von Zhu Xi wurde dadurch zunehmend dogmatischer.[337] Nach dem Zusammenbruch der Ming und dem Beginn der Qing-Dynastie der Mandschuren, die man bis dahin im Rahmen der neokonfuzianischen Lehre als Barbaren betrachtet hatte, behaupteten koreanische Neokonfuzianer, Chosŏn sei nunmehr das kleine Zentrum, das die konfuzianische Zivilisation weitertrage, während China selbst in die Hände von dazu unfähigen Barbaren gefallen sei.[338] Im Gegensatz dazu versuchten einige Gelehrte wie Hŏ Mok (1595–1682) und Yun Hyu (1617–1680), sich von der neokonfuzianischen Orthodoxie zu befreien, indem sie sich wieder auf die Texte aus der alten Zeit

---

[335] Ch'a Nam-hŭi 2006a, S. 9–14.
[336] Anhand der Annalen von Chosŏn zeigt Yi T'ae-jin, dass auch Korea während der weltweiten Kleinen Eiszeit zwischen 1500 und 1750 erheblichen Schaden genommen hat. Siehe Yi T'ae-jin 1996, S. 203–236.
[337] Song Siyŏl, der führende Neokonfuzianer im 18. Jahrhundert, behauptete, dass man kein Jota von Zhu Xi abweichen dürfe, da dieser bereits alles erklärt habe. Siehe Song Siyŏl 1658.
[338] Song Siyŏl 1658, S. 28. Siehe dazu Pak Ch'ung-sŏk; Yu Kŭn-ho 1980, S. 131–141.

stützten und die Bedeutung des Himmels neu interpretierten.[339] Es sind bisher keine Belege dafür gefunden worden, ob diese Gruppe von der anti-neokonfuzianischen, text-fundamentalistischen Position Matteo Riccis unmittelbar beeinflusst wurde oder nicht.[340]

Im 18. Jahrhundert hatte sich die westliche Religion *sŏgyo* so weit verbreitet, dass sich unter den Gelehrten um Yi Ik, in der sog. *Sŏngho- Schule*, eine heftige Debatte um den katholischen Gottesbegriff entwickelte.[341] Matteo Ricci hatte behauptet, der katholische Gott, auf Koreanisch *ch'ŏnju*, sei identisch mit dem Herrscher des Himmels im Konfuzianismus, also *shangdi*. Gelehrte der Sŏngho-Schule wie Sin Hu-dam und An Chŏng-bok bestritten dies. Sie beharrten auf dem *hua-yi*-Weltbild und kritisierten die westliche Religion auf der Basis der konfuzianischen Lehre. Hingegen gingen die Gelehrten um Kwŏn Ch'ŏl-sin, die sog. *Links-Sŏngho-Schule,* so weit, dass sie die erste katholische Glaubensgemeinschaft in Chosŏn bildeten. Zu dieser Gruppe gehörte eben auch Chŏng Yag-yong.

Gegenwärtig findet in Südkorea eine kontroverse Debatte darüber statt, welchen Einfluss die Rezeption der westlichen Religion auf das Denken von Chŏng Yag-yong gehabt hat.[342] Unser Interesse gilt aber nicht dieser Frage, sondern richtet sich vielmehr darauf, was Chŏng Yag-yong über Riccis Text an westlicher Wissenschaft und Religion rezipiert hat und wie diese Elemente

---

[339] Ch'a Nam-hŭi 2006b, S. 209–236.
[340] Yu Chong-sŏn behauptet, dass diese Gruppe höchstwahrscheinlich von Matteo Ricci beeinflusst und dessen Abhandlung bereits 1614 in einem Buch von Yi Sugwang umfassend vorgestellt worden sei. Yu Chong-sŏn 1997, S. 14–15.
[341] Auslöser dieser Debatte war eine Rezension, die Yi Ik über Riccis Buch *Tianzhu shiyi* verfasste. Darin schrieb Yi Ik: „Seine Wissenschaft dient einzig allein dem ch'ŏnju. Ch'ŏnju ist zwar der Gott *shangdi* im Konfuzianismus. Aber die Art und Weise, wie man *chŏnju* verehrt, dient, Angst vor ihm hat und an ihn glaubt, ähnelte Shakyamuni im Buddhismus." (Yi Ik *Ch'ŏnjubalt'ŭisilmun*, S. 435–436).
[342] Forscher wie Ch'oe Sŏk-u, Kim Ok-cha meinen, die westlichen Wissenschaften hätten auf Chŏng Yag-yongs Denken einen positiven Einfluss ausgeübt. Darüber hinaus behaupten sie, Chŏng Yag-yong sei bis zu seinem Lebensende Katholik geblieben. Hingegen ist Yi Sang-ik der Meinung, Chŏng Yag-yongs Philosophie sei gerade wegen des Einflusses von Matteo Ricci weit unter das Niveau des Neokonfuzianismus herabgesunken. Kŭm Chang-t'ae, der eine mittlere, relativ neutrale Position einnimmt, erklärt, Chŏng Yag-yong sei weder ein orthodoxer Konfuzianer noch ein katholischer Gläubiger gewesen, sondern nur ein kreativer Denker, der eine synkretistische Position vertreten habe. Schließlich gibt es Forscher wie Sŏng T'ae-yong, der sich um Neutralität bemüht und die Kontinuität zwischen dem Denken von Chŏng Yag-yong und Zhu Xi betont. Siehe Paek Min-jŏng 2007, S. 412–469.

in seinem Denksystem artikuliert werden. Nach eigenen Angaben hat Chŏng seine Studie über das Zhongyong (*Chungyong kangŭi*) 1784 geschrieben und währenddessen viel mit Yi Byŏk (1754–1786) diskutiert. Damals las und analysierte er zusammen mit seinen Brüdern Yi Byŏk und Kwŏn Ch'ŏl-sin Riccis *Tianzhu shiyi*. Insofern geht man in Korea davon aus, dass das *Chungyong kangŭi* am besten erkennen lässt, was Chŏng an westlicher Wissenschaft und Religion aufnahm.[343] Der Kern seines Denkens, wie in dieser Studie deutlich zum Ausdruck kommt, ist zum einen die Kritik an der neokonfuzianischen Idee von der „Einheit von Mensch und Himmel" (*ch'ŏnin habil*) und an der Lehre von *li* und *qi* (*yigiron*), zum anderen der Versuch, ein neues Menschen- und Weltbild und eine praktische Moral und Ethik zu entwickeln.

Song Yŏng-bae betont die auffällige Parallelität zwischen Chŏng Yagyongs Denken und den aristotelischen und thomistischen Denkparadigmen, die schon in Matteo Riccis Buch *Tianzhu shiyi* zu finden waren.[344] In der Tat unterscheidet Chŏng Yag-yong, indem er wie Ricci von der aristotelischen Seelenlehre ausgeht[345], zwischen Menschen, die fühlen, wahrnehmen und mit Vernunft denken können, und Tieren, die zwar wahrnehmen, aber nicht denken können, sowie Pflanzen, die einfach nur wachsen.[346] Allerdings unterscheidet sich das, was Chŏng artikuliert, in der Stoßrichtung von dem missionarischen Interesse Riccis. Es fordert nämlich den orthodoxen Neokonfuzianismus, vor allem seinen Elitarismus, auf grundsätzliche Art heraus.

Chŏng Yag-yong kritisiert ebenso wie Ricci die Theorie von der Einheit der Natur aller Dinge einschließlich der Menschen (*inmulsŏngdongron*).[347] Aus der Sicht der neokonfuzianischen Philosophie von Zhu Xi sind sich die Menschen und alle Dinge der Welt gleich in deren Prinzip *li*, sie unterscheiden sich lediglich durch das Material *qi*, das ihnen gegeben ist. Chŏng Yag-yong kommentiert dies: Falls die Aussage von Zhu Xi wirklich dahingehend zu

---

[343] Yi Tong-hwan 2005, S. 375.
[344] Song Yŏng-bae 2005, S. 86.
[345] „Die Seelen dieser Welt unterscheiden sich in 3 Kategorien. [...] Das höchste ist die Seele der Menschen." Ricci 1999, Vol. 1, Kap. 3, Dialog 3-3, S. 124.
[346] Chŏng Yag-yong 2001, S. 338: „Unter allen vergänglichen Wesen dieser Welt gibt es drei Kategorien. 1) Pflanzen wachsen zwar, aber können nicht wahrnehmen, 2) Tiere können zwar wahrnehmen, aber nicht reflektieren, 3) das Wesen der Menschen wächst, nimmt wahr und besitzt auch die Fähigkeit zur Vernunft."
[347] Ricci 1999 Vol. 1, Kap. 4, Dialog 4-5. 4-6, S. 175–184.

verstehen ist, dass sich der Mensch und alle anderen Dinge der Welt lediglich durch *qi* voneinander unterscheiden, während sie das gleiche *li* vom Himmel erhalten haben, könne sie nicht aus der ursprünglichen konfuzianischen Lehre, sondern nur aus dem Buddhismus stammen, der über die prinzipielle Gleichartigkeit aller Dinge und die Reinkarnation predigt.[348] Neokonfuzianismus und Buddhismus bilden bei Zhu Xi, ebenso wie bei Matteo Ricci, sozusagen das „konstitutive Außen."

Chŏng Yag-yong lehnt die Unterscheidung zwischen *ponyŏnchisŏng*, d.h. der moralisch reinen Natur des Menschen, und *kijiljisŏng*, d.h. dem Charakter des Menschen, in dem das vom Körper stammende Gute und Böse vermischt ist, als bedeutungslos ab. Er argumentiert, wenn *kijil* vom Himmel gegeben wäre, könnte man ihm nicht entrinnen. Der Mensch müsste dann über die Ungerechtigkeit des Himmels klagen, wenn er ein schlechtes *kijil* hat.[349] Wenn „die Unterschiede von Gut und Böse lediglich auf *kijil* beruhen, Yao und Shun aber vom Himmel zum Guten bestimmt gewesen wären […], dann gäbe es keinen Grund, weshalb sie verehrt werden sollten; ebenso hätte König Jie (der letzte König der Xia-Dynastie im alten China und Inbegriff eines Tyrannen, Anm. der Autorin) automatisch böse Taten begangen […] dann gäbe es auch keinen Grund, weshalb man sich vor ihm hüten sollte. Die Unterschiede beruhten höchstens darauf, ob man mit seinem *kijil* ein glückliches Los gezogen hat oder nicht".[350] Die Neokonfuzianer jedoch, die glauben, dass Tugend und Nicht-Tugend von vornherein vom Himmel gegeben seien, setzten sich vor eine Wand und ließen ihre Herzen klären, zu *li* erleuchtet zu werden (d.h. *kŏgyŏng kungli*, vor der Wand sitzen und über das wahre Prinzip nachdenken), kritisiert Chŏng.

Hier sollte man die kulturelle Bedeutung von *kŏgyŏng kungli* berücksichtigen. Es handelt sich um einen höchst intellektuellen Akt, der eines erheblichen Maßes an wirtschaftlichem Rückhalt und Zeit zur Muße bedurfte. Für

---

[348] Chŏng Yag-yong 2001, Bd. II; *Chungyong Kangŭibo* Vol. 1, S. 83; *Nonŏ kogŭmju* Vol. 9, S. 339.
[349] Chŏng Yag-yong 2001, Bd. II, *Maengjayoŭi* Vol. 2, S. 138: „Warum gibt der Himmel einem ein schönes und klares *kijil*, damit er Yao und Shun wird, und einem anderen ein hässliches und unklares *kijil*, damit er ein böser Mensch wird. […] Falls wir annehmen, dass das Bewusstsein auch nach dem Tod noch vorhanden ist, würden sie [die bösen Menschen] jeden Tag in Richtung Himmel weinen und über dessen Ungerechtigkeit klagen."
[350] Chŏng Yag-yong 2001, Bd. II, *Nonŏ kogŭmju* Vol. 9, S. 338.

die normalen Menschen, die um das alltägliche Überleben kämpfen mussten, blieb *kŏgyŏng kungli* jenseits ihrer Möglichkeiten, mochten sie auch noch so intelligent sein. Deshalb sei das neokonfuzianische Denken über die Natur der Menschen und die Moral tatsächlich das Monopol einer kleinen Elite. Gerade auf diesen Elitismus zielt die Kritik Chŏng Yag-yongs an Zhu Xi und dem Neokonfuzianismus.[351]

Chŏng Yag-yongs egalitärer Ansatz wird in seinem Denken über die Moral erkennbar. Es geht grundsätzlich von der allgemeinen Fähigkeit des Menschen zur Vernunft und davon aus, dass er einen freien Willen besitzt, aufgrund dessen er sowohl gute als auch böse Taten begehen könne. Da außer dem Menschen keine anderen Lebewesen auf dieser Welt die Fähigkeit zur Vernunft besäßen, seien sie auch nicht in der Lage, über Gut und Böse zu urteilen, sondern lediglich von ihren vorgegebenen Trieben bestimmt. In ihrer Lebenssituation könne kein moralisches Gebot von Gut und Böse bestehen. Deshalb meint Chŏng, ebenso wie Matteo Ricci, dass Moral ein Bereich sei, der nur den Menschen betreffe. Er betont: „Es ist schwierig, das Gute zu tun, und so leicht, das Böse zu tun." Jedoch besäßen alle Menschen die Eigenschaft, „das Gute zu mögen und sich über das Böse zu schämen".[352] Chŏng Yag-yong befreit also den Menschen von der moralischen Einschränkung, die darin besteht, stets auf die Kontrolle und Beherrschung von *kijil* achten zu müssen. Damit hat er den Weg zu der Erkenntnis geöffnet, dass der Mensch in dieser Welt ein subjektives Wesen ist.[353]

---

[351] Ch'a Sŏng-hwan 2002, S. 133.
[352] Chŏng Yag-yong 2001, Bd. III, *Maessi sŏp'yŏng* Vol. 4, S. 203: „Der Himmel gab dem Menschen Vernunft, so hat der Mensch die Grundlage zur Vernunft, gibt es den Zustand der Vernunft und die vom Himmel gegebene Neigung: 1) Die Grundlage ist die Fähigkeit und Macht der Vernunft. Da das Handeln der Giraffen (deren Gutmütigkeit *ren* symbolisiert), notwendig als Gutes bestimmt ist, kann ihre gute Tat nicht ihr Verdienst sein, ebenso die bösen Taten von Wolf und Hyäne, die notwendig als Böses bestimmt sind, nicht ihre Schuld sein kann. Aber der Mensch kann von seinem Wesen her das Gute oder das Böse tun. Diese Fähigkeit hängt von seinem Bestreben ab, die Macht von seinem Willen, deshalb lobt man seine guten und kritisiert seine bösen Taten. [...] 2) Der Zustand der Menschen ist die Grundlage und das Motiv der Vernunft, es ist schwierig, das Gute zu tun, und so leicht, das Böse zu tun. Der Geschlechtstrieb und der Appetit verführen die Menschen von innen und Profit und Ruhm von außen. [...] 3) Die vom Himmel gegebenen Eigenschaften des Menschen können ihn dazu bringen, dass sie das Gute und Gerechte mögen."
[353] Kim T'ae-yŏng 1998, S. 113.

Für Chŏng Yag-yong sind sowohl Gut und Böse als auch Tugend und Nicht-Tugend allein durch konkretes Tun, welches auf dem freien Willen des Menschen beruht, a posteriori zu erlangen, indem der Mensch dadurch seine moralische Neigung erweitert bzw. einschränkt. Chŏng vertritt die Überzeugung, dass die neokonfuzianischen Tugenden von Gutmütigkeit, Gerechtigkeit, Höflichkeit und Weisheit (*inŭiyeji*) nicht als Prinzipien des Himmels a priori in der Natur der Menschen liegen, sondern die moralischen Folgen praktischen menschlichen Handelns seien.[354] Sein philosophisches Interesse gilt der Verwirklichung einer Moral, die auf konkreten sozialen Taten beruht und als alltäglicher Handlungsmaßstab für alle dient, nicht nur für Intellektuelle.

Weil aber die Menschen zu bösen Taten neigten und es schwierig sei, das Gute zu tun, bedürfe es eines personifizierten Gottes *shangdi*, der mit Autorität und Weisheit das menschliche Handeln beaufsichtigt. Nur weil dieser existiere, erklärt Chŏng Yag-yong, könnten die Menschen nichts Böses tun, da sie wissen und fürchten müssen, dass dieser Gott sie auch in der Dunkelheit beobachtet.[355] Diese Erklärung ähnelt der von Ricci in *Tianzhu shiyi*, wo er sagt, dass die Vervollkommnung der Persönlichkeit des Menschen durch kontinuierliche moralische Taten, die die Existenz Gottes voraussetzen, möglich sei. Doch enthält der Gottesbegriff bei Chŏng Yag-yong eindeutig eine politisch revolutionäre Konnotation und unterscheidet sich damit sowohl vom Gottesbegriff Matteo Riccis als auch vom *shangdi*-Begriff, wie er in alten konfuzianischen Texten wie dem *Shijing* Anwendung findet. Chŏng untergräbt mit seinem Gottesbegriff den Sinozentrismus, der wiederum die Grundlage des neokonfuzianischen Denkens der Chosŏn-Dynastie bildet.

Wenn Chŏng Yag-yong sagt, dass alle Menschen vor Gott, also *shangdi*, für ihre Taten verantwortlich seien, meint er damit auch, dass alle Menschen existenziell in der Lage sind, mit Gott zu kommunizieren. Dies ist möglich, weil alle Menschen die intellektuelle Fähigkeit besitzen, vernünftig zu denken. Die Menschen dienen mittels der Rituale Gott, lernen ihn kennen, begleiten ihn und verwirklichen die himmlische Tugendhaftigkeit.[356] Deshalb erklärt

---

[354] Chŏng Yag-yong 2001, Bd. II, *Maengjayoŭi* Vol.1, S. 105.
[355] Chŏng Yag-yong 2001 Bd. II, *Chungyongjagam* Vol. 3, S. 206.
[356] Chŏng Yag-yong 2001, Bd. II, *Chungyongjagam* Vol. 3, S. 202, 204, 224–225, 227.

Chŏng in seiner Moralphilosophie, alle Menschen seien verpflichtet, die Rituale für *shangdi* einzuhalten.

Damit negiert Chŏng Yag-yong eine Grundfeste der neokonfuzianischen Lehre von Chosŏn.

In Chosŏn war es nicht allen erlaubt, die Rituale durchzuführen. Dies war ein Privileg der Könige und der *yangban* (denen der höchste Geburtsstatus in der Gesellschaftshierarchie zukam). Selbst das Recht, Rituale für die Ahnen durchzuführen, war nicht allen gleichermaßen gegeben. Das Recht, die Rituale für den Himmel durchzuführen, besaß allein der chinesische Kaiser. Den Königen in Tributstaaten wie Chosŏn war dies nicht gestattet. Daher glaubten die Neokonfuzianer in Chosŏn, die nach dem Zusammenbruch der Ming-Dynastie durch die von Mandschuren geführte Qing-Dynastie behaupteten, Chosŏn sei nun das kleine Zentrum, ihrerseits, dass der König von Chosŏn eigentlich kein Recht habe, die Rituale für den Himmel durchzuführen.[357] In dieser Situation spricht Chŏng Yag-yong von einem Gott, dem jeder dienen und folgen muss, dem sich jeder nähern kann. Das war im kulturellen Kontext der neokonfuzianischen Gesellschaft Chosŏns revolutionär. Denn dadurch wurde nicht nur der Sinozentrismus, sondern auch die Legitimität der ständischen Ordnung infrage gestellt.

Chŏng Yag-yong schreibt in seinem *Maengjayoŭi* ganz explizit: „Der Himmel fragt nicht, ob ein Mensch Beamter ist oder zum gemeinen Volk gehört"[358] und betont, alle Menschen seien vor Gott gleich.[359] Zudem gibt er seiner Hoffnung Ausdruck, alle Bewohner des Landes zu *yangban* (herrschende Oberschicht in Chosŏn) machen zu können, was natürlich das Ende der Klasse der *yangban* bedeuten musste.[360] Chŏng Yag-yong hat trotz seiner eindeutigen Ansichten über die Gleichheit der Menschen keine weiteren Schritte unternommen, um diesen Themenkomplex theoretisch oder

---

[357] Ch'a Sŏng-hwan 2002, S. 200.
[358] Zitiert nach Kŭm Chang-t'ae 2005, S. 130.
[359] Chŏng Yag-yong 2001, Bd. II, *Maengjayoŭi* Vol. 22, S. 2: „Oben gibt es den Himmel, unten gibt es das Volk."
[360] Chŏng Yag-yong 2001, Bd. I, *Simunjip* Vol.14, Munjip S. 306: „Wenn alle im Lande *yangban* werden, kann es im Lande keinen *yangban* mehr geben. Erst durch die Existenz von Jungen wird die Existenz von Alten erkennbar, ebenso auch die Existenz des Edlen, die nur durch Existenz der Gemeinen zum Tragen kommt. Aber wenn alle edel sind, kann es ja keinen Edlen mehr geben."

empirisch genauer zu fassen. Es ist aber nicht daran zu zweifeln, dass er, ausgehend von seiner Überzeugung von der Gleichheit der Menschen vor Gott, die Problematik der quasi ständischen Ordnung Chosŏns erkannt und nach der Möglichkeit für eine grundsätzliche Reform des Staatssystems gesucht hat.

Einige Autoren stellen Chŏng Yag-yong in die Tradition der politischen Philosophie der Institutionenlehre, die im 16. Jahrhundert von Yulgok Yi Yi begründet und durch Yu Hyŏng-wŏn (1622–1673) und Yi Ik fortgeführt wurde.[361] Yulgok hatte seinerzeit bereits gefordert, dass man sich bei der Herstellung der politischen und sozialen Ordnung im Lande zunächst um die alltäglichen Bedürfnisse des Volkes kümmern solle, bevor man darangehe, sie zur Moral zu erziehen. Er unterschied sich damit deutlich von der damals dominierenden Lehre von T'oegye Yi Hwang, die dem Neokonfuzianismus der Chosŏn-Dynastie einen Höhepunkt bescherte. Yi Hwang ging davon aus, dass die Verwirklichung politischer und sozialer Werte allein durch Selbstkultivierung, vor allem des Herrschers, und die moralische Erziehung der Beherrschten zu erreichen sei. Dabei wurde die Existenz einer inneren Moralität des Menschen vorausgesetzt. Yi Yi hatte schon vorher nach einer Möglichkeit gesucht, politische und soziale Werte, die auf den Bedürfnissen der Menschen beruhten, von außen zu kontrollieren. Auf der Grundlage seiner Überlegungen sollte sich eine Institutionenlehre entwickeln. Diese verfügte allerdings zu Beginn weder über eine feste philosophische Begründung noch über eine entwickelte theoretische Basis. Dennoch stellt sie einen wichtigen Moment in der politischen Ideengeschichte Koreas dar, da mit ihr der Weg zu einem neuen Menschenbild, der im weiteren Verlauf zu Chŏng Yag-yong führte, eröffnet wurde.[362]

Unbestritten ist, dass die Begegnung des jungen Chŏng Yag-yong mit den Werken Matteo Riccis für die Ausformung seines Menschenbildes eine wichtige Rolle spielte. Die westliche Wissenschaft und Religion halfen ihm, im Kontext der sich wandelnden Gesellschaft der mittleren und späten Phase der Chosŏn-Dynastie eine neue Richtung für sein philosophisches Denken zu finden. In diesem Sinne kommt der Rolle des westlichen Wissens im Denken von Chŏng Yag-yong eine ähnliche Bedeutung zu wie dem Konfuzianismus

---

[361] Pak Ch'ung-sŏk; Yu Kŭn-ho 1980, S. 85.
[362] Ebd., S. 86.

im Staatsdenken der frühen Aufklärung in Europa, insbesondere in Deutschland z.B. bei Christian Wolff.[363]
Wenn sich Chŏng Yag-yong, anders als Wolff, in seinen Schriften nicht explizit auf Ricci bzw. die westliche Wissenschaft beruft, liegt dies vor allem an der Abgeschlossenheit des philosophischen Denkens in Chosŏn. Damals wurde alles, was nicht in der Tradition des Neokonfuzianismus stand, als sektiererisch verbannt und schlichtweg verboten. Ungeachtet dessen zeigte Chŏng ein starkes Interesse an der westlichen Wissenschaft und kritisierte den orthodoxen Neokonfuzianismus. Die Gründe dafür lagen in den sozialstrukturellen Widersprüchen seiner Zeit, deren schädliche Folgen nicht mehr zu übersehen waren.

Chŏng Yag-yong kommentiert 1809 die gesellschaftliche Lage: Die Unzufriedenheit der Bauern sei so groß, dass sie kurz vor der Explosion stehe. Die Gefahr von Aufständen sei gegeben. Dennoch werde die Ausbeutung der Bauern durch die Beamten fortgesetzt.[364] Seine Vorschläge im Hinblick auf diese Situation sind geradezu revolutionär. Er betrachtet sogar das Amt des Königs als eine institutionelle Einrichtung und betont, die Menschen hätten ursprünglich ohne jeden Führer zusammengelebt. Erst irgendwann später, als die Konflikte unter ihnen nicht mehr leicht zu regeln waren, hätten sie sich einen Führer gegeben. Dessen Aufgabe sei es gewesen, den Menschen in der von ihm geführten Gruppe das Leben zu erleichtern. Dies gelte auch für den König. Deshalb könne man im Prinzip auch den König absetzen, wenn er seinen Aufgaben nicht gerecht wird.[365] Chŏng Yag-yong sieht also die Beziehung zwischen Herrscher, Beamten und Beherrschten nicht mehr als vertikal festgefügte hierarchische Ordnung. Von der Gleichheit der Menschen ausgehend betrachtet er das Staatssystem als eine organische Gemeinschaft, in der Herrscher und Beherrschte ihre Aufgaben erfüllen und sich somit gegenseitig unterstützen.[366] Darüber hinaus befürwortet er die Abschaffung von Privilegien qua Geburt als Voraussetzung für die Teilnahme an den staatlichen

---

[363] Lee 2003, S. 84–110.
[364] Chŏng Yag-yong 2001, Bd. I, Vol. 19, Brief an Kim Gong-hu.
[365] Chŏng Yag-yong 2001, Bd. I, Vol. 10. Wŏnmok, S. 213.
[366] Chŏng Yag-yong 2001, Bd. V, *Kyŏngseyupyo* Vol. 6, Chŏnje 5, S. 217.

Beamtenauswahlprüfungen; alle Menschen müssten das Recht haben, an dieser Prüfung teilzunehmen.³⁶⁷

Ungeachtet seiner radikalen Reformvorschläge plädiert Chŏng Yag-yong aber nicht für die Abschaffung der Monarchie oder die Bildung eines neuen, letztlich utopischen politischen Systems. Sein Denken orientiert sich an realistischen Reformen, die in der Praxis tatsächlich umsetzbar sind. Für die Reformvorhaben sollte auch die Macht des Königs eingesetzt werden. Deshalb erwähnt er in seinen Schriften häufig die legendären Kaiser Yao und Shun des alten China, auf die sich auch Christian Wolff immer wieder beruft, insbesondere auf den idealstaatlichen Charakter ihrer Herrschaft. Chŏng nutzt die absolute Autorität der alten konfuzianischen Texte, um seine Argumentation gegen den Neokonfuzianismus zu untermauern.

Es ist nicht gerecht, Chŏng Yag-yong eine Neigung zum Despotismus zu unterstellen, nur weil er den König als Verbündeten in seine Reformvorhaben einzubeziehen beabsichtigte. Berücksichtigt man die politische Lage Chosŏns im 18. Jahrhundert, wird seine pro-monarchische Position verständlich. Die neokonfuzianische Lehre von Zhu Xi favorisierte die Herrschaft von Ministern gegenüber der unmittelbaren Herrschaft durch den Monarchen. Sie vertrat die Auffassung, dass die erbliche Monarchie zwar nicht unbedingt klug und weise sein müsse; dafür sollten aber die Minister, die durch staatliche Prüfungen und Leistungen in die höchsten Ämter gelangt waren, weise und kompetent sein. Deshalb, so Zhu Xi, liege die Aufgabe der Monarchen in der Auswahl der Minister und die Aufgabe der Minister in der Ermahnung des Monarchen.³⁶⁸ Indes musste Chŏng Yag-yong beobachten, wie die Macht des Königs schrumpfte, während mächtige Clans und Adelige in der alten Zeit die Macht an sich rissen und die Ordnung des Staates durch Korruption und Machtkämpfe untergraben wurde. In dieser Situation konnte, wer eine Reform des Staates erreichen wollte, seine Hoffnungen entweder auf die Stärkung des Monarchen oder auf eine Revolution von unten setzen.³⁶⁹ Chŏng Yag-yong sah in König Chŏngjo (1752–1800, reg. 1777–1800), der als

---

[367] Chŏng Yag-yong 2001, Bd. V, *Kyŏngseyupyo* Vol. 13, S. 500–501.
[368] Zhu Xi 1977, Vol. 12, *Kiyugoesanggyusa*.
[369] Kim T'ae-yŏng 1998, S. 206.

Reformkönig der späten Chosŏn-Zeit gilt, am ehesten Chancen für die Verwirklichung seiner Vorstellungen. Nach dem Tod von König Chŏngjo, der Chŏng Yag-yong vor seinen politischen Gegnern geschützt hatte, wurde dieser achtzehn Jahre lang unter dem Vorwand, er sei Katholik, verbannt. Zugleich wurde die Verfolgung der Katholiken insgesamt forciert. Damit verlor Chŏngs politisch-philosophisches Denken jede Chance darauf, in der Praxis umgesetzt zu werden. Es lebt lediglich im ideengeschichtlichen Erbe fort.

Fazit

In der interkulturellen politischen Ideengeschichte kommt Chŏng Yag-yong neben Matteo Ricci wegen seiner positiven Rezeption einer fremden Lehre eine besondere Bedeutung zu. Das ist aber nicht alles. Denn was wir bei ihm beobachten, ist, wie Elemente der fremden Lehre zur Artikulation einer hegemonialen Strategie auf dem sozio-symbolischen Operationsfeld der Diskurse eingesetzt werden, um eigene Argumente zu untermauern und sich damit politische Vorteile zu verschaffen. Eine ganz andere Frage ist, ob er mit diesen Strategien erfolgreich war oder nicht. Die Konkurrenzkämpfe um die hegemoniale Position auf dem sozio-symbolischen Operationsfeld erklären auch, warum Chŏng Yag-yong mit seinem neuen Denksystem für gefährlich gehalten und schließlich verbannt wurde. Das neue Menschenbild, wie es von Chŏng bereits 1784 artikuliert wurde, beinhaltete eine indirekte Kritik an der Hegemonie des neokonfuzianisch-ontologischen Menschenbildes.

Chŏng Yag-yong setzte auf das Selbsttraining als Weg zur Vervollkommnung der Moralität und rekurrierte eben nicht auf irgendeine vorbestimmte Wesensart. Das nicht-essentialistische Menschenbild, das von der autonomen Fähigkeit der Menschen zur Vernunft ausgeht, stand in Korea im Mittelpunkt der Auseinandersetzung zwischen Chŏng Yag-yong und den orthodoxen Neokonfuzianern. Angegriffen wurde Chŏng jedoch nicht wegen seiner politisch-philosophischen Positionen, sondern wegen seines katholischen Glaubens, dem er möglicherweise schon vorher abgeschworen hatte.

Matteo Ricci, der eine Brücke zwischen den beiden Kulturkreisen bildete und die Operationalisierung des diskursiven Feldes von Konfuzianismus bzw.

westlicher Wissenschaft im politisch-philosophischen Denken Chŏng Yagyongs überhaupt erst ermöglichte, geriet, anders als Chŏng, nicht in politische Schwierigkeiten. Dies hängt damit zusammen, dass Ricci mit seiner Akkommodationsmethode, mit der er zwei unterschiedliche diskursive Felder, nämlich den Konfuzianismus und den Katholizismus, miteinander verknüpfte, die Hegemonie des chinesischen Kaisers nicht in Frage stellte. Erst in dem Moment, in dem der Vatikan diese Missionsmethode verbot, wurde die Grundlage für die Verknüpfung der beiden diskursiven Felder zerstört. An ihre Stelle trat die Konfrontation. In Korea sollte sie die Beschäftigung der folgenden Generationen mit dem Konfuzianismus prägen.

Wiedergeburt von Konfuzius?
Renaissance des Konfuzianismus in Ostasien

Im Mittelpunkt dieses Kapitels steht die sog. „Renaissance des Konfuzianismus", welche seit dem Ende des 20. Jahrhunderts von Medien und Wissenschaft sowohl in Ostasien als auch im Westen vermehrt zum Thema gemacht wird.[370] Nach mehr als einem Jahrhundert seiner Ablehnung als der kulturellen Ursache für die Niederlage Chinas gegenüber dem Westen und der Kolonialisierung Koreas durch Japan scheint der Konfuzianismus in Ostasien wieder aufzuerstehen. Der unmittelbare Anlass war in erster Linie der wirtschaftliche Erfolg der ostasiatischen Länder – zuerst Japans, dann der sog. vier Tigerstaaten Hong Kong, Singapur, Südkorea und Taiwan, und zuletzt auch Chinas. Es ist die Rede davon, dass diese Länder aufgrund der konfuzianischen Kultur, die den Bürgern, vor allem aber den Arbeitern Disziplin und Gehorsamkeit gegenüber der Obrigkeit zur zweiten Natur habe werden lassen, dadurch einen Standortvorteil gegenüber anderen Konkurrenten hätten. Seit dem wirtschaftlichen Aufstieg Chinas spricht man den auf einer Stärkung der Meritokratie beruhenden politischen Reformen in China wieder ein höheres Maß an Zukunftsfähigkeit zu als der liberalen Demokratie des Westens.

Interessanterweise wurde nämlich dem sich auf die konfuzianische Lehre berufenden politischen System Chinas vor 300 Jahren schon einmal Modellcharakter zugesprochen. Damals, zu Beginn des 18. Jahrhunderts, vertrat Christian Wolff, einer der einflussreichsten Philosophen der frühen Aufklärung, die Auffassung, dass das auf persönlicher Leistung beruhende Elitenauslesesystem Chinas vernunftgemäßer sei als das auf Blut und Geburt basierende politische System Europas. Allerdings gingen seine Hoffnungen darauf, dass sich der aufgeklärte Absolutismus nach chinesischem Vorbild in Deutschland und Europa durchsetzen würde, nicht in Erfüllung. Wolff selbst galt im Zuge des Aufstiegs des politischen Liberalismus in Deutschland bald sogar als Befürworter der absoluten Monarchie und geriet nach Kant so gut

---

[370] Siehe z.B. Elman, Duncan, Ooms 2002; Billioud, Thoraval 2015; Kaplan 2018.

wie in Vergessenheit.[371] 300 Jahre danach gibt es in der Politikwissenschaft heute neuerlich, allerdings ohne Rückgriff auf die ältere Diskussion und in ganz anderer Absicht, den Versuch, eine neue Sorte von „Chinoiserie" im politischen Diskurs des Westens zu etablieren und mit Glanz zu versehen. So behauptet Daniel A. Bell ganz explizit, dass das chinesische Modell leistungsfähiger sei als die liberale Demokratie des Westens.[372] Solche Auffassungen fallen, nicht zuletzt wegen der in letzter Zeit weltweit um sich greifenden Populismen, die als Schwäche der Demokratie wahrgenommen werden, neuerdings innerhalb und außerhalb der Wissenschaft auf fruchtbaren Boden.

Gleichzeitig ist nicht zu übersehen, dass mit diesen Argumenten der politischen Führung in Beijing ein Instrument in die Hand gegeben wird, mit dem sie sich nach innen wie nach außen Legitimation verschaffen kann. Es ist daher nicht verwunderlich, dass sie sich selbst sehr aktiv an der Vertiefung und Verbreitung solcher Thesen beteiligt. Nach innen geschieht dies durch die Propagierung eines sich auf Konfuzius berufenden, stark nationalistisch geprägten Geschichtsbildes; nach außen durch die chinesische Kulturpolitik, die mittlerweile über ein weltweites, enges Netz von Konfuzius-Instituten verfügt. Auch andere autoritäre Regierungen, wie z.B. die Singapurs, oder auch konservative politische Kräfte in Südkorea berufen sich auf dieses vermeintlich konfuzianische Erbe. Zugleich bestärken die westlichen Medien sowie einige Politikwissenschaftler, hier wie dort, diese Legitimationsstrategien, indem sie von einer Dualität, ja einer unvermeidbaren Konfrontation im Sinne des Huntingtonschen Paradigmas von einem „Kampf der Kulturen" zwischen östlichem Konfuzianismus und westlich-christlicher Zivilisation ausgehen. Durch diese diskursive Koalition wurde die Propagierung von „konfuzianischen" bzw. „asiatischen Werten" der 1990er Jahre neu belebt.[373]

Derartige politische Instrumentalisierungen des Konfuzianismus – sowohl in Ostasien als auch im Westen – führten stets zu verzerrten Wahrnehmungen von Konfuzius und des Konfuzianismus. Denn die konfuzianische Lehre besteht, anders als diejenigen, die diese Lehre politisch instrumentalisieren, behaupten, keineswegs aus einer bloßen Morallehre. Es handelt sich vielmehr

---

[371] Lee 2003.
[372] Bell 2015.
[373] Lee 1995a, S. 852–862.

um eine zutiefst humanistische Lehre. In ihrem Mittelpunkt stehen Fragen der richtigen Ordnung der Welt und von Wahrheit und Gerechtigkeit. Die Geschichte des konfuzianischen Denkens ist geprägt von vielfältigen und tiefgehenden philosophischen Auseinandersetzungen mit Leben und Tod, mit den Beziehungen zwischen dem Individuum und der Gemeinschaft sowie zwischen der Natur und dem Menschen. In ihrer Suche nach Wahrheit unterscheiden sich die konfuzianischen Gelehrten nicht von den Philosophen im Westen. Im Gegensatz zu den griechischen Philosophen blieben allerdings Konfuzius und seine Schüler, seitdem ihre Lehre im 2. Jahrhundert v. Chr. zur Grundlage der politischen Herrschaft in China geworden war, stets unmittelbarer Bezugspunkt aller politischen Debatten und Entscheidungen. So ist etwa die Einrichtung von Staatsprüfungssystemen in China, Korea und Vietnam ein bezeichnendes Beispiel für die politische Nutzung dieser Lehre. Tatsächlich wurde die konfuzianische Lehre im Laufe der Geschichte Ostasiens immer wieder neu politisch instrumentalisiert. Selbst nach dem Zusammenbruch des traditionellen Herrschaftssystems im 19. Jahrhundert blieb der Konfuzianismus weiterhin Angelpunkt der politischen Debatten in Ostasien: er wurde entweder bekämpft oder verteidigt.

Eine eindeutige Verknüpfung zwischen den neuen, aus dem Westen gekommenen politischen Denktraditionen und den Einstellungen gegenüber dem Konfuzianismus ist dabei nicht festzustellen. Sowohl Kommunisten als auch liberale Demokraten haben sich dem Konfuzianismus je nach den politischen Gegebenheiten entgegengestellt bzw. ihn verteidigt. Interessanterweise wird in den neueren Diskursen gar nicht thematisiert, ob und inwiefern die Gesellschaften Ostasiens einhundert Jahre nach dem Zusammenbruch des alten Systems überhaupt noch „konfuzianisch" geprägt sein können bzw. sind. Der Konfuzianismus wird unausgesprochen als die kulturelle Grundlage vorausgesetzt, die das Leben der Menschen in Ostasien nach wie vor bestimmt.

Vor diesem Hintergrund wird im Folgenden die Geschichte der politischen Nutzung und Instrumentalisierung des Konfuzianismus in Ostasien umrissen. Sie umfasst abwechselnd Versuche der Zerstörung und der Wiederbelebung der konfuzianischen Tradition. Einen solchen Wechsel erlebte der Konfuzianismus zuletzt in der Volksrepublik China.

„Nieder mit Konfuzius"
Bekämpfung der konfuzianischen Tradition

Der Konfuzianismus galt in Ostasien seit der überraschenden Niederlage Chinas im Opiumkrieg von 1840 über mehr als einhundert Jahre lang als Hauptursache für die Rückständigkeit dieser Länder. Er wurde deshalb von den meisten Politikern und Intellektuellen in China und Ostasien überhaupt abgelehnt und bekämpft. Diese keineswegs nur intellektuellen Kämpfe erfassten über viele Jahrzehnte breite soziale Bewegungen und bewirkten tiefgreifende Veränderungen in den Gesellschaften dieser Länder.

Unmittelbar nach dem gewaltsamen Eindringen des Westens in die ostasiatische Welt im 19. Jahrhundert kam es unter Politikern und Intellektuellen zu heftigen Auseinandersetzungen darüber, wie die dadurch ausgelösten Herausforderungen, sei es durch Reformen, Revolutionen oder die Revitalisierung von Traditionen, zu bewältigen wären. Schon damals entbrannten in China, Japan und Korea die bis heute weiterwirkenden Debatten über „Geist und Moral des Ostens und Technik und Instrumente des Westens".[374] Diese Auseinandersetzungen, die mit politischen Machtkämpfen verwoben waren, nahmen teilweise einen recht blutigen Verlauf. In Japan hatte die Fraktion, die für Reformen und westliche Modernisierung eintrat, den Machtkampf schon 1868 für sich entscheiden können. Hingegen taten sich die Reformer in Korea und China wesentlich schwerer. Die Reformversuche von 1884 in Korea bzw. von 1898 in China schlugen fehl. Ihre Protagonisten flohen nach Japan oder in die USA oder wurden hingerichtet.

Angesichts der gescheiterten Reformversuche in den Nachbarländern, insbesondere 1884 in Korea, verlangte Fukuzawa Yukichi (1835–1901), der einflussreichste kritische Intellektuelle seiner Zeit, dass Japan sich nunmehr von Asien verabschieden sollte, da die anderen konfuzianisch geprägten Länder offensichtlich nicht in der Lage wären, sich von der alten Tradition zu befreien.[375] Für Fukuzawa symbolisierte der Konfuzianismus das alte System, das es zu überwinden galt. Bereits 1875 schrieb er in seinem Hauptwerk „*Bunmeiron no gairyaku* (Grundriss der Zivilisationstheorie)", die Geschichte der

---

[374] Diese Diskussion trägt in diesen drei Ländern unterschiedliche Namen: *zhongtixiyong, wakonyōsai, tongdosōgi*. In Japan sprach man vor 1868 von *tōyō dōtoku seiyō geijutsu* (z.B. Yoshida Shōin).
[375] Fukuzawa Yukichi 1885, S. 238–240.

Menschheit habe sich in drei Stufen von der „Barbarei" (*yaban*) zur „Halbzivilisation" (*bankai*) und schließlich zur „Zivilisation" (*bunmei*) fortentwickelt. Europa und Amerika befänden sich auf der höchsten Stufe der Entwicklung, während Asien noch im Zustand der Halbzivilisation und Afrika in dem der Barbarei verharrten. Die Länder Asiens sollten sich deshalb die europäische Zivilisation zum Vorbild und Ziel nehmen.[376] Fukuzawas Ansicht wurde in Korea nicht nur von seinem Schüler Yu Kil-chun, sondern auch von einer Reihe junger Intellektueller der sog. *Kaehwa*-Fraktion geteilt, die für eine Öffnung und schnelle Modernisierung des Landes eintraten. Sie befürworteten radikale Reformen nach japanischem Vorbild. Die von dieser Fraktion 1895 durchgesetzte Verordnung des kurzen Haarschnittes für erwachsene Männer, d.h. des Abschneidens des Zopfes (*sangt'u*), zeigt nicht nur symbolisch ihre ablehnende Haltung gegenüber dem Konfuzianismus. Korea war bis dahin das am stärksten vom Konfuzianismus geprägte Land. Der Neokonfuzianismus war offizielle Staatslehre und galt als moralische Grundlage der Gesellschaft. Aus der Sicht der orthodoxen Neokonfuzianer symbolisierte der Zopf (*sangt'u*) die kindliche Pietät. Den Reformpolitikern und den mit ihnen verbündeten Intellektuellen ging es aber nicht nur um den Zopf, sondern auch darum, die koreanischen Essgewohnheiten zu modernisieren. Koreaner sollten nicht mehr Kimchi und Reis, sondern Fleisch und Brot essen und sich so zivilisieren.[377]

In ihrer grundsätzlichen Absage an die Tradition des eigenen Landes unterscheiden sich die um die einflussreiche Zeitschrift „*Xinqingnian* (Neue Jugend)"[378] gescharten Intellektuellen im China der 1920er und 1930er Jahre

---

[376] Fukuzawa Yukichi 1875, S. 25–29.
[377] So hieß es etwa in einem Leitartikel der einflussreichen koreanischen Zeitung „Tongnipsinmun (The Independent)", dem Sprachrohr dieser Intellektuellen, am 10.10.1896: „Der Grund, warum Korea so arm, seine Bevölkerung so unwissend und seine Beamten so unfähig sind, liegt darin, dass sie alle nicht gebildet sind. Wenn Korea mächtig und reich werden und seine Menschen im Ausland respektiert werden sollen, müssen sie zuerst von den alten Sitten und Gewohnheiten lassen und neue Wissenschaften erlernen, damit sie wie die Völker der zivilisierten Staaten werden. Dann werden auch sie über Politik diskutieren können, [...] nicht mehr Baumwollkleider, sondern Wolle und Seide tragen, nicht mehr Reis und Kimchi, sondern Fleisch und Brot essen, [...] nicht mehr *sangt'u*, sondern wie die Völker der Welt kurze Haare tragen, [...] sie werden ihre Regierung lieben und es wird es nie wieder Volksaufstände geben."
[378] Die Wirkung der „Neuen Jugend" und so mitreißender Autoren wie Chen Duxiu oder Hu Shi auf die akademische Jugend war außerordentlich groß. Auch Mao Zedong gehörte in jungen

kaum von den Reformpolitikern und Intellektuellen im Korea der 1890er Jahre. Auch sie betrachteten das eigene Land und seine konfuzianische Tradition als „rückständig asiatisch" und idealisierten den Westen und seine Zivilisation. Sie glaubten ebenso wie Fukuzawa, dass die entscheidende Voraussetzung für die Modernisierung ihres Landes nicht nur in der Übernahme westlicher Technologie, sondern auch des westlichen Denkens und westlicher Institutionen überhaupt liege. Entsprechend verdammten sie nach dem von Hu Shi, einem damals berühmten Intellektuellen, geprägten Motto „Nieder mit dem Konfuzius-Laden!" die konfuzianische Tradition als System der Stagnation, Unfreiheit, Ungleichheit und Unterdrückung.[379] Sie betrachteten das Verhältnis zwischen Chinesischem und Westlichem stets als Gegensatz zwischen dem Alten und dem Neuen, dem Passiven und dem Aktiven, dem Abhängigen und dem Unabhängigen, der Despotie und der Demokratie, der Welt der Phantasierenden und der der Wissenschaften, etc.[380]

Diese Gruppe war in ihrem Unterfangen, die Weichen neu zu stellen, entschlossen, traditionelle Werte, die sie „Götzen" nannte, ein für alle Mal zu zerstören. Eine beliebte Zielscheibe ihrer Angriffe war deshalb die konfuzianische Moral, insbesondere die Familienmoral, in der sie die eigentliche Wurzel der despotischen Herrschaft in China sah. Entsprechend galt ihr die Befreiung von der konfuzianischen Moral als eine wichtige Voraussetzung für die Freiheit des chinesischen Volkes und die Schaffung eines modernen Staatswesens.[381] Chen Duxiu, der Gründer der Kommunistischen Partei Chinas, rief aus: „Zerstört! Zerstört die Idole! Unsere Überzeugungen müssen auf Realität und Rationalität gebaut sein. All die Phantasien, die wir aus den alten Zeiten überliefert bekommen haben, die religiösen, politischen, die

---

Jahren zu ihren Lesern. Er erzählte Edgar Snow, dass ihn die „Neue Jugend" sehr stark beeinflusst und er daraufhin 1917/18 mit seinen Freunden die „Gesellschaft für ein neues Volk" (*Xinmin xuehui*) gegründet habe. „Die meisten dieser Gesellschaften entstanden unter dem Einfluss der Xinqingnian („Neue Jugend'), der berühmten, von Chen Duxiu herausgegebenen *Zeitschrift für literarische Erneuerung*. Ich hatte diese Zeitschrift zu lesen angefangen, als ich Student am Lehrerseminar war, und bewunderte die Beiträge von Hu Shi und Chen Duxiu. Sie wurden eine Zeitlang meine Vorbilder und ersetzten Liang Qichao und Kang Youwei [...]" (Snow 1974, S. 151–152).

[379] Staiger 1990, S. 141; Daniel W.Y. Kwok, 1965.
[380] Song 1983, S. 225.
[381] Staiger 1990, S. 141.

ethischen und andere falsche und irrationale Überzeugungen sind Idole, die zerstört werden müssen! Wenn diese falschen Idole nicht zerstört werden, kann die universale Wahrheit nicht zur Grundüberzeugung in unseren Köpfen wiederhergestellt werden."[382] Zum Glaubenskodex der um die „Neue Jugend" versammelten Intellektuellen gehörte somit die Zerstörung des Konfuzianismus sowie die Erschaffung des neuen China auf der Grundlage der aus dem Westen gekommenen Ideen.[383]

Auch in Korea selbst lebten die in den 1880er Jahren begonnenen Debatten weiter fort. Yi Kwang-su, der die Unabhängigkeitserklärung vom 1. März 1919 verfasst hatte, reihte sich 1923 in die Reihe der Konfuzianismuskritiker ein und war dabei in seiner Absage an die konfuzianische Tradition nicht weniger radikal als seine chinesischen Gesinnungsgenossen. Man müsse die gesamte Nation von Grund auf erneuern. Dafür solle sie sich von jeglicher traditionellen Denkweise verabschieden und moderne, rationale Ideen aufnehmen.[384] Wie er engagierten sich in den 1920er und 1930er Jahren viele junge Intellektuelle Koreas in „Bewegungen zur Selbststärkung der Nation" durch Überwindung der konfuzianischen Tradition.

Im Kern stimmt die Yi Kwang-su´sche These von der „Erneuerung der Nation" mit der von Mao Zedong vom „Neuen Menschen" überein, obwohl die dahinterstehenden politischen Ideologien gegensätzlicher nicht sein könnten. Beide waren überzeugt, dass die Schaffung einer starken Nation die gründliche Beseitigung der konfuzianischen Tradition erforderte. Dazu gehört Mao Zedongs These vom „Neuen Menschen": Der Mensch sei seiner Natur nach veränderbar, er könne durch Erziehung zum „Neuen Menschen" erzogen und so eine „Neue Welt" geschaffen werden. Daher kämen, um „die schlechte Welt zu verändern", der kommunistischen Partei und Mao selbst die Aufgabe zu, die Massen zu „tugendhaftem Verhalten" zu erziehen.[385] An die Stelle der traditionell-konfuzianischen Lehre sollten die Gedanken Maos treten. Die Umsetzung dieses Ziels begann dann auch 1949 mit der Gründung der Volksrepublik und setzte sich bis zu Maos Tod 1976 fort.

[382] Chen 1918. Zit. n. Chow 1960, S. 297.
[383] Levenson 1958, S. 105.
[384] Yi Kwang-su 1922.
[385] Heberer 1990, S. 221.

Durch Massenbewegungen wurde das traditionelle Familiensystem zerstört und der Beamtenapparat entmachtet. Die Kulturrevolution war in diesem Prozess der letzte Höhepunkt im Kampf gegen die konfuzianische Tradition. Konfuzius wurde zum schlimmsten Schreckgespenst überhaupt und die traditionellen konfuzianischen Gebräuche wurden als Überbleibsel des Feudalismus radikal beseitigt. Die jungen Rotgardisten fanden nichts dabei, die Statuen von Konfuzius und seinen Schülern in der Großen Konfuzius-Halle in der Stadt Gifu in Shandong zu zerstören.

Der Konfuzianismus wurde im Zuge seiner jahrzehntelangen Bekämpfung dermaßen gründlich beseitigt, dass die in diesen Tagen, wie wir noch sehen werden, neuerlich gefragten Konfuzianismusforscher nicht einmal wissen, wie sie sich bei Ritualen in der konfuzianischen Akademie korrekt zu verhalten haben. Auch das zeigt, wie recht Thomas Metzger hatte, als er im Zusammenhang mit der Modernisierung Ostasiens von einem „tödlichen Genickbruch" der konfuzianischen Tradition sprach.[386]

„Konfuzianische Werte" und Autoritarismus

Abgesehen von einigen orthodoxen Konfuzianern in Korea setzte sich Ende des 19. Jahrhunderts in Ostasien so gut wie niemand mehr für die Wahrung der konfuzianischen Tradition ein. Das gilt auch für japanische Intellektuelle wie Okakura Tenshin oder Tarui Tokichi, die eine ostasiatische Alternative zur westlichen Zivilisation entwarfen.

Es ging ihnen dabei freilich nicht um den Konfuzianismus, sondern vorrangig um die Rechtfertigung der von Japan eingenommenen Rolle als „führende Nation" in Asien. Erst als Europa angesichts der Opfer und Verwüstungen des Ersten Weltkrieges an sich selbst und seiner Kultur zu zweifeln begann, entdeckten einige wenige chinesische Intellektuelle die ostasiatisch-konfuzianische Kultur neuerlich als menschlichere Alternative zu der von ihnen wahrgenommenen zerstörerischen Kraft des westlich geprägten Fortschrittsgedankens.

Liang Qichao, der junge Weggefährte von Kang Youwei, dem bedeutendsten chinesischen Reformpolitiker am Ende des 19. Jahrhunderts,

---

[386] Metzger 1990, S. 307–356.

bereiste unmittelbar nach dem Ersten Weltkrieg Europa. Unter den Eindrücken dieser Reise veröffentlichte er 1920 in chinesischen Zeitschriften mehrere Artikel, in denen er von der Katastrophe, die die Wissenschaft als Grundlage der westlichen Kultur hervorgebracht habe, spricht. Dort erklärt er den chinesischen bzw. östlichen Geist zur einzig tragfähigen Alternative für China.[387]

Auch Liang Shuming, Professor für indische und chinesische Philosophie, argumentiert 1921 in seiner vergleichenden Studie über die „Östliche und Westliche Kultur und ihre Philosophien" (*Dongxi wenhua jiqi zhexue*), dass die Modernisierung Chinas nur auf der Grundlage der konfuzianischen Kulturtradition gelingen könne.[388] Für ihn bedeutete die chinesische Tradition der Anpassung der Bedürfnisse an die wirtschaftlichen und sozialen Notwendigkeiten eine höhere Form des Humanismus, welche weder die westliche Zivilisation mit ihrer ungebremsten Fortschrittsideologie noch die indische Welt mit ihrer Überwindung des Ich und seiner Wünsche erreichen konnten. Liang vertritt den Standpunkt, dass eine verjüngte chinesische Zivilisation die Grundlage der zukünftigen weltweiten Zivilisation bilden würde.[389]

Möglicherweise hatte sich Tschiang Kai-shek (Jiang Jieshi), der Nachfolger Sun Yatsens als Führer der *Guomindang*-Regierung, von dieser intellektuellen Debatte inspirieren lassen, als er 1930 seine Landsleute dazu aufrief, sich „wieder auf die Tugenden der Vorfahren zu besinnen". Die Argumente, die Tschiang, der sich als Erziehungsdiktator des Volkes verstand, vorbrachte,

---

[387] Gernet 1979, S. 206; Song 1983, S. 251.
[388] Große Teile dieses Werks hat Zbigniew Wesolowski übersetzt und seiner 1997 veröffentlichten Dissertation als Anhang beigefügt.
[389] Wesolowski 1997, S. 358; Kwok 1972, S. 214. Mit diesem bis heute berühmten Buch wurde Liang Shuming zu einer führenden Figur der „Kulturkonservativen". Mit ihm wurde diese Strömung zum Gegenpart des „radikalen Westlertums" (siehe Jeng Jiadong 1993, S. 171). Zhang Junmai (Carsun Chang), ein weiterer „Kulturkonservativer", hielt 1923 an der Qinghua-Universität eine Vorlesung über „Die Philosophie des Lebens", in der er den Glauben an die Allmächtigkeit der Wissenschaft ernsthaft in Frage stellte. Der Vortrag wurde anschließend in der Zeitschrift „Qinghua Zhoukan" abgedruckt und rief die Anhänger des „radikalen Westlertums" sofort auf den Plan. Damit war eine intellektuelle Kontroverse eröffnet, die, was die freie Diskussion und Auseinandersetzung mit westlichen Ideen betraf, zur Goldenen Dekade werden sollte. Doch schon in den dreißiger Jahren schrumpfte der Raum für diese Debatten infolge der Diktatur der *Guomindang*, der Durchsetzung des Sunyatsenismus als Staatsideologie und des chinesisch-japanischen Krieges von 1937–1945 beträchtlich, um dann nach dem 2. Weltkrieg fast völlig zu verschwinden. Siehe Meißner 1994, S. 7.; Chang 2016.

unterscheiden sich jedenfalls kaum von denen der kulturkonservativen Konfuzianer der 1920er Jahre. So rief er am 19. Februar 1934 dazu auf, die „Wiedergeburt Chinas" auf „Wissen und Tugend" aufzubauen und zur „Erneuerung des chinesischen Geistes" die „Bewegung Neues Leben" voranzutreiben. Die Schwäche Chinas bestehe darin, dass man die alten Tugenden vollständig vergessen habe.[390]

Mit der „Bewegung Neues Leben" sollten die sog. „vier traditionellen Tugenden" gefördert werden, auf deren Grundlage sich die „Wiedergeburt des chinesischen Volkstums" vollziehen sollte: „$lǐ$", „$yì$", „$lián$" und „$chǐ$".[391] Diese Bewegung zielte nicht auf eine grundlegende Änderung der gesellschaftlichen Verhältnisse ab, sondern auf eine moralische Verbesserung der Lebensgewohnheiten des Volkes im Sinne größerer Disziplin und Gehorsamkeit. Zugleich führte die *Guomindang*-Regierung traditionelle Konfuziuskulte wieder ein und erklärte den 27. August zum Geburtstag von Konfuzius und zum Nationalfeiertag. Letztlich blieb dies ein missglückter Versuch Tschiang Kai-sheks, den Konfuzianismus für seine Zwecke zu instrumentalisieren. Die innergesellschaftlichen ideologischen Gräben, die Tschiangs Versuche einer Rekonstitution des Konfuzianismus insbesondere von den jungen Generationen trennten, vertieften sich nur noch weiter. Zudem wurde der Konfuzianismus nun nur noch mehr als Sache von Diktatoren und *warlords* wahrgenommen.

Danach sollte es drei Jahrzehnte dauern, bis der Konfuzianismus in Ostasien wieder in ein positiveres Licht gestellt wurde. Dazu trugen die wirtschaftlichen Erfolge der „fünf Drachen" (Japan, Taiwan, Südkorea, Hongkong und Singapur) erheblich bei.[392] Es waren zunächst amerikanische Japanologen, die versuchten, einen Zusammenhang zwischen dem Wirtschaftswachstum Japans und der japanischen Kultur zu konstruieren.

---

[390] Meißner 1994, S. 182.
[391] Einer der Führer der nationalistisch orientierten chinesischen Studenten in Deutschland und der Schweiz hat 1936 folgende Übersetzung vorgelegt: „'li' bedeutet: Form, Höflichkeit, Anstand, Tugend; es ist die wohlgeordnete Haltung der Persönlichkeit. 'yi' bedeutet: Angemessenheit, Pflichtgefühl, Rechtlichkeit; es ist das angemessene, rechtliche Verhalten in allen Lebenslagen. 'lian' bedeutet: Reinheit, Redlichkeit, Maß; es ist die Vermeidung jeder unredlichen Handlungsweise. 'chi' bedeutet: Gewissen, Schamgefühl; es ist das Gefühl für Verletzung einer der Tugenden li, yi, oder lian." (Zit. n. Domes 1969, S. 552–553).
[392] Tu Weiming 1995, S. 381–382.

Ausgangspunkt war das Buch „Tokugawa Religion" von Robert Bellah. In Anlehnung an Max Weber vertrat dieser die These, dass die konfuzianische Kultur Japans die Besonderheiten seiner wirtschaftlichen Entwicklung erklären könne.[393] Als Bellah seine 1957 publizierte Dissertation 1960 auf einer Tagung in Japan vorstellte, wurde er von dortigen Historikern und Kulturwissenschaftlern scharf kritisiert und in systematischer Weise auf die Unzulänglichkeiten seines Ansatzes und dessen faktischer Grundlagen hingewiesen.[394] Ungeachtet der gut begründeten Einwände der japanischen Wissenschaftler gelang es amerikanischen Japanologen, Bellahs These zur herrschenden Meinung bei der Erklärung des japanischen Wirtschaftsmodells zu machen.[395] Als dann die sog. vier kleinen Tigerstaaten (Südkorea, Taiwan, Hongkong, Singapur) einen ähnlich rasanten wirtschaftlichen Aufholprozess durchliefen, wurde Bellahs These auch noch auf diese Länder ausgeweitet. Es hieß nunmehr, konfuzianische Werte seien die kulturelle Grundlage der wirtschaftlichen Entwicklung dieser Länder. Und man begann vom konfuzianischen Kapitalismus zu fabulieren.

Methodisch verfahren die Vertreter der konfuzianischen Kapitalismusthese nach demselben Schema wie Robert Bellah (der sich wiederum Max Weber zum Vorbild genommen hatte): Zuerst hebt man einige kulturelle Elemente hervor, die für die wirtschaftlichen Erfolge entscheidend gewesen sein sollen, um diese dann auf die konfuzianische Tradition zurückzuführen. Über die Probleme, von denen solcherlei Theoriebildungen begleitet werden, hätte man in aller Ruhe wissenschaftlich diskutieren können, so wie das die

---

[393] Bellah 1957.
[394] Dieses Treffen zwischen amerikanischen Japanologen und japanischen Wissenschaftlern 1960 in Hakone nimmt in der Geschichte der Japan- und Ostasienforschung einen wichtigen Platz ein. Zuvor hatten sich die amerikanischen Japanforscher 1958 zur ersten „Conference on Modern Japan" an der Universität Michigan getroffen. Dort wurde das bis dahin vorherrschende, negative Bild der japanischen Geschichte in Frage gestellt und u.a. über die marxistischen Ursprünge dieses Bildes diskutiert. Man nahm sich abschließend vor, eine umfassende Revision dieses Geschichtsbildes vorzunehmen. Das geschah dann 1960 auf der erwähnten Hakone-Konferenz. Siehe dazu Distelrath 1996, S. 186–198.
[395] Der rasante wirtschaftliche Aufstieg Japans in den 1960er und 1970er Jahren schien die These empirisch zu bestätigen. Im Westen reagierte man allerdings nicht nur mit Erstaunen und Bewunderung, sondern auch mit Angst. Diese schwingt bei Titeln wie „Japan as Number One" (Ezra Vogel), „The Emerging Japanese Superstate. Challenge and Response" (Herman Kahn) und „The Eastasia Edge" (Hofheinz, Calder) deutlich mit.

japanischen Wissenschaftler mit Bellah und seinen Anhängern getan hatten. Stattdessen machten sich die autoritären Herrscher in Ostasien, allen voran Singapurs, die These vom konfuzianischen Kapitalismus zu eigen, um mit ihr ihre repressive, auch Menschenrechte verletzende Herrschaft zu legitimieren.[396] Danach machte das Beispiel Singapur auch in anderen Ländern Schule. In China, in dem es über Jahrzehnte eine „Anti-Konfuzius-Kampagne" gegeben hatte, begann die Führungselite unter Deng Xiaoping bald damit, den Konfuzianismus als Legitimationsinstrument einzusetzen. Auch in Ländern wie Malaysia und Indonesien, die keine große konfuzianische Tradition vorzuweisen hatten, wählte man kurzerhand den Rekurs auf die eigenen traditionellen Werte. Die Argumentationslinien blieben die gleichen: Die nunmehr asiatische Werte genannten konfuzianischen Werte seien, wie die Erfahrungen Taiwans, Südkoreas und Singapurs zeigten, Garant für wirtschaftliche Erfolge und zugleich Schutz gegen die Sozialpathologien der Moderne, d.h. des Westens.[397] Damit sollte innenpolitisch die Bevölkerung zu Disziplin und Gehorsam gezwungen und gleichzeitig nach außen jegliche Kritik an demokratie- und menschenrechtsverachtenden Praktiken abgeschmettert werden.[398]

Die autoritären Politiker Ostasiens erhielten von international renommierten Professoren für konfuzianische Philosophie Unterstützung, insbesondere von Tu Weiming, der an der Harvard Universität lehrte. So wurde Tu Weiming in den 1980er und 1990er Jahren zum „Hofphilosophen" Lee Kwan Yews in Singapur und später auch der kommunistischen Partei Chinas.[399] Angesichts seiner eminenten politischen Rolle ist es wichtig, seine Argumente genauer zu betrachten.

Tu Weiming behauptet, dass der Konfuzianismus seit dem Ende des 19. Jahrhunderts in eine neue, nämlich dritte Phase seiner Entwicklung eingetreten sei. Die Frage, ob diese dritte Phase der Entwicklung des Konfuzianismus künftig erfolgreich verlaufen könne, hänge davon ab, ob es den Konfuzianern gelingen würde, die westliche Herausforderung kreativ zu bewältigen, und zwar in ähnlicher Weise wie die Konfuzianer im 13. Jahrhundert, die in der

---

[396] Chua 1992, S. 249.
[397] Senghaas 1995, S. 5.
[398] Zum Wechselspiel zwischen den Deutungsangeboten westlicher Wissenschaftler und den Konfuzianismusinszenierungen autoritärer Herrscher in Ostasien siehe Lee 1997.
[399] Er war auch an der Entwicklung des Textbuchs „Nationale Ethik" Singapurs beteiligt.

Auseinandersetzung mit der buddhistischen Herausforderung den Neokonfuzianismus als neues Lehrgebäude entwickelt hatten.[400] Zu den Herausforderungen der dritten Phase gehörten auch Fragen wie die der liberalen Demokratie und des Feminismus.[401] Zugleich lässt Tu aber keinen Zweifel daran, dass der Aufstieg der „Industrienationen" Ostasiens als ein deutliches Anzeichen einer neuen geistigen Entwicklungsphase zu verstehen sei. Es habe sich in Ostasien mit der Industrialisierung eine „ethisch und religiös bedeutungsvolle neue Lebensform" entwickelt[402], die weder westlich kapitalistisch noch sozialistisch, sondern als „dritte industrielle Zivilisation" zu bezeichnen sei.[403] Dass zwischen der wirtschaftlichen Entwicklung und der konfuzianischen Tradition ein Zusammenhang besteht, stehe für ihn außer Zweifel.[404]

Allerdings geht Tu Weiming in seinen zahlreichen Beiträgen zum Thema Modernisierung und Konfuzianismus nicht darauf ein, inwieweit die konfuzianische Tradition in Ostasien, trotz starker Kritik und Ablehnung seitens der Bevölkerung, insbesondere unter jungen Leuten, zwischen 1919 und 1970 überhaupt überdauern konnte. Stattdessen postuliert er, dass im Denken und im Bewusstsein der modernen, nationalistisch und anti-imperialistisch gesonnenen Intellektuellen traditionell „konfuzianisch-humanistische" Eigenschaften weiterlebten, und zwar trotz des Zusammenbruchs des konfuzianisch geprägten Staatssystems und der traditionellen Wertvorstellungen.[405] Dabei stützt er sich, ohne dies allerdings explizit zu machen, auf die „neotraditionalistische" These von Robert Bellah und Shmuel Eisenstadt, die besagt, dass erfolgreiche Modernisierung nur dann möglich ist, wenn sie die traditionellen, meist religiösen Werte integriert. Für Tu Weiming besitzt diese These nicht nur für Japan, sondern auch für Taiwan, Südkorea, Hongkong und Singapur Gültigkeit:

> What the experience of development in industrial East Asia suggests is not the passing of a traditional society but the continuing role of tradition in providing the rich texture of an

---

[400] Tu Weiming 1995, S. 390.
[401] Tu 1996, S. 348–349.
[402] Tu 1990a, S. 56.
[403] Tu Weiming 1995, S. 382.
[404] Tu Weiming 1995; Tu 1990a; Tu 1990b, S. 223–244; Tu 1989 S. 81–97.
[405] Tu 1990b.

evolving modernity. Confucianism [...] may have impeded the modernization of a traditional Oriental society in the Occidental sense. But the modernization of a Confucian society [...] requires the continuous participation and creative transformation of its ethico-religious traditions.[406]

Wie Bellah bezeichnet Tu Weiming die konfuzianische Ethik als Funktionsäquivalent der ‚protestantischen Ethik' und erklärt: Weber habe zwar richtig bemerkt, dass der Geist des Kapitalismus im protestantischen Europa eine unbeabsichtigte Folge des Calvinismus gewesen sei. Er habe allerdings übersehen, dass auch der konfuzianischen Tradition als einer Lebensart eine bestimmte innere Dynamik innewohne, die den „kreativen Wandel" fördern könne.[407] Er, Tu, könne zeigen, wie sich diese innere Dynamik entfalte.

Insofern seien die Modernisierungsprozesse Ostasiens nach Tu Weiming als „Confucian response to the Western impact" zu betrachten.[408] Man habe in diesen Ländern mit größter Dringlichkeit die „Wiederbelebung und Umformulierung konfuzianischer Institutionen" betrieben. Ihre Moderni-

---

[406] Tu 1996, S. 6.
[407] Tu 1990a, S. 45. Die konfuzianische Ethik wird von den meisten Vertretern des „konfuzianischen Kapitalismus" als funktionales Äquivalent zur „protestantischen Ethik" dargestellt. Im Hinblick auf Max Webers Interpretation des Konfuzianismus scheiden sich jedoch die Geister. So verteidigt Peter L. Berger im Gegensatz zu Tu Weiming die Ansichten Webers und führt sie weiter. Berger versucht zu erklären, warum im traditionellen China kein Kapitalismus entstehen konnte, während sich in der Gegenwart eine neue Dimension der Modernisierung in Ostasien entfalte. Dabei greift er auf eine Einsicht Max Webers zurück, dass nämlich das psychologische Gepräge einer Religion höchst unterschiedlich sei, je nachdem, welche gesellschaftliche Schicht die Religiosität praktisch ausübe. Er unterscheidet zwischen dem Konfuzianismus der Mandarine des chinesischen Kaiserreichs und den Wertvorstellungen der „ordinary and unlearned people", also dem „popular Confucianism" (Berger 1987, u.a. S. 163). Berger folgert: Webers Konfuzianismusthese bleibe innerhalb ihrer Grenzen durchaus gültig. Weber habe nur den Konfuzianismus der Mandarine und des Literatenbeamtentums des kaiserlichen China gekannt, der in der Tat ein Hindernis für die Modernisierung sein musste. Er habe nicht vorhersehen können, dass sich die von den konservativen Mandarinen befreiten konfuzianischen Wertvorstellungen in der Form einer Arbeitsmoral der „einfachen" Bevölkerung als Grundlage der heutigen Modernisierung erweisen würden. Allerdings geht Berger nicht auf die Frage ein, inwiefern man überhaupt von einem Konfuzianismus des Volkes sprechen und ihn dem der Mandarine gegenüberstellen kann. Stattdessen nennt er Elemente wie Respekt gegenüber Vorgesetzten, kollektive Solidarität, Disziplin, Harmonie und damit zusammenhängend politische Stabilität, die in der Modernisierung Ostasiens eine sehr wichtige Rolle gespielt hätten. Diese Elemente werden allerdings nicht aus einer Analyse des „volkstümlichen" Konfuzianismus gewonnen. Siehe dazu Berger 1987, S. 161–171.
[408] Tu 1990b, S. 225.

sierungsprozesse seien daher als „Wiederkehr des Konfuzianismus" zu verstehen.[409] Eine dieser wiederbelebten bzw. umstrukturierten konfuzianischen Institutionen ist nach Tu Weiming die zentrale Bürokratie:

> In der Zentralbürokratie Ostasiens hängt man immer noch dem grundlegenden konfuzianischen Konzept an, die Regierung habe für das Wohlergehen der Bevölkerung die volle Verantwortung zu übernehmen, obwohl man andererseits bestimmte demokratische Aspekte wie z.B. eine Verfassung, Wahlen und Volksvertretungen als Leitelemente eines modernen Gemeinwesens allgemein akzeptiert. So ist in den postkonfuzianischen Staaten die Regierung zumindest allgegenwärtig, wenn nicht allmächtig. Dass es zu der Verantwortung einer Zentralregierung gehört, im Leben der Bevölkerung die größtmögliche Rolle zu spielen, gründet sich auf das Konzept, dass das politische System einer Gesellschaft keineswegs nur ein Vertragsrahmen für die Aufrechterhaltung von Recht und Ordnung sei, und dass eine allgegenwärtige Führung verpflichtet sei, im klassischen konfuzianischen Sinn das Volk ‚zu nähren, zu bereichern und zu erziehen'. Die Bürokraten sind dann auch keineswegs nur Regierungsfunktionäre, sie sind Führer, Intellektuelle und Lehrer zu gleicher Zeit.[410]

Und er fährt fort:

> Dass Japan und die Vier Drachen [...] zu ‚Entwicklungsstaaten' werden konnten, deren Existenz ausschließlich auf Reichtum und wirtschaftliche Macht abgestellt ist, ist möglicherweise weitgehend der Tatsache zuzuschreiben, dass die Zentralregierung Bande des Vertrauens mit der Geschäftswelt, den Intellektuellen, der Arbeiterklasse und der Bevölkerung insgesamt anknüpfen konnte. Wenn man jedoch so konzentriert auf eine vertikale Integration hinarbeitet, wird die Entwicklung demokratischer Institutionen und Konzepte nach westlichem Muster schwierig; hierzu zählen die bürgerliche Gesellschaft, eine loyale Opposition, eine unabhängige Rechtsprechung, das Bewusstsein eigener Rechte, ein Gefühl für Privatleben und der Individualismus.[411]

---

[409] Ebd., S. 243–244.
[410] Tu 1990a, S. 48.
[411] Ebd., S. 49.

Dies sind erstaunliche Feststellungen, die mit der Wirklichkeit der Verhältnisse in den ostasiatischen Ländern kaum in Übereinstimmung gebracht werden können. Tu Weiming spricht die politischen Konflikte und Spannungen in diesen Ländern auch selbst an. Dennoch insistiert er, dass das Regieren in Ostasien die vertikale Konzentration der Macht erfordere und deshalb demokratische Konzepte und Verfahren zumindest teilweise außer Kraft gesetzt werden müssten.

Mit seiner Interpretation, in der der wirtschaftliche Aufstieg Ostasiens mit der „Wiederbelebung und Umformulierung der konfuzianischen Institutionen" unmittelbar in Verbindung gebracht wird und dies zugleich als die Begründung einer anderen Moderne verstanden werden sollte, setzt Tu Weiming bei genauer Betrachtung die kulturkonservative Tradition der „modernen neokonfuzianischen Schule" der 1920er Jahre fort. Dabei belegt Tu Weiming seine Thesen an keiner Stelle. Deshalb wurde er 1990 von dem koreanischen Philosophen Song Young Bae scharf kritisiert. Aus Songs Sicht ist der Aufstiegs- und Eingliederungsprozess, den die zum konfuzianischen Kulturkreis gehörenden Länder Ostasiens in den letzten Jahrzehnten durchlaufen haben, als ein „bewusster Überwindungsprozess" der obsolet gewordenen konfuzianischen Institutionen und Wertauffassungen zu betrachten. Der Modernisierungsprozess, so Song, müsse als Prozess der bewussten Überwindung der konfuzianischen, ohnedies nur noch rudimentär erhaltenen Weltanschauung, genauer als Prozess der „bewussten Entkonfuzianisierung" verstanden werden – und eben nicht als „Wiederkehr des Konfuzianismus". Diskussionen über eine konfuzianische Renaissance seien in den gegenwärtigen Gesellschaften Ostasiens, die sich eigentlich längst auf dem Weg in die postindustrielle Gesellschaft befänden, nicht mehr als persönliche und gesellschaftlich irrelevante Steckenpferde einzelner traditionsorientierter Intellektueller. Wenn man eine Rekonfuzianisierung sinnvoll begründen wolle, komme man nicht ohne eine kritische Auseinandersetzung mit den jeweiligen wirtschaftlichen, sozialen und kulturellen Bedingungen aus, unter denen ein konfuzianisch-ethisches Bewusstsein Gültigkeit erlangen könnte.[412]

---

[412] Song 1990, S. 246.

Es war aber nicht die harsche Kritik seitens der Konfuzianismusforscher wie Song, die den Debatten um den konfuzianischen Kapitalismus und die asiatischen Werte bald ein ebenso überraschendes wie abruptes Ende bereiten sollte. Vielmehr war es die Finanz- und Währungskrise, in die Ostasien 1997/98 hineingezogen wurde. Rasch wurde eine neue These konstruiert, die nunmehr einen ganz anderen Zusammenhang zwischen dieser Krise und der konfuzianischen Kultur herstellte, die im Begriff des *crony capitalism* gefasst wurde. Die angeblich herrschenden kollektivistischen Wertvorstellungen dieser konfuzianischen Gesellschaften hätten Nepotismus und Korruption hervorgebracht. Korea, das Land mit den stärksten konfuzianischen Wurzeln, musste deshalb auch am stärksten von der Krise betroffen sein!

Auch in Korea selbst wurde diese neue Art der Thesenbildung rezipiert. Ein Buch mit dem Titel „Konfuzius muss sterben, damit das Land leben kann" wurde wenige Jahre später zum Bestseller.[413]

Renaissance des Konfuzianismus im China des 21. Jahrhunderts

Zu Beginn des 21. Jahrhunderts ist Konfuzius, der im 19. und 20. Jahrhundert in Ostasien mehrfach für tot erklärt worden war, wie ein Phönix aus der Asche wieder auferstanden. Treibende Kraft ist diesmal die kommunistische Partei Chinas. Sie will sich nun auf die konfuzianische Kulturtradition berufen, um ihre autoritäre Herrschaftsform zu legitimieren. Sie hat damit einen radikalen Bruch gegenüber dem prononcierten Anti-Konfuzianismus von Mao Zedong vollzogen. Dieser Bruch hatte sich bereits in den 1980er Jahren angekündigt.

Nach dem Tod von Mao Zedong und dem Sturz der „Viererbande" im Oktober 1976 wurden auf der 3. Plenarsitzung des XI. ZK im Dezember 1978 wichtige Entscheidungen über die Öffnung und Reformierung der chinesischen Wirtschaft gefällt. Es wurde beschlossen, dass die wirtschaftliche Modernisierung Voraussetzung sei für den Aufbau des Sozialismus, der sich noch in einem Anfangsstadium befinde. Der Übergang zum Sozialismus sei im Klassenkampf und durch die sozialistische Umwälzung der Produktionsverhältnisse bis 1956 vollzogen worden. Der Aufbau des entwickelten Sozialismus sei aber nur über Produktivitätssteigerungen möglich. So erlangten

---

[413] Kim Kyŏng Il 1999.

Modernisierung und die Förderung der Produktivitätsentwicklung politische Priorität.[414] Dies bedeutete jedoch keine Aufgabe des „chinesischen Wegs zum Sozialismus".[415] Vielmehr distanzierte sich die Parteiführung von den letzten zwei Jahrzehnten der Herrschaft Maos und knüpfte dort an, wo sein politischer Kontrahent Liu Shaoqi in den 1950er Jahren hatte aufgeben müssen.

Die wirtschaftlichen Erfolge Chinas seit den 1980er Jahren führten zu erheblichen Verbesserungen der Lebensbedingungen eines schnell wachsenden Teils der Bevölkerung, aber auch zu Inflation, zu enormen sozialen Disparitäten und zu vermehrter Korruption. Solche negativen Erscheinungen wurden jedoch in Kauf genommen. Selbst die Akkumulation privaten Kapitals war erlaubt – solange die politische Autorität der kommunistischen Führung nicht infrage gestellt wurde.

Vor diesem Hintergrund war die internationale Debatte über den „Neo-Autoritarismus", mit dem man in den 1980er Jahren die Entwicklungsdiktaturen in Südkorea, Singapur und Taiwan zu erklären versuchte, Wasser auf die Mühlen der kommunistischen Führung.[416] Dieser Neo-Autoritarismus behauptete, dass für die erfolgreiche wirtschaftliche Entwicklung zum einen ein starkes Zentrum mit einer starken Führungspersönlichkeit und zum anderen politische Stabilität erforderlich seien. Das entsprach den Vorstellungen der Partei, insbesondere denen des neuen Machthabers Deng Xiaoping. Ein starker Mann könne die erforderlichen Reformen besser bewältigen als die westliche Demokratie.[417]

Indessen entzündete sich unter chinesischen Intellektuellen eine heftige Debatte über die Bedeutung der chinesischen Kultur. Im Mittelpunkt stand die Frage, ob die chinesische Kultur und Tradition die Wirtschaftsreformen behinderten.[418] Diese Kulturdebatte blieb kein rein akademisches Unterfangen, sondern erfasste in den folgenden Jahren über Zeitschriften, Buchreihen und Fernsehprogramme eine breite Öffentlichkeit. Den Höhepunkt bildete die Fernsehserie „Flusselegie" (*Heshang*), die im Juni 1988 zum ersten Mal

---

[414] Mehr dazu siehe u.a. Lee 1995b, S. 95–112.
[415] Heberer 1990, S. 209.
[416] Sautman 1992, S. 72–102.
[417] Heberer 1990, S. 230.
[418] Geist 1996.

ausgestrahlt und zum „Straßenfeger" wurde. In Buchform erschien diese Serie Anfang 1989 und erreichte 47 Neuauflagen. Sie wurde breit diskutiert und auch kritisiert.[419] Die Ausgangsfrage lautete, warum China im Laufe der letzten beiden Jahrhunderte so weit hinter den Westen zurückgefallen war, und wie es aus dieser Rückständigkeit wieder in den Kreis der führenden Nationen und Zivilisationen zurückfinden könnte. Die Antwort lief auf die Vorstellung von der Überwindung der traditionellen Kultur hinaus, also auf die ikonoklastische Position von Jin Guantao, einem bedeutenden Intellektuellen, der zudem als Berater an der Produktion dieser Serie mitgewirkt hatte.[420]

Seine Position stieß, wie schon bei seinen Vorgängern in den 1920er Jahren, vor allem beim jungen Publikum auf große Resonanz.[421] Hingegen erhielt die traditionalistisch-kulturkonservative Position ihrerseits Unterstützung durch Staat und Partei. Bereits 1984 wurde die chinesische Konfuzius-Stiftung zur Pflege der konfuzianischen Tradition gegründet. Dieses Vorhaben wurde von in den USA lehrenden Auslandschinesen wie Tu Weiming, Jin Yaoji und Yu Yingshi enthusiastisch mitgetragen. Daneben zog die Parteiführung auch Wissenschaftler in China selbst zu Rate. Unter ihnen befanden sich Zhang Dainian und Jiang Guanghui, die eine kritische Weiterentwicklung des Konfuzianismus befürworteten.[422]

Der 4. Juni 1989 setzte dieser Kulturdebatte ein dramatisches Ende. Die Studenten und jungen Intellektuellen wollten nicht mehr nur über den Zusammenhang von Kultur und Modernisierung, sondern auch über Fragen wie Aufklärung und Demokratisierung diskutieren. Seit der Niederschlagung der Studentenbewegung sind die Vertreter der ikonoklastischen Position verstummt und die Traditionalisten tonangebend geworden. Vor diesem Hintergrund ist es kein Wunder, dass die Parteiführung die zuvor erwähnte

---

[419] Siehe dazu Peschel 1991.
[420] Klose 1994, S. 17.
[421] Die Bücher der Ikonoklasten Jin Guantao und Gan Yang verkaufen sich immer noch sehr gut. So wurde „Xingsheng yu weiji: lun zhongguo fengjian shehui de chaowending jiegou" [Aufstieg und Krise: Über die ultrastabile Struktur der chinesischen Feudalgesellschaft] in mehreren Hunderttausend Exemplaren verkauft. Ebenso erfolgreich war Jin Guantaos Zeitschrift „Zou xiang weila" [In die Zukunft]. Die Fernsehserie „Flusselegie" basierte auf der Theorie der Ultrastabilität des Feudalsystems, die Jin Guantao zusammen mit seiner Frau Liu Qingfeng entwickelt hatte. Siehe Hwang Hŭi-gyŏng 1992, S. 522–523.
[422] Yu Tong-hwan 1992, S. 202.

internationale Debatte um „asiatische Werte" mit großem Interesse verfolgte und zur Legitimierung ihrer Herrschaft nutzte.

Ökonomisch gesehen konnte Chinas Entwicklung trotz der asiatischen Finanzkrise 1997–1998, von der China weitgehend verschont blieb, und der internationalen Finanzkrise 2007 erfolgreich fortgesetzt werden. Die Wachstumsraten blieben hoch, und China stieg zur zweitgrößten Wirtschaftsnation der Welt auf. Diese rasanten Erfolge beflügelten Debatten über das „chinesische Modell" und seine Besonderheiten.

In diesem Zusammenhang wurde das chinesische politische System bald als leistungsfähiger als die liberale Demokratie dargestellt. Es bildete sich eine ähnliche Diskurskoalition wie bei der Debatte um asiatische Werte. Die kulturkonservativen Wissenschaftler einerseits und die autoritären Herrscher andererseits warfen und werfen sich die Bälle wechselseitig zu und ziehen damit die öffentliche, politische sowie wissenschaftliche Aufmerksamkeit auf sich. Dieses Wechselspiel läuft wie folgt: Die Führung der Kommunistischen Partei Chinas propagiert, dass sich seit der Öffnung in den 1980er Jahren ein Sozialismus chinesischer Prägung gebildet habe. Dies sei nicht durch die Implementierung westlicher Institutionen und die Aufnahme westlicher Werte, sondern unter der Berücksichtigung der spezifischen Bedingungen Chinas realisiert worden. Der Sozialismus chinesischer Prägung habe sich unter Bewahrung und Fortsetzung der konfuzianischen Kulturtradition Chinas entwickelt. Als langfristiges Ziel gelte die „Herbeiführung einer Renaissance der chinesischen Zivilisation durch das Erlangen einer Führungsrolle in der Welt".[423]

Die regimenahen Wissenschaftler bejahen diese Argumentationslinien und führen sie fort, indem sie der Parteiführung eine zentrale Rolle in diesem Prozess zuweisen. In einem großen Land wie China sei eine autoritäre Herrschaft unvermeidbar und notwendig, um die Entwicklung des Landes effektiv und effizient durchzuführen. In diesem Wechselspiel begann man vom „chinesischen Modell" zu sprechen. Allerdings gibt es darüber, wie dieses Modell genau aussieht oder aussehen soll, keinen Konsens. Es gibt fast so viele Ansätze wie Wissenschaftler. Die Parteiführer machen sich aus dieser Vielfalt

---

[423] Medeiros 2009, S. 45–59.

von Ansichten diejenigen zu eigen, von denen sie sich eine Stärkung ihrer eigenen Position(en) versprechen.

Pan Wei[424] ist einer dieser Wissenschaftler. Er lehnt jede Kritik an der chinesischen Führung ab. Mittels der Logik und Begriffe des Westens könne man das chinesische politische System nicht erkennen, geschweige denn beurteilen. Die Politik Chinas beruhe auf der Idee von *minben*, d.h. einer Herrschaft für das Volk. Darin unterscheide sie sich von der westlichen Politik, die auf dem Prinzip der Gewaltenteilung beruhe. Da die Herrschaft für das Volk den eigentlichen Kern der Idee der Demokratie bilde, könne man sagen, dass die Idee der Demokratie schon in der chinesischen Antike vorhanden gewesen sei und gegenwärtig in die Wirklichkeit umgesetzt werde. Wie Pan Wei erklärt, werde im chinesischen Politiksystem die Leistungsfähigkeit mittels eines Prüfungssystems zur Beamtenauswahl gewährleistet. Dieses System sei eine für das 21. Jahrhundert geeignetere Institution als Wahlen, bei denen man nur um die Gunst der Wähler konkurriere.[425] Ähnlich argumentiert Zhang Yongle.[426] Die Meritokratie sei Demokratie chinesischer Prägung. Sie diene dem Wohl des Volkes besser als das auf Konkurrenz beruhende Wahlsystem mit seinem Prinzip „ein Mann, eine Stimme".[427] Zudem haben diese Bestrebungen mit dem Ziel, in der konfuzianischen Kulturtradition das Wesen des Sozialismus chinesischer Prägung zu finden, ganz offenbar den Nationalstolz und das Selbstbewusstsein dieser chinesischen Wissenschaftler enorm gesteigert. China müsse sich nicht mehr an die vom Westen vorgegebenen Normen anpassen und auch nicht mehr nach Anerkennung und Akzeptanz durch den Westen streben.[428]

Auch in diesem Fall wird dieses Wechselspiel von Wissenschaftlern und Medien im Ausland mitgespielt. So etwa auch von Francis Fukuyama. Schon in den 1990er Jahren hatte er sich von einer kausalen Beziehung zwischen konfuzianischen Werten und den wirtschaftlichen Erfolgen der Tigerstaaten

---

[424] Pan Wei ist Direktor des Center for Chinese & Global Affairs an der School of International Studies der Peking University und promovierte an der Universität Berkeley in den USA.
[425] Pan Wei 2009.
[426] Zhang Yongle ist Professor für Rechtsgeschichte an der Peking Universität und promovierte an der Universität Berkeley in den USA.
[427] Zhang Yongle 2014.
[428] Zhang Wei-wei 2010.

Ostasiens überzeugt gezeigt.[429] 2009 sprach er nun von der Überlegenheit des chinesischen Modells.[430] Er wiederholt damit die Argumente regimenaher Wissenschaftler und der Parteiführung Chinas.

Dies gilt auch für den schon erwähnten Daniel A. Bell, den Autor des Buches *The China Model: Political Meritocracy and the Limits of Democracy*. Beide erklären, der Kern des chinesischen Entwicklungsmodells beruhe auf einer tausendjährigen politischen Tradition, die sie als Meritokratie bezeichnen. Diese Tradition werde unter dem starken, zentralstaatlichen Verwaltungssystem als Herrschaft für das Volk fortgesetzt. Daniel A. Bell übernimmt die Argumente von Pan Wei und Zhang Jung-ru und vertritt die Auffassung, eine Meritokratie sei eher in der Lage, die vielfältigen komplexen Aufgaben der Zukunft zu bewältigen als die liberale Demokratie. Er ist sich dabei durchaus bewusst, dass er der autoritären Parteiführung damit eine Rechtfertigung liefert, und sagt von sich selbst: „Vor 20 Jahren hätte ich mich ziemlich aufgeregt, jemanden wie mich reden zu hören".[431] Die heutige Parteiführung, so Bell, sei nicht weniger autoritär als vor 20 Jahren. Gleichwohl ist er, wie mittlerweile viele andere, davon überzeugt, im Modell der chinesischen Parteidiktatur auch andere Aspekte sehen zu müssen.[432] Wie selbstverständlich ignorieren diese Chinakenner die durchaus vernehmbaren kritischen, liberalen Stimmen in China, die nach mehr Demokratie und Menschenrechten verlangen.

Die chinesische Regierung lässt derweil verlauten, der Kern der neuen Werte Chinas, das nunmehr die Demütigungen des 19. Jahrhunderts überwunden habe und im Begriff sei, zur Großmacht des 21. Jahrhunderts aufzusteigen, liege in seiner konfuzianischen Kultur. Die Wurzeln der chinesischen Identität sollen demnach in der goldenen Zeit der konfuzianischen Philosophen vor 2500 Jahren liegen. Dass diese konfuzianische Kulturtradition mehr als ein Jahrhundert lang gründlich bekämpft und zerstört worden war, wird

---

[429] Fukuyama 1995.
[430] Chang Yun-mi 2011, S. 82.
[431] Bell, Interview mit Christian Rickens, *Spiegel Online* 2013.
[432] „Wir können die Entwicklungen im heutigen China nicht ansatzweise verstehen, wenn wir politische Begriffe wie „totalitär" oder „zentralistische Diktatur" in den Mittelpunkt stellen. Die entsprechenden chinesischen Äquivalente sind historisch, moralisch und politisch ganz anders verknüpft und im Diskurs präsent, als dass sie in Begriffen unserer Erfahrungswelt aufgehen könnten. China ist eben weder Athen noch Rom noch ein „Drittes Reich"". (Doering 2017)

dabei unterschlagen. Dennoch sollen nunmehr alle chinesischen Schüler in der konfuzianischen Lehre unterrichtet und die konfuzianischen Rituale wiederhergestellt werden. Um die verlorengegangenen rituellen Gebräuche rekonstruieren zu können, werden Fernsehteams nach Korea geschickt, wo einige dieser Rituale noch praktiziert werden. Dies erinnert an das Singapur der 1980er Jahre, als Lee Kwan Yew den uns schon bekannten Harvard-Philosophen Tu Weiming zur Unterrichtung seines (ethnisch gemischten!) Volkes in konfuzianischer Tugend und Moral einfliegen ließ. Auch hatte er Fernsehansager aus Taiwan kommen lassen, deren Aufgabe darin bestand, seinem Volk korrektes Mandarin vorzusprechen. Die Regierung in Beijing geht noch einen Schritt weiter: Mit großem Aufwand propagiert sie ihre Version des Konfuzianismus in der ganzen Welt. Allein in Deutschland gibt es mittlerweile über 18 Konfuzius-Institute. So erlebt der in der Vergangenheit schon mehrfach für tot erklärte Meister Konfuzius in China und weit darüber hinaus eine neuerliche Wiedergeburt.

Fazit: Konfuzius – Erbe der menschlichen Zivilisation

Seit dem endgültigen Zusammenbruch der traditionellen *pax sinica* in Ostasien zu Beginn des 20. Jahrhunderts gingen die Einstellungen der dortigen Intellektuellen und Politiker über Konfuzius und den Konfuzianismus weit auseinander. Einerseits wurde die konfuzianische Kultur angesehen als etwas, das unbedingt überwunden werden musste, andererseits nahm man aber auch die Chancen wahr, die der Konfuzianismus für die Modernisierung und Entwicklung des Landes in sich barg. Beide Positionen wurden von den autoritären Herrschern sowohl auf rechtskonservativer als auch auf kommunistischer Seite politisch instrumentalisiert, indem sie den Konfuzianismus entweder propagierten oder bekämpften. Konfuzius und Konfuzianismus galten dabei je nachdem als Hindernis für die Modernisierung oder als die kulturelle Grundlage der wirtschaftlichen Erfolge dieser Länder. Seit der Jahrtausendwende hat sich die kommunistische Parteiführung Chinas dem Reigen derjenigen angeschlossen, die sich von der Betonung der Kontinuität der konfuzianischen Tradition einen Legitimationsgewinn versprechen. Sie stellt den wirtschaftlichen Aufstieg Chinas in den Rahmen einer Renaissance der konfuzianischen Zivilisation und sieht darin die Überwindung der im 19.

Jahrhundert erlittenen Demütigungen. Dabei sollen die chinesische Entwicklung und die sie tragenden Institutionen für andere Länder sogar Modellcharakter gewinnen. All dies wird im Westen von Journalisten und nicht wenigen Wissenschaftlern mit- und weitergetragen.

Ob die chinesische Führung und die ausländischen Befürworter ihrer Position diese Linie auf Dauer werden beibehalten können, muss dahingestellt bleiben. Interessanterweise ließen sich solche Diskurse auch in anderen ostasiatischen Ländern auf bestimmten Entwicklungsstufen beobachten. Die Erfahrung hat gezeigt, dass diese Diskurse sich in Zeiten des wirtschaftlichen Abschwungs und der Krise leicht in ihr Gegenteil verkehren lassen können.

Zum Schluss gilt es noch einen Punkt klarzustellen. Die Analyse der wechselvollen ostasiatischen Diskurse der letzten einhundert Jahre um Konfuzius und den Konfuzianismus zeigt, dass der Konfuzianismus sich relativ leicht von autoritären Herrschern jedweder Couleur politisch instrumentalisieren ließ. Ein Grund dafür liegt in der politischen Rolle des Konfuzianismus in den vormaligen Gesellschaftsordnungen Ostasiens. Historisch gesehen wurden bestimmte Teile der konfuzianischen Lehre als eine in sich hierarchische Herrschaftslehre interpretiert, sodann politisch instrumentalisiert und in Staat und Gesellschaft tragende Momente transformiert. Die ursprüngliche Lehre von Konfuzius und seinen Schülern ist jedoch sehr viel weiter gefasst.

Diese Tradition des selektiven Umgangs mit der konfuzianischen Lehre setzt sich bis in die Gegenwart fort. Tschiang Kai-shek, Park Chung Hee, Lee Kwan-Yew und Xi Jinping gehören zu den prominentesten Vertretern der Instrumentalisierung dieser Tradition zum Zweck der Festigung ihrer Macht. Sie alle ignorieren in ihrem Streben nach Kontrolle und Ansehen, dass der Konfuzianismus keine bloße Moral-, sondern eine zutiefst humanistische Lehre ist, die sich in umfassender und vielfältiger Weise mit den Grundproblemen der menschlichen Existenz auseinandersetzt, also mit Fragen von Leben und Tod, von Wahrheit und Gerechtigkeit und von der richtigen Ordnung der Welt. Die unermüdliche Suche nach dem ursprünglichen Prinzip dieser Welt führte über zwei Jahrtausende zur Entfaltung unzähliger konfuzianischer Schulen. Wäre der Konfuzianismus nichts anderes als eine als Herrschaftsinstrument dienende Morallehre gewesen, hätte es nicht so viele konfuzianische Gelehrte gegeben, die sich ohne zu zögern den Herrschern entgegenstellten, wenn sie ihnen als ungerecht erschienen. Sie nahmen dabei, weil es ihnen wichtig war, dem Prinzip des *Dao* zu folgen, das Risiko auf sich, in die Verbannung geschickt oder hingerichtet zu werden. Deshalb werden solche Gelehrte in Ostasien vielfach bis heute als Helden verehrt. Allerdings wird dieser Teil des Erbes der konfuzianischen Kulturtradition von den zuletzt genannten autoritären Herrschern gerne verdrängt.

Die politischen Instrumentalisierungen des Konfuzianismus verhinderten nicht zuletzt die Auseinandersetzung mit dem Denken von Konfuzius und seinen Schülern als zivilisatorisches Erbe der Menschheit. Der konfuzianische Kulturkreis entstand in Ostasien, weil Japan, Korea und Vietnam von sich aus die von Konfuzius und seinen Schülern verbreiteten Lehren aufnahmen und dabei jedes Land eigene konfuzianische Denktraditionen entwickelte. Demgegenüber erinnert die Propaganda des Konfuzianismus durch die chinesische Führung eher an die christliche Mission im Zeitalter des Imperialismus. Schon jetzt steht fest, dass diese Strategie Beijings nicht zu einem tieferen Verständnis des Konfuzianismus führen wird.

Glossar

Transkription	Schriftzeichen
An Chŏng-bok	安鼎
An Hyang	安珦
Bailudong shuyuan	白鹿洞書院
bankai	半開
bunmei	文明
Bunmeiron no gairyaku	文明論之概略
chapkwa	雜科
Chen Duxiu	陳獨秀
Cheng Yi	程頤
chi	恥
Ch'ilgŭk / Qige	七克
chinsa-si	進士試
Ch'oe Ch'i-wŏn	崔致遠
Ch'oe Ch'ung	崔沖
Ch'oe Sŭng-no	崔承老
Chŏng Mong-ju	鄭夢周
Chŏng Yag-yong	丁若鏞
chŏnghak	正學
Chŏngjo	正祖
ch'ŏnin habil	天人合一
Ch'ŏnmunryak / Tianwenlüe	天問略
chongmyo	宗廟
Ch'ŏnjugyŏng	天主經

Chosŏn-Dynastie	朝鮮
Chosŏn wangjo sillok	朝鮮王朝實錄
ch'unch'u chehyang	春秋祭享
chungin	中人
Chungyong kangŭi	中庸講義
Chunqiu	春秋
ch'wisa	取士
datong	大同
dao	道
Daxue	大學
de	德
Deng Xiaoping	鄧小平
Donglin Akademie	東林書院
Dongxi wenhua ji qi zhexue	東西文化及其哲學
fa	法
Frühling und Herbst Zeit	春秋時代
Fukuzawa Yukichi	福澤 諭吉
Gaozu (Han)	漢 高祖
Gaozu (Tang)	唐 高祖
Guanzi	管子
Guomindang	國民黨
hak	學
hakchŏn	學田
haktang	學堂
hallimwŏn	翰林院
Han-Dynastie	漢朝

Han Feizi	韓非子
Hansagun	漢四郡
Hanyang	漢陽
He Junxi	何君錫
Heshang	河殤
Hŏ Mok	許|穆
Hŏ Wŏn	許遠
hojok	豪族
honbaek/hunpo	魂魄
hun'gup'a	勳舊派
hunyo (sipcho)	訓要(十條)
Hou Ji	后稷
Hu-Paekche	後百濟
hua	華
hyanggyo	鄉校
hyangsarye	鄉射禮
hŭlgi	笏記
Hyŏnjong (Koryŏ)	顯宗
Injong	仁宗
inmulsŏngdongron	人物性同論
inŭiyeji	仁義禮智
Jiang Guanghui	姜广辉
Jiaoyou lun	交友論
Jie Ni	桀溺
Jin-Dynastie	晉朝
Jin Guantao	金观涛

Jin Yaoji	金耀基
Jiu Tangshu	舊唐書
junzi	君子
Kaegyŏng	開京
kaehwa	開化
Kaesong	開城
Kang Youwei	康有為
kanghoe	講會
kijil	氣質
kijiljisŏng	氣質之性
Kil Chae	吉再
Kim Kŭk-p'ip	金克愊
Kim Pu-sik	金富軾
Koguryŏ	高句麗
kŏgyŏng kungli	居敬窮理
kolp'umje	骨品制
Konfuzius	孔夫子
kongjamyo	孔子廟
Kongmin	恭愍
kongsin	功臣
Koryŏ	高麗
Koryŏsa	高麗史
Kujae haktang	九齋學堂
kukhak	國學
Kukchagam	國子監
Kukcho pogam	國朝寶鑑

Kwangjong	光宗
Kwŏn Ch'ŏl-sin	權哲身
Kwŏn Kŭn	權根
kye	契
kyŏkmul ch'iji	格物致知
kyŏng/jing	經
kyŏngdang	扃堂
Kyŏngmongyogyŏl	擊蒙要訣
Kyŏngyŏn ilgi	經筵日記
Laozi	老子
Lee Kwan Yew	李光耀
li	禮
li	理
lian	廉
Liang Qichao	梁啟超
Liang Shuming	梁漱溟
Liji	禮記
Liu Shaoqi	劉少奇
Lunyu	論語
Mao Zedong	毛澤東
Maengjayoŭi	孟子要義
Mengzi	孟子
min	民
minbon/minben	民本
minbon sasang/minben sixiang	民本思想
Ming-Dynastie	明朝

Modi	墨翟
mugwa	武科
mun'gwa	文科
mun'gwa kŭpcheja	文科及第者
Munjong (Koryŏ)	文宗
munmyo	文廟
munmyo cherye ak	文廟祭禮樂
myŏng / ming	明
myŏngmyŏngdŏk / mingmingde	明明德
Nangnang	樂浪
nobi	奴婢
Okakura Tenshin	岡倉 天心
Ŏrok	語錄
Paegundong Akademie	白雲洞書院
Paek I-jŏng	白頤正
Paekche	百濟
Paektusan	白頭山
p'alilmu	八佾舞
Pan Wei	潘維
Park Chung Hee	朴正熙
P'och'ŏn	抱川
ponyŏnchisŏng	本然之性
pungdang	朋黨
punhyangrye	焚香禮
pyŏn	邊
qi	氣

Qike	七克
Qin-Dynastie	秦朝
qing	情
Qing-Dynastie	清朝
ren	仁
renzheng	仁政
ru	儒
rujia	儒家
saaek	賜額
saengwŏn-si	生員試
sajok	士族
sama-si	司馬試
Samguk sagi	三國史記
sarim	士林
Sejo	世祖
Sejong	世宗
Shang-Dynastie	商朝
shangdi	上帝
shen	神
shengren	聖人
Shenzi	申子
shi	士
(Qin) Shi Huang Di	(秦)始皇帝
Shijing	詩經
Shujing	書經
Shun	舜

sihŏnryŏk	時憲曆
sim/xin	心
Sin Hu-dam	愼後聃
sinhŭng sadaebu	新興士大夫
Silla	新羅
Sinmun (wang)	神文王
sirhakp'a	實學派
sŏ/shu	書
sŏgyo	西教
sŏhak	西學
Sohyŏn	昭顯
sŏin	書人
sŏjae	書齋
sŏjŏkso	書籍所
sŏkchŏnje	釋奠祭
Sŏl Ch'ong	薛聰
Song-Dynastie	宋朝
Song Si-yŏl	宋時烈
Song Young-bae	宋榮培
Sŏnggyun'gwan	成均館
Sŏnghak chibyo	聖學輯要
Sŏngho Yi Ik	星湖 李瀷
Sŏnjo	宣祖
Sŏngjong (Koryŏ)	成宗
sŏngnihak	性理學
sŏŏl	庶孼

So T'aebo	邵台輔
sŏwŏn/shuyuan	書院
Sŏwŏnji	書院志
Sukchong (Koryŏ)	肅宗
sŭmrye	習禮
Sun Yatsen	孫逸仙
susiryŏk	授時曆
susŏwŏn	修書院
taedong	大同
taegwa	大科
T'aehak	太學
T'aejo (Koryŏ)	太祖
T'aejo (Chosŏn)	太祖
T'aejong	太宗
taesasŏng	大司成
taiji	太極
Tang-Dynastie	唐朝
Tarui Tokichi	樽井 藤吉
tian	天
tian ming	天命
tianzhu	天主
Tianzhu shiyi	天主實義
tianzi	天子
T'oegye Yi Hwang	退溪 李滉
t'oho	土豪
t'ojok	土族

173

toksŏsamp'um-gwa	讀書三品科
Tosan Akademie	陶山書院
Toyotomi Hideyoshi	豊臣秀吉
Tschiang Kai-shek	蔣介石
tu	豆
Tu Weiming	杜维明
ŭmyang/yinyang	陰陽
Wang Yangming	王陽明
(Han) Wudi	(漢) 武帝
wuwei	無為
Xi Jinping	習近平
xiao	孝
Xiaoxue	小學
xin	信
Xinqingnian	新青年
Xu Jing	徐兢
Xunzi	荀子
yaban	野蛮
yangban	兩班
yangin	良人
Yao	堯
yebu	禮部
yegwan (chin. liguan)	禮官
Yejong	睿宗
yi	義
yi	夷

174

Yi Byŏk	李蘗
Yi Kwang-su	李光洙
Yi Saek	李穡
Yi Sŏng-gye	李成桂
Yi Su-gwang	李睟光
Yigiron	理氣論
Yijing	易經
Yu Hyŏng-wŏn	柳馨遠
Yu Kil-chun	俞吉濬
Yu Mongin	柳夢寅
Yu Yingshi	余英時
Yuan-Dynastie	元朝
Yulgok Yi I	栗谷 李珥
yullyŏng	律令
Yun Hyu	尹鑴
Yuwŏnrok	遊院錄
Zeit der Streitenden Reiche	戰國時代
Zhang Dainian	张岱年
Zhifang waiji	職方外紀
Zhongyong	中庸
Zhou-Dynastie	周朝
Zhu Xi	朱熹
Zhuangzi	莊子

Literaturverzeichnis

Primärliteratur:

Korea

Chosŏn kyŏngguk taejŏn [Gesammelte Gesetzeswerke Chosŏn]. Zugänglich unter: https://www.krpia.co.kr/ (Abrufdatum: 09.08.2020).
Chosŏn wangjo sillok [Annalen der Chosŏn-Dynastie]. Zugänglich unter: http://sillok.history.go.kr (Abrufdatum: 09.08.2020).
Chuja daejŏn [Große Schriftensammlung von Zhu Xi]. Seoul 1997.
Chukkyeji [Aufzeichnung vom Bambusfluss]. 1544. Korea University Bibliothek 晩松 貴重書 228. Zugänglich unter: http://sillok.history.go.kr (Abrufdatum: 09.08.2020).
Koryŏsa [Geschichte der Koryŏ-Dynastie]. Erste Ausgabe 1454. Zugänglich unter: http://db.history.go.kr/KOREA/ (Abrufdatum: 09.08.2020).
Kukcho pogam [Schatzspiegel der Dynastie]. 1909. Kyujanggak 奎 1718-v.1–3. Zugänglich unter: http://sillok.history.go.kr (Abrufdatum: 09.08.2020).
Namgye chip [Schriften von Namgye]. 1732. Kyujanggak 奎 6267. Zugänglich unter: http://db.itkc.or.kr/ (Abrufdatum: 09.08.2020).
Namgye sŏwŏnji [Chronik der Namgye-Akademie]. Hamyang 1935.
P'iram sŏwŏnji [Chronik der P'iram-Akademie]. Changsŏng 1975.
Sambong chip [Gesammelte Werke von Sambong]. 1791. Kyujanggak 奎 2957. Zugänglich unter: http://db.itkc.or.kr/ (Abrufdatum: 09.08.2020).
Samguk sagi [Geschichte der Drei Königreiche]. Erste Ausgabe 1145. Zugänglich unter: http://db.history.go.kr (Abrufdatum: 09.08.2020).
Sinjŭng tonggukyŏji sŭngnam [Verbesserter Überblick der Geographie Koreas]. 1969. Zugänglich unter: https://www.krpia.co.kr/ (Abrufdatum: 09.08.2020).
Sŏngho chŏnjip [Komplette Werke von Sŏngho]. 1922. Kyujanggak 奎 15622. Zugänglich unter: http://db.itkc.or.kr/ (Abrufdatum: 09.08.2020).
Sŏngho sasŏl [Unwichtige Gespräche Sŏngho]. 1929. Koreanische Nationalbibliothek 3648-23-1-2. Zugänglich unter: http://db.itkc.or.kr/ (Abrufdatum: 09.08.2020).
Songja taejŏn [Meister Songs Große Schriftensammlung]. 1787. Kyujanggak 奎 3542. Zugänglich unter: http://db.itkc.or.kr/ (Abrufdatum: 09.08.2020).
Sosu sŏwŏnji [Chronik der Sosu-Akademie]. Yŏngju 2007.

Sunam chip [Gesammelte Werke von Sunam]. 1900. Koreanische Nationalbibliothek han46-ka181. Zugänglich unter: http://db.itkc.or.kr/ (Abrufdatum: 09.08.2020).
Tonam sŏwŏnji [Chronik der Tonam Akademie]. Nonsan 1958.
T'oegye chŏnsŏ [Komplette Schriften von T'oegye]. 1843. Kyujanggak #古 3428-482. Zugänglich unter: http://db.itkc.or.kr/ (Abrufdatum: 09.08.2020).
Kosan chip [Gesammelte Werke von Kosan]. 1775. Korea University Bibliothek 晚松 D1-A1675. Zugänglich unter: http://db.itkc.or.kr/ (Abrufdatum: 09.08.2020).
Ŏujip chip [Gesammelte Werke von Ŏu]. 1832. Yonsei University Bibliothek 811.98-ŏ-sok. Zugänglich unter: http://db.itkc.or.kr/ (Abrufdatum: 09.08.2020).
Ŏu yadam I-III [Wilde Erzählungen des Herrn Ŏu I-III], Seoul, 2001–2003.
Yŏngbongji [Chronik der Yŏngbong Sŏwŏn]. Sŏngju 2014.
Yŏyudang chŏnsŏ [Yŏyudangs Schriftensammlung]. 1934–1938. Koreanische Nationalbibliothek 古 3648-文 69–2. Zugänglich unter: http://db.itkc.or.kr/ (Abrufdatum: 09.08.2020). Nachdruck als Chŏng Yag-yong (2001): *Yŏyudang chŏnsŏ* [Yŏyudangs Schriftensammlung]. Seoul.
Yulgok chŏnsŏ [Komplette Schriften von Yulgok]. 1814. Sejong University Bibliothek #811.97-Yi I-Yul. Zugänglich unter: http://db.itkc.or.kr/ (Abrufdatum: 09.08.2020).

China

*Von den meisten chinesischen Klassikern liegen gute Übersetzungen in westlicher Sprache vor. Auch ohne Chinesischkenntnisse kann man Zugang zum politischen Denken des antiken China finden. Die Zitate aus klassischen Texten wurden, wenn nicht anders angegeben, von der Autorin übersetzt.

Chunqiu zuozhuan: The Tso chuan: selections from China's oldest narrative history. New York: Columbia University Press 1989.
Guanzi: political, economic, and philosophical essays from early China / [Kuan Chung]. A study and translation by W. Allyn Rickett, Princeton NJ: Princeton University Press 1985, 1998.
Hanfeizi: Die Kunst der Staatsführung: die Schriften des Meisters Han Fei / aus dem Altchines. übers. von Wilmar Mögling, Leipzig: Kiepenheuer 1994.
Laozi: Tao Te King, München: dtv 2005.
Legge, James (Hg.) (1960): *The Chinese Classics*, Vol. I–VI, London 1861, Nachdruck Hong Kong o.J..

Liji: Li Gi. Das Buch der Riten, Sitten und Gebräuche, aus dem Chinesischen übers. u. hrsg. von Richard Wilhelm, Köln: Diederichs 1981.
Lunyu: Gespräche: (Lun yü) / Kung-futse. Aus dem Chines. verdeutscht und erl. von Richard Wilhelm, Jena: Diederichs 1923.
Mengzi: Mong Dsi: Die Lehrgespräche des Meisters Meng K'o / aus dem Chines. übertr. und erl. von Richard Wilhelm, Köln: Diederichs 1982.
Shenzi: The Shenzi fragments: a philosophical analysis and translation of the Shenzi by Erik Lang Harris, New York: Columbia University Press 2016.
Shijing: Schi-king: chinesisches Liederbuch, Altona: J.F. Hammerich 1833
Shujing: The Shoo King or The Book of Historical Documents, in: James Legge (ed.), The Chinese Classics, Vol. III, Trübner, London 1861, Nachdruck Hong Kong: Hong Kong University Press 1960.
Xu Jing, *Xuanhe fengshi Gaoli tujing* [Darstellungen einer offizieller Mission nach Koryŏ während der Xuanhe-Zeit], in: *Siku Quanshu* [Komplette Bücher der vier Schatzkammern]. Zugänglich unter: http://db.ersjk.com (Abrufdatum: 09.08.2020).
Xunzi: Translation and with an introduction by Eric L. Hutton, Princeton NJ: Princeton University Press 2014.
Zhangzi: Das klassische Buch daoistischer Weisheit, Frankfurt a.M.: Krüger 1998.
Zhuzi quanshu (Komplette Schriften von Meister Zhu), Shanghai 2002.

Sekundärliteratur:

Andong minsok pangmulgwan (2009): *Andong Sŏwŏn-ŭi hyangsa* [Rituale Zeremonien der Sŏwŏn in der Region Andong]. Andong.
Baker, Don (2007): "The Seeds of Modernity: Jesuit Natural Philosophy in Confucian Korea", in: *Pacific Rim Report*, Nr. 48 (August), https://www.usfca.edu/sites/default/files/pdfs/report-48.pdf (Abrufdatum: 02.08.2020).
Baker, Don (2017): *Catholics and Anti-Catholics in Chosŏn Korea*. Honolulu.
Bell, Daniel A. (2013), „Ich glaube nicht, dass Demokratie der beste Weg ist." Interview mit Christian Rickens, *Spiegel Online*, 8.4.2013 https://www.spiegel.de/wirtschaft/soziales/oekonomen-und-sozialwissenschaftler-zweifeln-an-der-demokratie-a-892991.html (Abrufdatum: 02.08.2020).
Bell, Daniel A. (2015): *The China Model. Political Meritocracy and the Limits of Democracy*. Princeton, NJ.
Bellah, Robert N. (1957): *Tokugawa Religion. The Values of Pre-Industrial Japan*. Glencore.

Berger, Peter L. (1987): *The Capitalist Revolution*. Aldershot.
Billioud, Sébastian; Thoraval, Joël (2015): *The Sage and the People: The Confucian Revival in China*. Oxford.
Bourdieu, Pierre (1976): *Entwurf einer Theorie der Praxis auf der ethnologischen Grundlage der kabylischen Gesellschaft*. Frankfurt a. M.
Burkard, Franz-Peter (2004): „Normen und Rituale. Darstellung, Deutung, Umdeutung. Einige hermeneutische Überlegungen", in: *Forum Ritualdynamik* 5. Heidelberg.
Ch'a, Nam-hŭi (2006a): „Chŏng Yag-yong-e ŭihan ch'ŏn kaenyŏm-ŭi pyŏnhwa-wa sipp'al segi chujahakjŏk chilsŏ-ŭi pip'an [Änderung des Konzepts vom Himmel durch Chŏng Yag-yong und Kritik an der neokonfuzianische Ordnung im 18. Jahrhundert]", in: *Darom* 201, Jg. 9, Nr. 1, S. 9–14.
Ch'a, Nam-hŭi (2006b): „Ch'en kaenyŏm-ŭi pyŏnhwa-wa sipch'il segi chujahakkŏk chilsŏ-ŭi kyunyŏl [Veränderung des Himmelskonzepts und Spaltung der neokonfuzianischen Ordnung in 17. Jahrhundert]", in: *Shahoe-wa yŏksa* 70, S. 209–236.
Ch'a, Sŏng-hwan (2002): *Kŭllobŏl sidae Chŏng Yag-yong segyegwan-ŭi kanŭngsŏng-gwa han'gye* [Globales Zeitalter und die Weltanschauung von Chŏng Yag-yong, ihre Möglichkeiten und Grenzen]. Seoul.
Chan, Wing-tsit (1989): *Chu Hsi. New Studies*. Honolulu.
Chang, Carsun (2016): Geschichte der neukonfuzianischen Philosophie, hg. von Heiner Roetz und Joseph Ciaudo. Frankfurt a.M.
Chang Chae-ch'ŏn (2002): „Chosŏn sidae sŏwŏn-ŭi sahoe kyohwa pangbŏp koch'al [Studie zur gesellschaftlichen Indoktrinierung durch die Sŏwŏn in der Chosŏn-Zeit]", in: *Kyoyukhak yŏn'gu* 40, Nr. 2, S. 2–18.
Chang, Yun-mi (2011): „Chungguk model-e kwanhan tamron yŏn'gu [Diskurse um chinesisches Modell]", in: *Hyŏndae chungguk yon'gu* 13, Nr. 1, S. 75–116.
Chen, Duxiu (1918): „Ou xiang pohuailun [Über den Ikonoklasmus]", in: *New Youth* 5, Nr. 2 (15. August 1918).
Ching, Julia (1989): *Konfuzianismus und Christentum*. Mainz.
Cho, Kwang (2006): „Chosŏn hugi sŏhaksŏ ŭi suyong kwa pogŭp [Ankunft und Verbreitung von Büchern der westlichen Lehre in der späten Chosŏn Zeit]", in: *Minjok munhwa yŏn'gu* 44, S. 199–235.
Ch'oe, In-pyo (2004): „Koryŏ sŏngjong-ŭi yugyo chŏngch'i inyŏm ch'aet'aek-kwa yŏksajŏk ŭiŭi [Die Adoption einer konfuzianisch-politischen Ideologie durch Sŏngjong der Koryŏ-Dynastie und ihre historische Bedeutung]", in: *Kukhak yŏn'gu* 5 (Dezember), S. 165–195.
Ch'oe, U-sŏk (1993): „Chŏng Yag-yong- ŭi sŏhak sasang [Chŏng Yag-yong Denken über den Katholizismus]." in: *Tasan munhwaje kinyŏm nonŏp*, Seoul, S. 20–80.

Ch'oe, Wan-gi (1975): „Chosŏnjo sŏwŏn-ŭi kyohak kinŭng ilgo [Eine Studie zur Bildungsfunktion der Sŏwŏn zur Chosŏn-Zeit]", in: *Sahak yŏn'gu* 25 (Juni), S. 27–54.

Choi, Ikhan (1955): „Li Ik." in: Choi, Ikhan; Hong, Kimoon; Kim, Hamyung (eds.): *Progressive Scholars at the Close of the Feudal Age in Korea*. Pyongyang, S. 23–43.

Choi, Jeong-yeon (2015): „Sŏngho ŭi ujuron e mich'in sŏhak ŭi yŏnghyang. Sŏyang 12 chungch'ŏnsŏl ŭi chŏpch'ok ŭl chungsim ŭro [Einfluß der Westlichen Lehre auf Sŏngho Yi Iks Kosmologie. Mit einem Fokus auf seine Kenntnis der Theorie der 12 Schichten des Himmels]". in: *Kyohoe sahak* 12, S. 103–134.

Choi, Jeong-Yeon (2016): „Reassessment of Late Joseon Neo-Confucian Scholars Yi Ik's Attitude toward Western Learning. With a Focus on His Perception of the Lord of Heaven", in: *Korea Journal* 56, Nr. 2, S. 111–133.

Choi, Jeong-Yeon (2017): „Sŏngho Yi Ik ŭi chaeisŏl ŭi yangmyŏnsŏng kwa silch'ŏllon [Praktik und Doppelseitigkeit in Sŏngho Yi Ik's Naturkatastrophentheorie]", in: *Han'gukhak yŏn'gu* 47, Nr. 11, S. 535–567.

Chŏng, Sun-mok (1979): *Han'guk sŏwŏn kyoyuk chedo yon'gu* [Studien zum Sŏwŏn-Bildungssystem in Korea]. Taegu.

Chŏng, Sun-u (1996): „Chosŏn hugi yŏnggŏn ilgi-e nat'anan hakkyo-ŭi sŏngkyŏk [Betrachtungen über die Eigenschaften der Bildungseinrichtungen der späteren Chosŏn-Zeit anhand von Bautagebüchern]", in: *Chŏngsin munhwa yon'gu* 19, Nr. 4, S. 73–98.

Chŏng, Sun-u (1998): „Chosŏn sidae chehyang konggan-ŭi sŏonggyŏk-kwa kŭ sahoejŏk ŭmi [Soziale und historische Bedeutung und Eigenschaften des Ritualraums in Chosŏn]", in: *Sahoe-wa yŏksa* 53, S. 39–60.

Chŏng, Sun-u (1999a): „Chosŏn chŏn'gi yŏngnam chiyŏk p'yŏngminch'ŭng-e taehan kyohwa-wa kyoyuk [Indoktrinierung und Erziehung der Bevölkerung in der Yŏngnam-Region während der frühen Phase Chosŏns]", in: *Chŏngsin munhwa yŏn'gu* 22, S. 101–128.

Chŏng, Sun-u (1999b): „Komunsŏ-rŭl t'onghaesŏ pon ch'ollak sahoe-wa kyoyuk-ŭi pyŏndonghwajŏng yŏn'gu. [Eine Studie der Transformation der Dorfgemeinschaften und der Erziehung durch alte Schriften]", in: *Chŏngsin munhwa yŏn'gu* 22, Nr. 4, S. 149–167.

Chŏng, Sun-u (2013): *Sŏdang-ŭi sahoesa. Sŏdang-ŭro ingnŭn chosŏn kyoyuk-ŭi hŭrŭm* [Sozialgeschichte der Sodang. Ablauf der Bildung Chosŏns anhand der Sodang]. Seoul.

Chow, Tse-tsung (1960): *The May Fourth Movement: Intellectual Revolution in Modern China*. Cambridge MA.

Chua, Beng-Huat (1992): „'Konfuzianisierung' in der Modernisierung Singapurs", in: Matthes, Joachim (Hg.), *Zwischen den Kulturen. Soziale Welt*, Sonderband 8,Göttingen, S. 249–270.

Creel, H. G. (1949): *Confucius, the Man and the Myth*. New York.

Creel, H. G. (1960): *Confucius and the Chinese Way*. New York.

Creel, H. G. (1964): „The Beginnings of Bureaucracy in China: The Origin of the Hsien", in: *The Journal of Asian Studies* 23, Nr. 2, S. 155–184.

Cordier, Henri (1971): *Bibliotheca Sinica: Dictionnaire bibliographique des ouvrages relatifs à l'Empire Chinois*, Reproduktion, Hildesheim-New York.

De Medina, Ruiz; Juan, G. (1986): *Origenes de la Iglesia Catolica Coreana desde 1566 hasta 1784*. Rom.

Distelrath, Günther (1996): *Die japanische Produktionsweise. Zur wissenschaftlichen Genese einer stereotypischen Sicht der japanischen Wirtschaft*. München.

Doering, Ole (2017): „Warum wir keine Angst vor China haben müssen", in: *Tagesspiegel*, 2.11.2017, https://www.tagesspiegel.de/politik/neue-weltordnung-warum-wir-keine-angst-vor-china-haben-muessen/20517214.html (Abrufdatum: 02.08.2020).

Domes, Jürgen (1969): *Vertagte Revolution. Die Politik der Kuomintang, 1923–1937*. Berlin.

Ebrey, Patricia B. (1991): *Confucianism and Family Rituals in Imperial China. A Social History of Writing about Rites*. Princeton, NJ.

Elman, Benjamin A.; Duncan, John B.; Ooms, Herman (eds.) (2002): *Rethinking Confucianism: Past and Present in China, Japan, Korea, and Vietnam*. Los Angeles.

Engelfriet, Peter M. (1998): *Euclid in China. The Genesis of the First Chinese Translation of Euclid's Elements in 1607 and its reception up to 1723*. Leiden.

Feng, Yu-lan (1952): *A History of Chinese Philosophy*. Princeton, NJ.

Franke, Otto (1925): „Der geschichtliche Konfuzius", in: *Zeitschrift der Deutschen Morgenländischen Gesellschaft* 79, S. 163–191.

Fukuyama, Francis (1995): *Konfuzianismus und Marktwirtschaft. Der Konflikt der Kulturen*. München.

Fukuzawa, Yukichi (1885): „Datsuaron [Thesen zur Loslösung Japans von Asien]", nachgedruckt in Takeuchi, Yoshimi (Hg.) (1963): *Azia Shugi. Gendai Nihon Shiso Takei* [Asianismus. Große Sammlung des Modernen japanischen Denkens], Bd. 8, Tokyo, S. 38–40.

Fukuzawa, Yukichi (1995): *Bunmeiron no gairyaku* [Grundriss der Zivilisationstheorie]. Tokyo.

Gassmann, Robert H. (2000): „Understanding Ancient Chinese Society: Approaches to Rén and Mín", in: *Journal of the American Oriental Society* 120, Nr. 3, S. 348–359.

Geist, Beate (1996): *Die Modernisierung der chinesischen Kultur. Kulturdebatte und kultureller Wandel im China der 80er Jahre*. Hamburg.

Gentz, Joachim (2007): „Die Architektur des Zhu Xi Kommentars: Eine Textstudie zum ersten Teil des Daxue", in: *Oriens Extremus* 46, S. 231–245.

Gernet, Jacques (1979): *Die chinesische Welt. Die Geschichte Chinas von den Anfängen bis zur Jetztzeit*. Frankfurt a. M.

Gernet, Jacques (1985): *China and the Christian Impact*. Cambridge.

Graham, A. C. (1992): *Two Chinese Philosophers: The Metaphysics of the Brothers Ch'êng*. La Salle.

Hall, David L.; Ames, Roger T. (1987): *Thinking through Confucius*. Albany.

Han, Ki-ŏn (1963): *Han'guk kyoyuksa* [Koreanische Bildungsgeschichte]. Seoul.

Han, Tong-il (1981): *Chosŏn sidae hyanggyo kyoyuk chedosa yŏn'gu* [Studie zur Geschichte des Bildungssystems der Hyanggyo in der Chosŏn-Zeit]. Seoul.

Han, Yŏng-u (1978): „Chosŏn chŏn'gi-ŭi sahoe kyech'ŭng-kwa sahoe idong-e kwanhan siron [Ein Essay über die Gesellschaftsschichten und sozialen Bewegungen in der frühen Chosŏn-Dynastie]", in: *Tongyanghak* 8, S. 249–271.

Harbsmeier, Christoph (1993): "Conceptions of Knowledge in Ancient China", in: Lenk, Hans; Paul, Gregor (eds.): *Epistemological Issues in classical Chinese Philosophy*, Albany, S. 11–30.

Heberer, Thomas (1990): „Traditionale Kultur und Modernisierung. Versuch einer Analyse am Beispiel Chinas", in: *Politische Vierteljahresschriften* 31, Nr. 2, S. 214–237.

Hejtmanek, Milan (2013): „The Elusive Path to Sagehood. Origins of the Confucian Academy System in Chosŏn Korea", in: *Seoul Journal of Korean Studies* 26, Nr. 2 (Dezember), S. 233–268.

Hsia, Ronnie Po-Chia (2016): *Matteo Ricci and the Catholic Mission to China, 1583–1610: A Short History with Documents*. Indianapolis.

Hutton, Eric L. (ed.) (2014): *Xunzi. The complete Text*. Translation and with an introduction by Eric L. Hutton, Princeton, NJ.

Hwang, Hŭi-gyŏng (1992): „Ch'ŏlchŏ chaegŏnron-ŭi Chungguk munhwa t'amsaek [Die Betrachtung der chinesischen Kultur durch die Vertreter der Theorie von der totalen Erneuerung]", in: Han'guk ch'ŏlhak sasang yŏn'guhoe nonjŏnsa bunkwa (Hg.), *Hyŏndae chunggug-ŭi mosaek* [Die Suche nach dem modernen China], Seoul, S. 519–539.

Hwang, Ŭi-Dong (2002): „Yulgok kyŏngmulch'ijiŭi ch'egye", in: Yemun dongyang sasang yŏnguwŏn (Hg.), *Yulgok Yi I*, Seoul, S. 311–354.

Jeng, Jiadong (1993): *Xiandai Xinruxue Gailun* [Studie zum Modernen Neokonfuzianismus]. Seoul.

Johnston, Ian (2010). *The Mozi. A Complete Translation*. Translated and annotated by Ian Johnston. New York.

Jun, Yong Hoon (2004): „Chosŏn hugi sŏyang ch'ŏnmunhak kwa chŏnt'ong ch'ŏnmunhak ŭi kaldŭng kwa yunghwa [Konflikt und Konvergenz zwischen westlicher und östlicher Astronomie in der späten Chosŏn- Zeit]", Dissertation, Seoul, Seoul National University.

Kang, Jae-eun (1990): *Chosŏn ŭi sŏhaksa* [Westliche Lehre in Korea]. Seoul.

Kang, Tae-min (1992): *Han'guk-ŭi hyanggyo yŏn'gu* [Studie zu den koreanischen Hyanggyo], Pusan.

Kaplan, Uri (2018): „Rebuilding the ‚Eastern Country of Ritual Propriety': Decorum Camps, Sŏwŏn Stays, and the Confucian Revival in Contemporary Korea", in: *Sungkyun Journal of East Asian Studies* 18, Nr. 1, S. 59–84.

Kim, Dae-sik (2001): „Chosŏn sŏwŏn kanghak halwaltong-ŭi sŏngkyŏk [Charakter der Lesungen der Sŏwŏn in Chosŏn]", in: *Kyoyuksa yon'gu* 11, S. 437–456.

Kim, Ho-il (2000): *Han'guk-ŭi hyanggyo* [Die Hyanggyo Koreas]. Seoul.

Kim, In-gyu (2010): „Hyanggyo-ŭi kyoyuk kwajŏng-kwa kyoyuk pangbŏp [Das Curriculum und die Erziehungsmethode der Hyanggyos]", in: *Tongyang kojŏn yŏn'gu* 40, S. 57–94.

Kim, Kwi-sŏng (2004): „Koguryŏ-ŭi taeoe munhwa kyoryu-wa hakkyo kyoyuk. T'aehak-ŭl chungsim-ŭro [Koguryŏs kulturelle Beziehungen zum Ausland und Schulbildung. Mit Fokus auf Taehak]", in: *Han'guk kyoyuk sahak* 26, Nr. 2 (Oktober), S. 49–74.

Kim, Kyŏng Il (1999): *Kongja-ga chugŏya nara-ga sanda* [Konfuzius muss sterben, damit das Land lebt]. Seoul.

Kim, Sun-Hye (2018): *Sŏhak, chosŏn yuhak i mannan natsŏn kŏul* [Die Westliche Lehre, der fremde Spiegel für den koreanischen Konfuzianismus]. Seoul

Kim, T'ae-yŏng (1998): *Silhak-ŭi kukka kaehyongnon* [Das Denken über Staatsreform in Silhak]. Seoul.

Kim, Yŏng-ch'ŏl (1985): „Hyanggyo-ŭi kyohwa sich'aek yŏn'gu. Chosŏn ch'ogiesŏ chunggi-kkaji [Eine Studie über die Reformierung der Politik der Hyanggyo. Von Anfang bis Mitte der Chosŏn-Zeit]", in: *Tosŏgwanhak* 3, S. 67–89.

Kim, Yong-jae (2004): „Chosŏn sidae-ŭi yugyo kyoyuk. yugyo sasang-ŭi 'chisik kyoyuk'-kwa 'chŏnin kyoyuk'-ŭl chungsim-ŭro [Konfuzianische Erziehung in der Chosŏn-Dynastie. Mit Fokus auf ‚intellektuelle Bildung' und ‚Erziehung des ganzen Menschen']", in: *Han'guk Sasang-kwa Munhwa* 26 (Dezember), S. 231–261.

Klose, Carola (1994): *Jin Guantaos und Liu Qingfengs „Neues Decamerone": Zur Modernisierungsdebatte über Tradition und kulturelle Erneuerung in China.* Bochum.

Kŭm, Chang-t'ae (2005): *Chosŏn hugi sŏgyo-wa sŏhak* [Westliche Religion und westliche Wissenschaft in der späteren Chosŏn-Periode]. Seoul.

Kurtz, Joachim (2012): "Framing European Technology in Seventeenth-Century China: Rhetorical Strategies in Jesuit Paratexts", in: Schäfer, Dagmar (ed.): *Cultures of Knowledge. Technology in Chinese History*, Leiden, S. 209–232.
Kwok, Daniel W.Y. (1965): *Scientism in Chinese Thought 1900–1950*. New Haven.
Kwok, Daniel W.Y. (1972): „Die Bewegung für Neue Kultur", in: Opitz, Peter J. (Hg.), *Chinas große Wandlung. Revolutionäre Bewegungen im 19. und 20. Jahrhundert*, München, S. 187–219.
Kwŏn, Sam-mun (2001): „Hyangsa-ŭi yŏksa-wa kujo [Geschichte und Struktur der Sŏwŏn-Rituale]", in: Yŏksa *minsokhak* 12, S. 41–60.
Laclau, Ernesto; Mouffe, Chantal (2000): *Hegemonie und radikale Demokratie. Zur Dekonstruktion des Marxismus*. Wien.
Lang Harris, Eirik (ed.) (2016): The Shenzi fragments: a philosophical analysis and translation. New York.
Ledyard, Gari (1982): "Hong Tae-yong and His Peking Memoir", in: *Korean Studies* 6, S. 63–103.
Lee, Eun-Jeung (1995a): „Eine Herrschaftslehre aus dem Westen. Das fernöstliche Wirtschaftswunder und die Instrumentalisierung des Konfuzianismus", in: *Blätter für deutsche und internationale Politik*, (Juli), S. 852–862.
Lee, Eun-Jeung (1995b): „Von Mao zu Deng: Chinas Entwicklung zur Parteidiktatur", in: Saage, Richard (Hg.): *Das Scheitern diktatorischer Legitimitätsmuster und die Zukunftsfähigkeit der Demokratie*, Berlin, S. 95–112.
Lee, Eun-Jeung (1997): *Konfuzianismus und Kapitalismus. Markt und Herrschaft in Ostasien*. Münster.
Lee, Eun-Jeung (2003): *„Anti-Europa". Die Geschichte der Rezeption des Konfuzianismus und der konfuzianischen Gesellschaft seit der frühen Aufklärung. Eine ideengeschichtliche Untersuchung unter besonderer Berücksichtigung der deutschen Entwicklung*. Münster-Hamburg-London.
Lee, Eun-Jeung (2008): *Konfuzius Interkulturell gelesen*. Nordhausen.
Leitao, Henrique (2008): "The Contents and Context of Manuel Dias Tianwenlüe", in: Saraiva, Luis; Jami, Catherine (eds.): *The Jesuit, the Padroado and East Asian Science (1552–1773)*, Singapur, S. 99–121.
Levenson, John R. (1958): *Confucian China and Its Modern Fate: A Trilogy*. 3 Bde. Berkeley.
Lim, Boo Yeon (2014): „Sŏngho hakp'a ŭi ch'ŏnjugyo insik kwa yugyojŏk taeŭng [Wahrnehmung und konfuzianische Reaktion auf Katholizismus in der Sŏngho Schule]", in: *Han'guk sasang sahak* 46 (April), 247–282.
Lim, Jongtae (2012): *17, 18 Segi chungguk kwa chosŏn ŭi sŏgu chirihak ihae* [Das Verständnis westlicher Geographie im China und Korea der 17.-18. Jahrhunderts]. P'aju.
Liu Xu (Hg.) (1975): *Jiu Tangshu* [Altes Buch der Tang]. Beijing.

Liu, Ze-hua (1987): *Zhongguo chuantong zhengzhi sixiang fansi* [Reflexion über politisches Denken in der chinesischen Antike]. Beijing.

Loewe, Michael; Shaughnessy, Edward (eds.) (1999): *The Cambridge History of Ancient China. From the Origin of Civilization to 221 B.C.* New York.

Magone, Rui (2008): "The Textual Tradition of Manuel Dias Tianwenlüe", in: Saraiva, Luis; Jami, Catherine (eds.): *The Jesuit, the Padroado and East Asian Science (1552–1773)*, Singapur, S. 123–138.

Mair, Victor (Hg.) (1998): *Zhuangzi. Das klassische Buch daoistischer Weisheit*. Übersetzt von Stephan Schumacher. Frankfurt a.M.

Medeiros, Evan S. (2009): *China´s International Behaviour. Activism, Opportunism and Diversification*. Santa Monica.

Meißner, Werner (1994): *China zwischen nationalem "Sonderweg" und universaler Modernisierung: zur Rezeption westlichen Denkens in China*. München.

Metzger, Thomas A. (1977): *Escape from Predicament. Neoconfucianism and China's Evolving Political Culture*. New York.

Metzger, Thomas A. (1990): „Das konfuzianische Denken und das Streben nach moralischer Autonomie im China der Neuzeit", in: Krieger, Silke; Trauzettel, Rolf (Hg.), *Konfuzianismus und die Modernisierung Chinas*, Mainz, S. 307–356.

Mögling, Wilmar (Hg.) (1994): *Die Kunst der Staatsführung: die Schriften des Meisters Han Fei*. Aus dem Altchinesischen übersetzt von Wilmar Mögling. Leipzig.

Müller-Lee, Andreas (2018): „The Jesuit Mission to China and the Reception of Ancient Greek and Roman Culture in China and Korea", in: Renger, Almut-Barbara; Xin, Fan (eds.): *Receptions of Greek and Roman Antiquity in East Asia*, Leiden, S. 19–49.

Mun, T'ae-sun (2004): „Kyoyuk kigwan-ŭrosŏ sŏwŏn-ŭi sŏnggyŏk yŏn'gu [Eine Studie zur Natur der Sŏwŏn als Bildungsinstitut]", in: *Kyoyuk paljŏn yŏn'gu*, 20, Nr. 1, S. 7–21.

Nakamura, Tsuko; Orchiston, Wayne (2017): *The Emergence of Astrophysics in Asia: Opening a New Window on the Universe*. Cham.

No, Dae-hwan (1999): „Chŏngjo sidae sŏgi suyong nonŭi wa sŏhak chŏngch'aek [Debatte um die Akzeptanz westlicher Apparate und Politik gegenüber der westlichen Lehre unter Chŏngjo]", in: Chŏng, Ok-cha (Hg.): *Chŏngjo sidae ŭi sasang kwa munhwa* [Kultur und Denken im Zeitalter Chŏngjo], Seoul, S. 201–246.

Noh, Dae-hwan (2005*): Kojŏn sosŏl sok yŏksa yŏhaeng* [Historische Reisen in alten Romanen]. P'aju.

Opitz, Peter J. (2000): *Der Weg des Himmels. Zum Geist und zur Gestalt des politischen Denkens im alten China*. München.

Paek, Min-jŏng (2007): *Chŏng Yag-yong-ŭi ch'ŏlhak* [Philosophie von Chŏng Yagyong]. Seoul.

Pak, Ch'ung-sŏk; Yu, Kŭn-ho (1980): *Chosŏnjo-ŭi chŏngch'i sasang* [Politische Philosophie in Chosŏn]. Seoul.

Pak, Jae-bok (2011): „Hyanggyo sŏllip ijŏn-ŭi yuga kyŏngjŏn suyong-kwa kyoyuk hyŏnhwang [Die Benutzung der Klassiker und der Stand der Bildung vor der Errichtung der Hyanggyo]", in: *Tongyang kojŏn yŏn'gu* 42 (März), S. 7–35.

Pan, Wei (Hg.) (2009): *Zhongguo yangshi: Jiedu renmin gongheguo de 60 nian* [Das chinesische Modell: Interpretation der 60 Jahre Volksrepublik]. Peking

Peng, Deng (1997): *Private Education in Modern China*. London.

Peschel, Sabine (Hg.) (1991): *Die Gelbe Kultur. Der Film Heshang: Traditionskritik in China*. Bad Honnef.

Reinhard, Wolfgang (1976): „Gelenkter Kulturwandel im siebzehnten Jahrhundert. Akkulturation in den Jesuitenmissionen als universalhistorisches Problem", in: *Historische Zeitschrift* 223, S. 529–591.

Ricci, Matteo (1999): *Ch'ŏnju sillŭi* [Tianzhu shiyi]. Seoul.

Rickett, W. Allyn (1985): *Guanzi: political, economic, and philosophical essays from early China. A study and translation by W. Allyn Rickett*, Princeton, NJ.

Roetz, Heiner (1984): *Mensch und Natur im alten China: Zum Subjekt-Objekt-Gegensatz in der klassischen chinesischen Philosophie, zugleich eine Kritik des Klischees vom chinesischen Universismus*. Frankfurt a. M.

Roetz, Heiner (1992): *Die chinesische Ethik der Achsenzeit. Eine Rekonstruktion unter dem Aspekt des Durchbruchs zum postkonventionellen Denken*. Frankfurt a.M.

Roetz, Heiner (2006): *Konfuzius*. 3. Auflage, München.

Roetz, Heiner (2013): Chinese ,Unity of Man and Nature': Reality or Myth?, in: Carmen Meinert (ed.), *Nature, Environment and Culture in East Asia. The Challenge of Climate Change*, Leiden/Boston, S. 23–40.

Roetz, Heiner (2013a): Überlegungen zur Goldenen Regel. Das Beispiel China, in: Jens Ole Beckers/Florian Preußger/Thomas Rusche (Hg.), *Dialog Reflexion - Verantwortung. Zur Diskussion der Diskurspragmatik*, Würzburg, S. 221–239.

Roetz, Heiner (2017): Ein Problem der Politik und nicht der Kultur: Menschenrechte in China, in: Kurt Seelmann (Hg.), *Menschenrechte. Begründung - Universalisierbarkeit – Genese*, Berlin/Boston, S. 102–125.

Roetz, Heiner/Schleichert, Hubert (2020): *Klassische chinesische Philosophie. Eine Einführung*. 4. Auflage, Frankfurt a.M.

Rückert, Friedrich (1833): *Schi-king: chinesisches Liederbuch*. Altona.

Rüdiger, Axel (2005): *Staatslehre und Staatsbildung*. Tübingen.

Sadao, Nishijima (2000): *Kodai Higashi Ajia sekai to Nihon* [Altertum Ostasiens und Japan]. Tokyo.

Sautman, Barry (1992): „Sirens of the Strongman: Neo-Authoritarianism in Recent Chinese Political Theory", in: *China Quarterly* 129, S. 72–102.

Schall von Bell, Johann Adam; von Mannsegg, Ignatz S. (1986): *Geschichte der chinesischen Mission*. Wien, Original von 1834.
Senghaas, Dieter (1995): *Zivilisierung wider Willen. Der Konflikt der Kulturen mit sich selbst*. Frankfurt a.M.
Shin, Chang-ho (2010): „Kodŭnggyoyukkigwan-ŭirosŏ Chosŏn sidae hyanggyoŭi kyoguk inyŏm-gwa yŏlhal [The role and ideology of education of the Confucian temple and school in the Joseon Dynasty as a higher education institute]", in: *Tongyang gojeon yon'gu* 40, S. 34–56.
Sin, Ch'ŏn-sik (1983): „Koryŏ kukchagam kyogwan-ŭi poim kwajŏng-kwa sŭngjŏn [Der Prozess der Auswahl und Beförderung von Lehrenden in Koryŏs Kukchagam]", in: *Yŏksa kyoyuk* 33 (Juni), S. 65–103.
Sin, Hu-dam (2006): *Habin sŏnsaeng chŏnjip* [Komplette Werke von Meister Habin]. Seoul.
Sin, Pok-ryong (2010): „Tangŭi-wa yesong-ŭi chŏngch'i sasang [Politische Philosophie von Hofkleidern und Ritualen]", in: *Tongyang chŏngch'i sasangsa* 1, Nr. 1, S. 23–56.
Snow, Edgar (1974): *Roter Stern über China. Mao Tse-tung und die chinesische Revolution*. Frankfurt a.M.
Sŏl, Sŏk-kyu (2009): *Chosŏn chunggi sarim-ŭi yuhak-kwa chŏngch'i ch'ŏlhak* [Neokonfuzianische Lehre und politisches Denken in der Epoche der mittleren Chosŏn-Dynastie]. Taegu.
Song, Ch'un-yŏng (1987): „Koryŏ sidae-ŭi hyanggyo kyoyuk chŏngch'aek [Die Bildungspolitik der Hyanggyo in der Koryŏ-Zeit]", in: *Yŏksa kyoyuk nonjip* 11, Nr. 1, S. 59–100.
Song, Chun-ho (1976): „Chosŏn sidae kwagŏ-wa yangban mit yangin [Yangban, Yangin und die Kwagŏ-Prüfung in der Chosŏn-Zeit]", in: *Yŏksa hakbo* 6, S. 101–135.
Song, Young-Bae (1983): *Konfuzianismus, konfuzianische Gesellschaft und die Sinisierung des Marxismus. Ein Beitrag zur Widerlegung der Theorie der „asiatischen Produktionsweise" und zum sozialen ideengeschichtlichen Verständnis der chinesischen Revolution*. Frankfurt a.M.
Song, Young-Bae (1990): „Confucian Humanism and the Korean Quest for Cultural Identity", in: The Academy of Korea Studies (Hg.), *Papers of the 6th International Conference „Korea Studies. Its Cross-Cultural Perspective II"*, Seoul, S. 245–247.
Song, Yŏng-bae (2005): „Tasan ch'elhak-kwa ch'ŏnju sillŭi-ŭi ch'ŏlhakkŏk p'aerŏtaim-ŭi yusasŏng [Philosophische Paradigmen der Philosophie von Tasan und Tienzhu shiyi]", in: Pak, Hŭng-sik (ed.), *Tasan Chŏng Yag-yong*, Seoul.
Staiger, Brunhild (1990): „Das Konfuzianismus-Bild in China", in: Trauzettel, Ralf; Krüger, Silke (Hg.), *Konfuzianismus und die Modernisierung Chinas*. Mainz.

Stange, Otto H. (1950): „Chinesische und abendländische Philosophie. Ihr Unterschied und seine geschichtlichen Ursachen", in: *Saeculum* 1, Nr. 3, S. 380–396.

Stumpfeld, Hans (1990): „Konfuzius und der Konfuzianismus - was sie waren, was sie wurden, und was sie heute sollen und können", in: Krieger, Silke; Trauzettel, Rolf (Hg.): *Konfuzianismus und die Modernisierung Chinas*, Mainz. S. 29–40.

Tu, Weiming (1989): „The Rise of Industrial East Asia: The Role of Confucian Values", in: *Copenhagen Papers on East and Southeast Asian Studies* 4, Nr. 1, S. 81–97.

Tu, Weiming (1990a): „Der industrielle Aufstieg Ostasiens aus konfuzianischer Sicht", in: Krieger, Silke; Trauzettel, Rolf (Hg.): *Konfuzianismus und die Modernisierung Chinas*, Mainz, S. 41–56.

Tu, Weiming (1990b): "Confucian Humanism and the Korea Quest for Cultural Identity", in: The Academy of Korean Studies (ed.), *Papers of the 6th International Conference „Korean Studies. Its Cross-Cultural Perspective I"*, Seoul, S. 223–244.

Tu, Weiming (1995): „Yuga ch'ŏlhak-kwa hyŏndaehwa [Konfuzianische Philosophie und Modernisierung]", in: Chung, Mun-Gil; Choi, Won-Sik u.a. (Hg.): *Tongasia, munje-wa sigak* [Ostasien, Problem und Ansichten], Seoul, S. 333–390.

Tu, Weiming (Hg.) (1996): *Confucian Traditions in East Asian Modernity: Moral Education and Economic Culture in Japan and Four Mini-Dragons*. Cambridge MA.

Tu, Weiming (2001): "The Ecological Turn in New Confucian Humanism: Implications for China and the World", in: *Daedalus* 130, Nr. 4, S. 243–264.

Tucker; Mary Evelyn (1998): "Religious Dimensions of Confucianism: Cosmology and Cultivation", in: *Philosophy East and West* 48, Nr. 1, S. 5–45.

von Collani, Claudia (1989): *Eine wissenschaftliche Akademie für China. Briefe des Chinamissionars Joachim Bouvet S.J. an Gottfried Wilhelm Leibniz und Jean-Paul Bignon über die Erforschung der chinesischen Kultur, Sprache und Geschichte*. Wiesbaden.

von Strauß, Victor (1880): *Schi-King. Das kanonische Liederbuch der Chinesen*. Heidelberg.

von Tscharner, E. H. (1934): „Die Erschließung Chinas im 16. und 17. Jahrhundert", in: *Sinica* 9, S. 50–77.

Walravens, Hartmut (2017): „Zu den von Alexander von Humboldt aus Russland mitgebrachten Büchern", in: *Internationale Zeitschrift für Humboldt-Studien* 18, Nr. 34, S. 97–147.

Walton, Linda (1999): *Academies and Society in Southern Sung China*. Honolulu.

Watson, Burt (ed.) (1989): *The Tso chuan: Selections from China's oldest narrative history. Translated by Burt Watson*. New York.

Wesolowski, Zbigniew (1997): *Lebens- und Kulturbegriff von Liang Shuming (1893–1988). Dargestellt anhand seines Werkes Dong-Xi wenhua jiqi zhexue*. Bonn.

Widmaier, Rita (1990): „Nachwort zum Buch", in: Widmaier, Rita (Hg.) *Leibniz korrespondiert mit China. Der Briefwechsel mit den Jesuitenmissionaren (1689–1714)*. Frankfurt a. M.

Wiesinger, Liselotte (1973): „Die Anfänge der Jesuitenmission und die Anpassungsmethode des Matteo Ricci", in: *China und Europa. Katalog zur Ausstellung vom 16.9. bis 11.11. 1973 im Schloß Charlottenburg*. Berlin.

Wilhelm, Richard (Hg.) (1923): *Gespräche: Lun yü*. Aus dem Chinesischen übersetzt und herausgegeben von Richard Wilhelm. Jena.

Wilhelm, Richard (Hg.) (1981): *Li Gi. Das Buch der Riten, Sitten und Gebräuche*. Aus dem Chinesischen übersetzt und herausgegeben von Richard Wilhelm. Köln.

Wilhelm, Richard (Hg.) (1982): *Mong Dsi: die Lehrgespräche des Meisters Meng K'o*. Aus dem Chinesischen übersetzt und herausgegeben von Richard Wilhelm. Köln.

Wu, Hao-kun; Xu, Lian-da; Zhao, Ke-yao (1989): *Chungguk t'ongsa* [Geschichte Chinas]. Seoul.

Yi, Kwang-su (1922): „Minjok kaejoron [These von der Erneuerung der Nation]", in: *Kaebyŏk*, (Mai).

Yi, Ki-baek (1999): *Hanguksa sillon* [Neue Geschichte Koreas]. Seoul.

Yi, Kŏn-hyŏng (1981): *Chosŏn kyoyuk chŏngch'aek yŏn'gu* [Studie zur Bildungspolitik Chosŏns]. Seoul.

Yi, Man-gyu (2010): *Chosŏn kyoyuksa* [Bildungsgeschichte Chosŏns]. Seoul.

Yi, Sugwang (1977): *Chibong Yusŏl* [Geordnete Gespräche Chibongs]. Seoul.

Yi, T'ae-jin (1998): *Han'guk saron* [Kompendium zur Geschichte Koreas]. Seoul.

Yi, T'ae-jin (1996): „Sobinggi (1500–1750) ch'ŏnjae pyŏni yŏn'gu-wa Chosŏn wangjo sillok - klobŏl hisŭt'ori-ŭi hanjang [Studie zur Naturkatastrophe während der Kälteperiode (1500–1750) und die Annalen von Chosŏn]", in: *Yŏksa hakpo*, Nr. 149, S. 203–236.

Yi, Tong-hwan (2005): „Tasan sasang-esŏŭi sangje toip kyŏngno-e taegan sŏsŏljŏk koch'al [Untersuchung über die Einführung des Gotteskonzepts im Denken von Tasan]", in: Pak, Hŭng-sik (Hg.): *Tasan Chŏng Yag-yong*, Seoul, S. 371–392.

Yi, Wŏn-jae (2004): „Chosŏn chŏn'gi sŏnggyun'gwan wŏnjŏmbŏp unyŏng-ŭi pip'anjŏk kŏmt'o [Kritische Studie der Wŏnjŏm-Regeln der Sŏnggyun'gwan in der frühen Chosŏn-Zeit]", in: *Han'guk kyoyuk* 31, Nr. 3, S. 1–19.

Yu, Chong-sŏn (1997): „Chosŏn hugi ch'ŏn nonjaeng-ŭi chŏngch'i sasang [Politisches Denken in der Debatte um Himmel in der späteren Chosŏn-Periode]", in: *Han'guk chŏngch'ihak hoebo* 31, Nr. 3, S. 5–24.

Yu, Tong-hwan (1992): „Pip'an gyesŭngron-ŭi munhwa chŏnryak [Kritische Fortführung der Kulturtradition als Strategie]", in: *Han'guk ch'ŏlhak sasang* yŏn'guhoe nonjŏnsa bunkwa (Hg.), *Hyŏndae chunggug-ŭi mosaek* [Die Suche nach dem modernen China], Seoul, S. 189–221.

Yun, Hŭi-myŏn (2004): *Chosŏn-ŭi sŏwŏn-gwa yangban* [Akademien und Yangban in Chosŏn]. Seoul.

Zhang, Wei-wei (2010): „Zhongguo shi shijie weiyi wenming xing guojia [China ist das einzige zivilisierte Land der Welt]", in: *Huanqiu shibao* 24. Mai 2010.

Zhang, Yongle (2014): „Zhongguo de xiannen zhengzhi ji qi minzhu zhengdangxing [Meritokratie Chinas und ihre demokratische Legitimität]", Kommentar auf dem Workshop „Democracy and Meritocracy", Sungkyungkwan Universität, Seoul, am 30. Mai 2014.

Nachweise

Politisches Denken in der Antike Ostasiens, in: Samuel Salzborn (Hg.), Handbuch Politische Ideengeschichte. Zugänge – Methoden – Strömungen, Stuttgart: J.B. Metzler, 2019, S. 82–91.

Etablierung des Konfuzianismus in Korea, in: Eun-Jeung Lee, Sŏwŏn – Konfuzianische Privatakademien in Korea. Wissensinstitutionen der Vormoderne. Berlin 2016, S. 21–54 (überarbeitet).

Wege zur Erleuchtung in der konfuzianischen Philosophie Koreas – am Beispiel von Yulgok Yi I, in: Almut-Barbara Renger (Hg.), Erleuchtung: Kultur- und Religionsgeschichte eines Begriffs, Freiburg 2016, S. 349–366 (zusammen mit Vladimir Glomb).

Bedeutung und Rolle ritueller Iteration in den konfuzianischen Privatakademien (Sŏwon) in Korea im 16. Jahrhundert, in: Anita Traninger und Eva Cancik-Kirschbaum (Hg.), Wissen in Bewegung. Institution – Iteration – Transfer (Episteme in Bewegung. Beiträge zu einer transdisziplinären Wissensgeschichte, 1), Wiesbaden 2015, S. 339–354 (zusammen mit Chŏng, Sun-u).

Zwischen Himmel und Universum. Selektion von westlichem Wissen im Korea des 18. Jahrhunderts, in: Sirin Dadas/Christian Vogel (Hg.), Dynamiken der Negation. (Nicht)Wissen und negativer Transfer in vormodernen Kulturen, Wiesbaden 2021, S. 375–393.

Eine besondere interkulturelle Begegnung in der politischen Ideengeschichte: Chŏng Yag-yong und Matteo Ricci, in: Polylog, Dezember 2009, S. 81–100.

Wiedergeburt von Konfuzius? Renaissance des Konfuzianismus in Ostasien, in: Leviathan, Jahrgang 46 (2018), Heft 1, S. 59–80.